Dr. Kurt E. Koch

CHRISTUS ODER SATAN

Dr. theol. Kurt E. Koch

CHRISTUS ODER SATAN

Der Okkultismus und seine Auswirkungen aus der Sicht der biblischen Seelsorge

Bibel- und Schriftenmission Dr. Kurt E. Koch e.V.
D-73527 Schwäbisch Gmünd (Lindach)
Osterläng Straße 47

Gesamtherstellung:
St.-Johannis-Druckerei, 77922 Lahr-Dinglingen
1. Auflage 1998

ISBN 3-924293-46-5
Umschlag: Cornelia Gimmler, Giessen

Inhalt

Vorwort des Autors zur englischen Ausgabe »Between Christ and Satan«

Der bekannte Schriftsteller C.S.Lewis schrieb in dem Vorwort zu seinem Buch »The Screwtape Letters«: »Es gibt bezüglich der Teufel (Dämonen) zwei gleiche und doch gegensätzliche Irrtümer, in die unser Geschlecht verfallen kann. Der eine besteht darin, die Existenz der Teufel zu bezweifeln, der andere ist der, ein übermäßiges und ungesundes Interesse an ihnen zu haben.«

Auf der einen Seite haben wir die Rationalisten jeder Schattierung und Farbe, auf der anderen Seite haben wir die Okkultisten. Beide Gruppen werden über dieses Buch verärgert sein. Die Reichgottesarbeiter und Seelsorger jedoch sind dadurch gerechtfertigt, daß sie mit den verheerenden Auswirkungen des Materialismus und der Magie in ihren Aussprachen konfrontiert werden. Es ist deshalb unsere Pflicht, die folgenden Informationen zu veröffentlichen. Dazu veranlassen uns zwei Gründe. Erstens müssen wir den Sieg Jesu über alle Finsternismächte proklamieren. Menschen, die durch den Okkultismus belastet sind, finden nie wirkliche Befreiung durch die Medizin, Psychologie oder Psychiatrie. Sie ist nur in und durch Jesus Christus zu finden. Es liegt an uns, ihnen den Weg zu dem großen Befreier zu zeigen.

Zweitens müssen die Menschen vor den Gefahren der Magie, des Spiritismus und des Okkultismus gewarnt werden. Es hat furchtbare Konsequenzen zur Folge, wenn wir in diese Bereiche eindringen. Gott selbst hat uns verboten, uns mit diesen Dingen zu beschäftigen.

Es werden in diesem Buch vor allem Beispiele aus persönlichen Aussprachen benutzt, zu deren Veröffentlichung von den betreffenden Personen ausdrücklich die Genehmigung erteilt worden ist.

Kurt E. Koch

Vorwort zur deutschen Ausgabe

Nach elf Fremdsprachübersetzungen der englischen Ausgabe »Between Christ and Satan« und dem Erhalt eines amerikanischen Literaturpreises wird dieser Titel nunmehr auch in deutscher Sprache veröffentlicht. Immer wieder erreichten mich nach dem Tod meines Mannes Anfragen aus dem deutschsprachigen Raum mit der Bitte um Herausgabe des Buches in Deutsch.

Inzwischen ist »Between Christ and Satan« weltweit verbreitet. Momentan sind sieben weitere Fremdsprachübersetzungen in Arbeit, so daß es angesichts der zunehmenden okkulten Verseuchung unseres Volkes ein Gebot der Stunde ist, dieses Buch auch den deutschen Lesern zugänglich zu machen.

An dieser Stelle möchte ich dem langjährigen Freund meines Mannes, Herrn Horst Koch, für seine große Arbeit und sein Engagement bei der Herausgabe dieses Buches herzlich danken.

Es ist mein Wunsch und Gebet, daß dieses Buch den Lesern zur Aufklärung, Wegweisung und Hilfe dient. Möge der HERR seinen Segen dazu geben!

Im März 1998 Bärbel Koch

I.

WAHRSAGEN

DIE MANTIK AUS DER SICHT DER SEELSORGE

Das Wahrsagen ist seit Jahrtausenden ein Bastard des Heidentums, aus Angst, Neugierde und Aberglauben geboren. Das Wahrsagen in der Gegenwart ist ein vielgestaltiges volkskundliches, psychologisches und theologisches Problem. Der Ausgangspunkt dieser Ausführungen ist die Seelsorge des evangelischen Theologen. Der evangelistische Dienst bietet immer neues Erfahrungsmaterial. Meine Kartei der okkulten Fälle ist schon auf über zwanzigtausend Beispiele angewachsen. Wissenschaftliche Auseinandersetzungen werden in diesem Buch vermieden. Wer solche wünscht, findet sie in meinem Werk »Seelsorge und Okkultismus«. Hier werden vorwiegend Beispiele aus erster Hand dargeboten, um dem Leser zur eigenen Urteilsbildung zu helfen. Das Beichtgeheimnis ist nicht verletzt, da die Genehmigungen zur Veröffentlichung ohne Namensnennung vorliegen. Es werden folgende Teilgebiete der Wahrsagerei dargestellt:

1. Die Astrologie

Unter Astrologie im engeren Sinn versteht man die Deutung des menschlichen Schicksals aus der Stellung der Sterne im Augenblick der Geburt. Wie weit dieser uralte Brauch auch heute noch in das Volksleben hineingreift, hat vor einigen Jahren das psychologische Institut für Demoskopie in Allensbach am Bodensee nachgewiesen. Sie führten bei zweitausend Menschen aller Berufsgruppen eine sogenannte Querschnittsbefragung durch. Sinn dieser Umfrage war die Feststellung, wieviel Menschen sich schon mit der Astrologie, wenn auch nur in der einfachsten Form des Horoskoplesens, befaßt hatten. Das Ergebnis war verblüffend. 63 Prozent der Befragten erklärten, daß sie Horoskope lesen und teilweise auch beachten würden.

Solche Querschnittsbefragungen geben im allgemeinen ein gutes Bild von der Einstellung des Volkes. Das einzige Argument, das gegen dieses Ergebnis einzuwenden ist, besteht darin, daß diese Befragung kurz nach dem Kriege war. In Katastrophenzeiten schwillt die trübe Flut der Wahrsagerei immer mehr an als in normalen Zeiten. Zur Zeit würde kaum dieser unwahrscheinlich hohe Prozentsatz herauskommen. Selbst wenn aber nur die Hälfte oder nur ein Drittel unseres Volkes Horoskope liest, so ist das ein Alarmzustand.

Noch beunruhigender als diese erste Feststellung ist ein anderer Tatbestand. Bei einer Vortragswoche in einer westdeutschen Großstadt berichtete man mir von einem christlich eingestellten Psychotherapeuten, der seine Patienten mit Hilfe der Astrologie berät.

Um nicht irgendeinem Gerücht zum Opfer zu fallen, rief ich kurzerhand diesen seltsamen Christen an und fragte, ob das stimme, daß er seinen Kunden das Horoskop stelle. Er bejahte diese Frage. Auf meine Bitte hin war er auch zu einer Aussprache bereit. Da dieser Mann, der den Doktortitel einer deutschen Universität hat, so großzügig war, die Genehmigung für eine Veröffentlichung unseres Gespräches zu geben, so darf hier davon berichtet werden.

Ich bringe damit Beispiele, die der Reihe nach beziffert werden.

B 1 Eine junge Frau suchte diesen Seelsorger auf und klagte über ihre unglückliche Ehe. Er bat sie, ihm ihr Geburtsdatum zu geben und in einigen Tagen wiederzukommen. Nach vier Tagen war das Horoskop fertig. Als die Kundin wieder erschien, hörte sie zu ihrem großen Erstaunen und Entsetzen folgendes: »Sie selber sind für die Spannungen in Ihrer Ehe verantwortlich, nicht Ihr Ehemann. Sie haben nach Ihrem Horoskop seit vier Jahren ein ehebrecherisches Verhältnis mit einem Offizier der Bundeswehr. Die Erneuerung Ihrer Ehe muß also von Ihnen ausgehen.« Die Frau erblaßte und gab keine Widerrede. Sie erschien nie wieder in der Sprechstunde dieses seltsamen Seelsorgers.

B 2 Dieser astrologisch geschulte Eheberater und Seelsorger berichtete mir dann noch von einem anderen Fall aus seiner Arbeit. Er war eines Tages in eine Gesellschaft eingeladen. Ein bekannter Geschäftsmann machte sich an ihn heran und bat ihn: »Herr Doktor, ich weiß, daß Sie ein vielbeschäftigter Mann sind. Ich wagte es nicht, in Ihre Sprechstunde zu kommen. Wären Sie aber nicht bereit, mein Horoskop zu deuten. Ich ließ mir das Horoskop von einem Astrologen ausarbeiten. Mir geht es nur darum, daß Sie es auswerten. Der Psychotherapeut machte gute Miene zum bösen Spiel. Er setzte sich mit dem Geschäftsmann in eine Nische und blickte in das Horoskop. Dann gab er seinem Partner folgende Auskunft: »Sie sind verheiratet und haben vier Kinder. Ihre Ehe ist aber nicht glücklich. Die Bedrohung kommt von Ihrer Seite. Sie haben eine bisexuelle Veranlagung. Sie unterhalten gleichzeitig Beziehungen zu jungen Männern. Wenn Sie diese männlichen Freundschaften nicht sofort aufgeben, sitzen Sie in zwei Jahren im Gefängnis.« Auch in diesem Fall bestritt der Beratene nicht den Tatbestand.

Als ich dem Psychotherapeuten gegenüber meine Bedenken anmeldete, ob eine solche Beratung vertretbar sei, verteidigte er sich mit dem Hinweis: »In beiden Fällen habe ich die Ursachen einer unglücklichen Ehe aufgedeckt. Ferner forderte ich beide Ratsuchenden auf, die außerehelichen geschlechtlichen Beziehungen aufzugeben. In diesem Fall steht doch das Horoskop im Dienst der Moral und der menschlichen Anständigkeit.«

Auf Grund meiner langjährigen Erfahrung wies ich dann diesen seltsamen Seelsorger auf die Gefahren der Horoskopstellerei besonders im Blick auf das Glaubens- und Seelenleben des Menschen hin. Er verschloß sich aber restlos meinen Darlegungen. Nachdem wir nun mit diesen beiden Beispielen eine Menge Fragen aufzureißen haben, muß das Problem der Sterndeuterei ganz kurz in Geschichte und Gegenwart entfaltet werden.

Zur Geschichte der Astrologie

Die ersten Spuren der Sterndeuterei finden wir bei den Sumerern und Akkadern, Völkerschaften, die 3000 Jahre vor Christus gelebt haben. Nach ihnen wurden dann die Chaldäer für die Entwicklung der Sternkunde und Sterndeuterei bekannt. Bei den Babyloniern war die Astrologie die Wissenschaft der Priester, die für das Königshaus oder für die Priesterschaft selbst die Horoskope stellten. Da man die Astrologie auch im mexikanischen Kulturraum entdeckte, glaubt man heute in Kreisen der Astrologen, daß es sich bei dieser »Wissenschaft« um eine allgemeine Grundwahrheit in dem Verhältnis Kosmos und Mensch handle. Man erklärte deshalb, die Astrologie, vielmehr die sogenannten astrologischen Häuser, gehörten zu den Archetypen. Dieser von Professor Carl Gustav Jung geprägte Ausdruck bedeutet, daß es im Menschen anlagebedingte Urelemente der ganzen Menschheitsgeschichte gäbe. Zu diesen Urelementen gehörten auch die Beziehungen zwischen den Planeten und der Entwicklung des Menschen. Die wissenschaftliche Untersuchung dieses Problems würde den Rahmen dieses Kapitels sprengen.

Von den Babyloniern mündete die astrologische Bewegung in die Vorstellungswelt der Griechen und Römer. Der römische Dichter Ennius erklärte spottend: »Die Horoskope kosten eine Drachme und sind eine Drachme zu teuer.«

In der alten Kirche war es Kirchenvater Augustinus, der einen klaren Blick und einen kühlen Kopf behielt. Er nannte die Astrologie die hirnverbrannteste Betörung seiner Zeit.

Europa wurde im Mittelalter von dieser astrologischen Flut überströmt. Der Staufenkaiser Friedrich II. geriet besonders unter ihren Einfluß. An den Universitäten fand die Astrologie einen solchen Eingang, daß besondere Lehrstühle dafür errichtet wurden. Bekannt ist, daß Philipp Melanchthon mit dieser zwielichtigen Wissenschaft liebäugelte, während Luther sie eine schäbige Kunst nannte.

B 3 Aus der Reformationszeit wird uns berichtet, daß ein Astrologe Stöffler sich unsterblich blamierte. Er sagte für das Jahr 1524 eine Sintflut voraus. Der Bevölkerung bemächtigte sich eine große Angst. Niemand wollte mehr arbeiten. Die Felder wurden nicht mehr bestellt. Es folgte darum im nächsten Winter eine große Hungersnot, die mit zu den Wirren des Bauernkrieges beitrug. Die Reichen ließen sich Schiffe bauen oder zogen sich auf hohe Berge zurück. Auch der Kurfürst von Brandenburg, der sonst so nüchtern war, machte Anstalten zu seiner Errettung. Als die vorhergesagte Flut ausblieb, mußte Stöffler flüchten, sonst wäre er gehängt worden.

B 4 Selbst der große Physiker, Mathematiker und Astronom Johannes Kepler war nicht frei von den Auswüchsen der Astrologie. Ein bekanntes Beispiel ist seine Prophezeiung, daß der General Wallenstein im siebzigsten Lebensjahr eines friedlichen Todes sterben würde. Wallenstein wurde jedoch im fünfzigsten Lebensjahr umgebracht.

Kepler betrieb die Astrologie nur aus Brotsorgen. Er schrieb: »Die Astrologie ist mir eine unerträgliche aber notwendige Sklaverei. Um mein Jahresgehalt, meinen Titel und meinen Wohnsitz zu erhalten, muß ich der Unwissenden Neugier zu Willen sein.« Weiter schrieb er: »Die Astronomie (Sternkunde) ist die weise Mutter, die Astrologie (Sterndeuterei) ist die törichte Tochter, die sich an jeden, der sie bezahlt, verkauft, damit sie mit ihrem Hurenlohn ihre weise Mutter unterstützen kann.«

Seit der Aufklärung, etwa um die Mitte des 18. Jahrhunderts, trennten sich die Astronomie und die Astrologie endgültig. In den Augen der Astronomen war die Astrologie eine Pseudowissenschaft, eine Verquickung von halbwissenschaftlichen Kenntnissen mit abergläubischen Vorstellungen.

Das 20. Jahrhundert brachte durch die beiden Weltkriege ein Anschwellen der Horoskopseuche. Für Hitler wurden schon 1930 Horoskope gestellt, die sehr widersprechend waren. Ab 1933 sollte sein Einfluß nachlassen. Die Wahrheit dieser Prophezeiung haben wir ja erlebt. Jener Astrologe hat sich um 12 Jahre verrechnet. Es waren aber verhängnisvolle 12 Jahre.

Rudolf Heß war durch das Horoskop prophezeit worden, er wäre durch das Schicksal bestimmt, zwischen Deutschland und England eine Versöhnung zustande zu bringen. Das war für den abergläubischen Heß der Anlaß, daß er nach England flog. Die Wahrheit dieser Prophezeiung ist also ebenso offenkundig wie Hitlers Horoskop.

Runden wir nun diesen kleinen sporadischen Überblick ab mit einigen Notizen aus der Gegenwart.

B 5 Vor einigen Jahren nahm ich an einer Konferenz teil, die Theologen und Journalisten zu einem fruchtbaren Gespräch vereinigte. Im Verlauf der Tagung baten die Theologen die Zeitungsmänner, sie möchten doch von dem Unfug abrücken, in den Zeitungen die Horoskope zu bringen. Darauf meldeten sich verschiedene Redakteure, die erklärten, sie würden mit den Horoskopen dem Wunsch der Abonnenten entgegenkommen. Die Zeitung, die auf die Horoskope verzichtet, würde viele Kunden verlieren. Im Anschluß an dieses Gespräch meldete sich dann der Chefredakteur einer großen deutschen Zeitung zu Wort und gab ein humorvolles Erlebnis zum besten. Er erzählte:

»An einem Freitag kam das Wochenhoroskop unseres Astrologen zu spät für die Samstagnummer. Wir konnten es uns nicht leisten, unsere horoskopsüchtigen Abonnenten zu enttäuschen. Darum holte ich kurzerhand aus der Mottenkiste ein altes Horoskop. Unglücklicherweise war es dem Tierkreiszeichen nach ein falsches. Ich merkte den Irrtum zunächst nicht, da ich von der Astrologie nichts verstehe. Seltsamerweise merkten es unsere Leser aber auch nicht. Immerhin ist das ein positives Argument für unsere Fachastrologen. Würden sie nämlich die Zeitungshoroskope ernst nehmen und lesen, hätten sie ja den Irrtum sofort bemerkt. Als es mit meinem Schwindel so gut ging, kam ich auf den Gedanken, mir in Zukunft das Honorar für die Wochenhoroskope zu sparen. Dreiundzwanzigmal wurden dann in der Folgezeit falsche Horoskope eingesetzt, bis schließlich doch ein Leser auf die falschen Tierkreiszeichen aufmerksam wurde.«

Das war der Bericht des Chefredakteurs, der schmunzelnd hinzufügte: »Aber die dreiundzwanzigmal haben die Horoskope ja auch gestimmt; denn es kommt ja nur darauf an, was die abergläubischen Menschen von heute glauben.«

Mit diesem Urteil, daß die leichte Suggerierbarkeit des abergläubischen Menschen ein ernstes Problem der Gegenwart darstellt, hat dieser Zeitungsmann einen Teil des Wahrsageproblems richtig erfaßt.

Zur Kritik der Astrologie

Das erste Argument, das vom christlichen Standpunkt aus zu erwähnen ist, ist der Ursprung der Astrologie im Heidentum. Jahrtausende vor Christus ging man von einer dem Kosmos und der Menschheit gegebenen Weltharmonie aus. Der Makrokosmos, die Sternenwelt über uns und der Mikrokosmos, das menschliche Leben, bilden eine Einheit. Sie sind aufeinander abgestimmt. Die Planeten lösen in der Entwicklung des Menschen Tendenzen und Neigungen aus. Der Mensch wird gesteuert von den oberen Gewalten. Diese Aussagen entsprechen sogar einer milden Auffassung. Fanatische Astrologen erklärten zu allen Zeiten, der Mensch wäre in seinem Schicksal nicht nur beeinflußt, sondern bestimmt, festgelegt, determiniert.

Mit dieser Bezogenheit des Menschen zu den Planeten ist aber noch nicht alles gesagt. Die Heiden setzten die Planeten Gottheiten gleich, von denen sie sich geführt oder bedroht sahen. Es liegt also der Astrologie ein Polytheismus, eine Vielgötterei, zugrunde.

Von astronomischer Seite, also von der wissenschaftlichen Sternkunde her, werden noch viel mehr Argumente gegen die Astrologie angeführt. Man weist hier darauf hin, daß die alten Spielregeln der Sterndeuterei sich bis heute erhalten haben, obwohl weitere Planeten entdeckt worden sind. 1781 erkannte man den Uranus, 1839 den Neptun und 1932 den Pluto.

Als weiteres Argument bringen unsere wissenschaftlichen Astronomen den Hinweis, daß den heutigen Astrologen jegliche Vergleichsmöglichkeit fehlt. Die Tatsache, daß unsere Erdachse in 26 000 Jahren einen Kegelmantel beschreibt und dadurch die sogenannte präcession, das Vorrücken des Frühlingspunktes, bedingt, zeigt, daß sich mindestens in 26 000 Jahren dem irdischen Beobachter nicht die gleichen Konstellationen (Stellung der Gestirne) bieten. Wenn wir dann ferner die Bedingungen des weltbekannten englischen Astronomen Hoyle zur Grundlage machen, daß der uns sichtbare Sternenhimmel innerhalb von 200 Millionen Jahren am Welthorizont aufgeht und niedergeht, so würden uns auch für 200 Millionen Jahre die Vergleichsmöglichkeiten fehlen. Ich weiß natürlich, daß diese astronomischen Hinweise dem Astrologen nichts bedeuten.

Ein weithin bekannter Erforscher der Astrologie Abbé Moritz Warburg erklärte ironisch: »Astrologen sind eben unblamierbar.«

Eine weitere wissenschaftliche Unmöglichkeit ist die Strahlentheorie der Astrologen. Schicksalsentscheidend sollen die Sternstrahlen sein, die das Kind im Augenblick seiner Geburt, genauer gesagt, im Augenblick seiner Abnabelung treffen. In dieser Aussage liegen mehrere willkürliche Annahmen. Unsere Erde wird vorwiegend von Licht- und Höhenstrahlen erreicht. Beide Strahlungsarten kommen aber nicht von den Planeten, die ja kein eigenes Licht haben. Licht kommt von den Lichtquellen, den Fixsternen. Die Höhenstrahlen kommen von der Milchstraße.

Unsere Biologen machen dann einen anderen Einwand. Das menschliche Schicksal soll im Augenblick der Abnabelung bestimmt sein. Wenn also Arzt oder Hebamme bei der Geburt zögern, oder wenn die Hebamme infolge Glatteis nicht rasch genug zur Stelle ist und die Abnabelung vornehmen kann, dann hat das Kind ein anderes Schicksal. Darüber hinaus fragen unsere Erbforscher: »Wie kommt es dann, daß bei den 240 Kindern, die in jedem Augenblick in der weiten Welt geboren werden, nur ein Albert Einstein dabei ist?«

Nicht zuletzt haben auch die Religionswissenschaftler und Volkskundler das Wort. Sie sagen: »Was soll dieser merkwürdige Namenszauber?« Man gab dem einen Planeten den Namen Mars. Dieser Planet soll darum kriegerisch machen. Die

Venus gebe ihren Kindern ein liebreizendes Aussehen und Benehmen. Pluto, der Höllenhund, mache finster und unheimlich. Welchen Einfluß hätten dann die Planeten, wenn man ihnen ganz andere Namen gegeben hätte? Diese Zuerteilung menschlicher Eigenschaften entspricht dem uralten heidnischen Analogiezauber. Dieser heidnische Namenszauber machte selbst vor dem berühmten Abendmahlsbild eines Leonardo da Vinci nicht halt. Er setzte auf seinem weltberühmten Gemälde unter die Apostelfiguren die zwölf Tierkreiszeichen. Also huldigte dieser große Künstler auch der Astrologie.

Selbstverständlich werden trotz der Kritik an der Horoskopseuche die interplanetarischen Beziehungen nicht bestritten. Viele Naturphänomene wie Ebbe, Flut, Spring- und Nippfluten, dazu verschiedene nervöse Reizzustände haben ihre Ursache in der interplanetarischen Anziehung. Das heißt aber für uns Christen nicht, daß diese Naturphänome unsere letzte geistige Ausrichtung sein müssen. Wir haben es in letzter Sicht nicht mit der Schöpfung, sondern mit dem Schöpfer zu tun.

In der Gegenwart haben wir drei Formen der Astrologie: eine sogenannte wissenschaftliche Form, dann die volkstümliche Sonnenstandhoroskopie und zuletzt eine vermittelnde Richtung, die sogenannte Kosmobiologie, die ihren Sitz in Aalen hat. Ein Horoskop – wir verstehen darunter eine Schicksalsdeutung aus der Stellung der Gestirne – heißt bei der Kosmobiologie Kosmobiogramm. Diese noch junge Halbwissenschaft will einerseits die Erbanlagen des Menschen, andererseits die Stellung der Sterne bei der Geburt berücksichtigen. Damit ist der Verschiedenheit der unter dem gleichen Stern geborenen Menschen Rechnung getragen.

In unseren Tagen sind es nicht nur die bibelgläubigen Christen und Evangelisten, die gegen die Astrologie zu Felde ziehen, nein auch im Bereich der Medizin und der Psychologie beginnt man auf die Schäden der Astrologie aufmerksam zu werden. So schrieb der Chefarzt Dr. Schrank aus Wiesbaden über die Psychologie des Aberglaubens: »Wie gefährlich sich die Astrologie auswirkt, beweist die Tatsache, daß bei sensiblen Menschen schwere seelische Schäden, Lebensangst, Verzweiflung, Zerrüttung beobachtet werden. Die Astrologie lähmt die Initiative und Urteilskraft. Sie verdummt und verflacht, sie uniformiert die Persönlichkeit für eine plattgeistige Untergrundbewegung.«

Sollten wir noch Zweifel darüber haben, was die Astrologie in Wirklichkeit ist, dann werden uns die letzten Bedenken genommen, wenn wir auf den führenden Astrologen Werle hören, der selbst die Astrologie als Mantik bezeichnet. Das Wort Mantik kommt aus dem griechischen Mantis, der Seher, oder Manteuomai, wahrsagen. Es ist besser, wenn das ein Astrologe selbst sagt, daß Astrologie Wahrsagerei ist. Dann bleibt uns dieses Urteil erspart.

Die Astrologie aus der Sicht der Bibel

Es ist bereits gesagt worden, daß im Heidentum eine Gleichsetzung der Planeten mit Gottheiten durchgeführt wurde. Wir wissen das aus der Religionsgeschichte, aber auch aus der heidnischen Umwelt Israels. Wer ein Schriftzeugnis sucht, der findet es in 5. Mos. 17,3-5: »Wenn einer hingeht und dient anderen Göttern und betet sie an, es sei Sonne oder Mond oder allerlei Heer des Himmels, was ich nicht geboten habe, so sollst du den Mann oder das Weib ausführen, die solches Übel getan haben, zu deinem Tor und sollst sie zu Tode steinigen.«

Selbstverständlich wird uns ein Astrologe des 20. Jahrhunderts sagen: »Das gilt uns nicht. Wir beten die Gestirne nicht an.« Freilich trauen wir einem geistig denkenden Menschen unserer Zeit keinen solch plumpen Polytheismus zu. Im Prinzip ist aber der Planetenglaube des Altertums und der Determinismus (Vorbestimmung durch die Sterne) der heutigen Astrologie gleich.

Wer aber darüber noch Zweifel haben sollte, der höre auf den Propheten Jesaja, der im Kapitel 47, 13-14 sagt: »Laß hertreten und dir helfen die Meister des Himmelslaufs und die Sterngucker, die nach den Monaten rechnen, was über dich kommen werde. Siehe, sie sind wie Stoppeln, die das Feuer verbrennt; sie können ihr Leben nicht erretten vor der Flamme.«

Als ich vor einiger Zeit einem christlich eingestellten Astrologen diese Stelle zeigte, meinte er: »Das gilt uns nicht. Das war nur für das Volk Israel geschrieben.« Das ist eine bequem zurechtgezimmerte Ausrede. Dann gilt uns der Römerbrief auch nicht, denn er ist an die Römer geschrieben. Damit können wir die Verbindlichkeit der ganzen Heiligen Schrift abtun.

Dem bibelgläubigen Christen, der sich der Autorität der ganzen Heiligen Schrift unterstellt hat, gilt, was Paulus in 2.Tim. 3,16 schreibt: »Die ganze Schrift, von Gott eingegeben, dient uns.«

Gott hat schon seit Jahrtausenden zur Astrologie jeder Schattierung ein unmißverständliches Nein gesagt. Dieses Nein kann auch nicht durch kompromißbereite Schultheologen umgedeutet werden. Gottes Ja ist Ja, Gottes Nein ist Nein.

Die gesamte Stellung der Heiligen Schrift zeigt, daß die Männer Gottes in der Astrologie eine Übertretung des ersten Gebotes sahen: »Du sollst keine anderen Götter neben mir haben.« Die Astrologie in ihrer letzten Zuspitzung setzt die erschaffene Welt absolut. Das Geschöpf wird gegen den Schöpfer ausgespielt. Und das ist Gotteslästerung. Der Mensch, und sei es ein Christ, der sich ein Horoskop stellen läßt, macht sich dieser Gotteslästerung schuldig. Wenn er nicht darüber ernsthaft Buße tut und sich davon lossagt, steht er unter dem Gericht.

Die Astrologie aus der Sicht der Seelsorge

In all den bisherigen Ausführungen wurde mit keinem Wort erwähnt, ob es sich bei den Horoskopen um Schwindel, Suggestionen oder reine Fehldeutungen handelt.

Bei keinem Gebiet der Wahrsagerei dürfen wir uns zu dem Kurzschluß verleiten lassen, als wäre alles Humbug und plumpe Irreführung. Wenn auch der größte Teil der Prognosen unwahr sind oder nur durch eine Suggestion ihre Erfüllung finden, so gibt es auch echte Fälle, die sehr verblüffend sind. Wir haben diesen Tatbestand bereits in den Beispielen 1 und 2 gesehen. Es soll noch ein weiteres Beispiel folgen.

B 6 Ein evangelischer Pfarrer, der gleich mir im Kampf gegen den Aberglauben steht, kam auf den Gedanken, seiner Gemeinde einen Beweis für die Unhaltbarkeit der Astrologie zu bringen. Er ließ sich für ein beträchtliches Honorar ein ausführliches Horoskop ausarbeiten und gab seiner Gemeinde das Horoskop bekannt. Nun glaubte er, er als Pfarrer und Christ wäre gegen die Erfüllung des Horoskops gefeit. Wie staunte er aber, daß alle im Horoskop gegebenen Prophezeiungen eintrafen. Er konnte sich das nicht erklären. Es waren auch Einzelheiten darunter, objektive Ereignisse, die sich nicht durch Suggestion erklären ließen. Schließlich bekam es dieser Pfarrer mit der Angst zu tun. Von Jahr zu Jahr erfüllte sich die vom Astrologen gegebene Prognose. Acht Jahre lang beobachtete er diese Entwicklung mit steigender Besorgnis. Zuletzt mußte er erkennen, daß er einen falschen Weg gegangen war. Wir haben als Christen nicht das Recht, in guter Absicht okkulte Experimente zu machen. Dieser Pfarrer tat Buße wegen seines Experimentes. Er bekannte auch vor der Gemeinde, daß es ein falscher Weg war. Von diesem Zeitpunkt an hörte die Erfüllung weiterer Einzelheiten seines Horoskops auf. Ohne es zu wissen, hatte sich dieser gläubige Pfarrer in den Bereich dämonischer Mächte begeben und hatte sich daran die Finger verbrannt. Seine echte Buße räumte mit diesen dunklen Gewalten in seinem Leben auf.

Die Seelsorge zeigte mir in mannigfacher Weise, wie sehr auch solche, die sich Christen nennen, sich durch astrologische Beratungen leiten lassen. So haben mir zwei Gemeindehelferinnen berichtet, daß sie bei einer zu erwartenden Verlobung von der Auskunft eines Astrologen abhängig waren. Weil ihr Geburtshoroskop mit dem des Bräutigams nicht harmonierte, unterblieb die Heirat.

Andere Berichte zeigten mir, daß manchmal Firmenchefs bei neu einzustellenden Mitarbeitern Horoskope ausarbeiten lassen. Das gleiche Verfahren wird auch geübt bei dem Zusammenschluß mit einem Kompagnon. Nicht zuletzt hat es zu allen Zeiten auch Politiker und Staatsmänner gegeben, die vor einer großen politischen oder militärischen Entscheidung das Horoskop stellen ließen. So sagte man Hitler nach, er hätte Guderian mit seinen Panzern nicht Moskau einnehmen lassen, weil ihn die Astrologen vor dem Schicksal Napoleons gewarnt hatten. Nun, er ist diesem Schicksal doch nicht entgangen!

Wenn ich aus der Heiligen Schrift nichts über die Ablehnung der Astrologie wüßte, so würden mir die Erfahrungen der Seelsorge genügen, um diese Bewegung als ein Gemisch von Scharlatanerie und Aberglauben, halbwissenschaftlichen Wahrheiten und Dämonie abzulehnen. Wer seinem Horoskop verfällt, verliert die Freiheit seiner Entscheidungen. Er büßt im Blick auf die Zukunft seine Entschlußkraft ein. Die Horoskope werden mit dem inneren Frieden bezahlt. Die Ratlosigkeit, die durch ein Horoskop ihr Ende finden soll, führt in Knechtschaft. Wer auf diesem Weg Führung und Hilfe sucht, verfällt unheimlichen Mächten.

Und doch ist das nicht alles, was im Blick auf Astrologie zu sagen ist. Mit Verbotstafeln baut man kein neues Leben auf.

Hinter der Astrologie steht wie bei der ganzen Wahrsagerei die Vertrauensfrage. Von welchen Mächten lasse ich mich bestimmen? Wer soll mein Ratgeber sein? In welchem Kraftfeld will ich mein Leben führen? Wer zu dieser Entscheidungsfrage durchgestoßen ist, der höre das Wort des Herrn:

»Ich will dich unterweisen und dir den Weg zeigen, den du wandeln sollst. Ich will dich mit meinen Augen leiten« (Psalm 32, 8).

Es stellt sich uns hier einer vor, der aussagt, daß er unser Leben in seine Hand nehmen will. Wer steht hinter diesem Ich? Es ist der, der Himmel und Erde, der die Gestirne über uns und unser kleines Leben in seiner Hand hält.

Ein französischer Künstler gab zu dieser Vertrauensfrage, um die es uns geht, eine wunderbare Antwort. Er schuf eine Plastik, eine nach oben geöffnete Hand. In der Hand liegt eine Lehmkugel. Auf der Kugel krabbeln zwei kleine Menschen. Darunter schrieb der Künstler: La main de Dieu – die Hand Gottes. Das ist das Glaubensbekenntnis eines wortkargen Künstlers: in Seiner Hand die Welt, in Seiner Hand unsere Erde, in Seiner Hand die ganze Menschheit, in Seiner Hand mein kleines Schicksal. Das ist die Antwort des Christen gegen alle Wahrsagerei, gegen jede Astrologie.

Ich steh in meines Herren Hand und will drin stehen bleiben. Diese Hand ist stark genug, mich durch alle Fährlichkeit des Lebens durchzutragen. Diese Hand verliert nie ihre Kraft und Allmacht. Jesus gab es seinen Jüngern als unumstößlichen Trost: »Niemand wird sie aus meiner Hand reißen« (Joh. 10, 28).

2. Das Handlinienlesen

Um Verwechslungen zu vermeiden, müssen einige Begriffe geklärt werden. Es geht in diesem Abschnitt um die Chiromantie, das Wahrsagen aus den Handlinien. Nicht zur Darstellung kommt die Chirologie, die wissenschaftliche Handform- und Handliniendeutung. Ferner steht nicht zur Diskussion die Graphologie, die Deutung der Handschrift.

Das Handlinienlesen läßt sich bis zu den älteren Babyloniern zurückverfolgen. Frühzeitig mischte sich astrologisches Ideengut in die Handleserei. Neben den vier Hauptlinien (Herz-, Kopf-, Schicksals- und Lebenslinie) ist die Handfläche in sieben Planetenberge eingeteilt. Vom Zeigefinger zum kleinen Finger sind es: Merkurberg, Apolloberg, Saturnberg, Jupiterberg. Unter dem Daumen ist der Venusberg, unter dem kleinen Finger der Marsberg und Mondberg.

Eine Beispielreihe soll wiederum in die seelsorgerliche Fragestellung einführen. Wenn eingangs erwähnt wurde, daß begriffsmäßig Chiromantie, Chirologie und Graphologie auseinanderzuhalten sind, so tritt in der Praxis oft eine verhängnisvolle Vermischung ein. Zunächst ein Beispiel dieser Art.

B 7 Ein junges Mädchen suchte einen Graphologen auf und ließ sich die Handschrift und die Handlinien deuten. In dem ausgestellten Gutachten stand, daß sie im 30. Lebensjahr ermordet werden würde. Daraufhin erklärte das Mädchen ihren Angehörigen: »Wenn ich so früh sterben soll, dann will ich mein Leben in vollen Zügen genießen.« Sie wurde zur regelrechten Hure und Abtreiberin. Im 24. Lebensjahr erkrankte sie infolge ihres ausschweifenden Lebens und starb an einer colitis ulcerosa. Der Arzt konstatierte selbst, daß sie sich mit ihrem liederlichen Lebenswandel ruiniert hätte. Bemerkenswert ist noch, daß sich bei dem Mädchen nach der Beratung des Graphologen mediale Fähigkeiten eingestellt hatten. Sie konnte pendeln und mit der Rute gehen.

Dieses Beispiel zeigt zuerst, daß dieser Graphologe ein okkulter Handwerker war. Er mißbrauchte die Graphologie zu Wahrsagezwecken. Ferner wird hier die häufigste Form der Handleserei und der Wahrsagerei sichtbar. Es gibt viele Wahrsageformen, die suggestiven Charakter haben. Der durch Wahrsagung beratene Mensch führt bewußt oder unbewußt die Erfüllung herbei. Hier wiederholt sich, was bei dem psychologischen Prozeß der Kartenlegerei noch gesagt werden wird. In seelsorgerlicher Hinsicht wird hier die häufig gemachte Beobachtung deutlich, daß der Mensch durch die Wahrsagerei sittlich enthemmt wird. Christliche Erziehung, Tradition und Sitte haben in unser aller Leben schützende Dämme aufgeworfen. Auch der christusferne Mensch lebt unbewußt in den Ordnungen der christlichen Welt, auch wenn er im stillen sich dagegen auflehnt. Die Inanspruchnahme okkulter Kräfte reißt diese Dämme nieder. Dunkle, trübe Fluten strömen offenkundig in das preisgegebene Leben ein. In unserem Fall gewinnt bei dem Mädchen das Triebleben die Oberhand. Sie geht daran zugrunde. Der Okkultismus leistet allen Süchten und Entgleisungen Vorschub. Der okkult beratene Mensch wird in vielen Fällen jähzornig, haltlos gegenüber Alkohol, Nikotin und gibt sich einem ausschweifenden Leben hin.

Die Folgen der Wahrsagesuggestionen werden an weiteren Beispielen sichtbar.

B 8 Eine junge Frau ließ sich durch Handlesen wahrsagen. Der Mantiker (Wahrsager) erklärte ihr, sie würde im 40. Lebensjahr krebskrank werden und sterben. Tatsächlich magerte die Frau unter dieser Suggestion vor dem 40. Lebensjahr ab und lebt seither in dem Wahn, sie würde krebskrank werden. Sie verlor schon insgesamt 30 Pfund Gewicht und wiegt jetzt nur noch 84 Pfund.

B 9 Einer meiner Studienfreunde hatte seine Cousine als Hausgehilfin im Pfarrhaus. Eines Tages tauchte eine Zigeunerin an der Tür auf, um Haushaltswaren zu verkaufen. Da die

Preise alle überhöht waren, weigerte sich das Mädchen, ihr etwas abzunehmen. Daraufhin griff die Zigeunerin nach der Hand des Mädchens, um ihr wahrzusagen. Das Mädchen wollte die Hand zurückziehen, da wandte die raffinierte Frau einen psychologischen Trick an. Sie sagte rasch: »O, wie interessant! Sie werden in zwei Jahren heiraten.« Welches Mädchen hört nicht, wenn ihm das Heiraten versprochen wird! Willig ließ sie der Zigeunerin die Hand. Diese fuhr in ihrer Prophezeiung fort: »Es werden mehrere Bewerber kommen. Den größten werden Sie heiraten. Im ersten Ehejahr werden Sie Mutter. Allerdings bricht Ihre Lebenslinie jäh ab. Sie werden im ersten Kindbett sterben.«

Bevor der Bericht weitergeführt wird, soll zuerst der Charakter dieser Wahrsagung kurz angedeutet werden. Es gehörte gewiß keine prophetische Gabe dazu, dem bildhübschen Mädchen zu prophezeien, daß sie heiraten würde. Ferner braucht man kein Prophet zu sein, um ihr dann zu sagen, daß sie im ersten Ehejahr Mutter werden würde. Der dunkle Schluß mit der Todesankündigung war gewiß nur ein Racheakt der Zigeunerin, weil ihr nichts abgekauft worden war. Es liegt also auch hier nur eine unechte Wahrsagung, eine primitive Suggestionswahrsagung, vor. Wie wirkte sich diese Prophezeiung nun aus?

Tatsächlich stellten sich in den folgenden zwei Jahren mehrere Bewerber ein. Das Mädchen stand bereits unter Einfluß der Prophezeiung. Sie heiratete den größten. Im ersten Jahr fühlte sie sich Mutter werden. Je näher die Stunde der Entbindung kam, desto größer wurde ihre Angst. Sie kämpfte mit der dunklen Prophezeiung. Ihre Angehörigen und vor allem ihr Mann versuchten, ihr den Unsinn auszureden. Es gelang ihnen nicht. Die junge Frau war in ihrem Gottesglauben nicht so gefestigt, daß sie ein richtiges Gegengewicht zu dem Aberglauben hätte entfalten können. Die Niederkunft ging normal vonstatten. Einige Tage später bekam sie hohes Fieber. Der Hausarzt erklärte, es wäre überhaupt kein organischer Grund für das Fieber vorhanden. Drei Wochen nach der Entbindung umnachtete sich ihr Geist. Sie wurde noch in die psychiatrische Klinik eingeliefert und starb nach drei Tagen.

Nur wer die Psychologie des Wahrsagens nicht kennt, wird hier von einer echten Prophezeiung sprechen. Es liegt hier höchstwahrscheinlich eine Suggestion vor. Wir wissen von unseren Missionsfeldern, daß eingeborene Heiden von den Prophezeiungen ihrer Medizinmänner und Zauberpriester total abhängig sind. Wenn ein Stammeszauberer einem Stammesmitglied einen Todestermin voraussagt, dann trifft die Voraussage prompt ein. Man spricht hier von der psychologischen Erscheinung der Thanatomanie, der Todessucht. Es gibt einen Suggestionstod, und zwar nicht nur bei den Primitiven, sondern auch bei uns zivilisierten Europäern. – Die Amerikaner haben sogar an Verbrechern diesbezügliche Experimente gemacht, die positiv verlaufen sind. Einem zum Tode Verurteilten wurden die Augen verbunden. Man erklärte ihm dann, er würde dadurch hingerichtet werden, daß man ihm die Hauptschlagader am Hals öffnen würde. In einer Minute wäre er tot. Man ritzte ihm leicht die Haut am Hals an, öffnete gleichzeitig einen in der Nähe befindlichen Wasserhahn. Der Verbrecher spürte den Schnitt und hörte das Plätschern des Wassers. In einer Minute verlor er das Bewußtsein. Der Trick war gelungen.

Im Blick auf den Wahrsagegehalt und die Formen der Prophezeiungen unterscheidet Prof. Zucker in seiner »Psychologie des Aberglaubens« den magischen und den mystischen Aberglauben und als dritte Form das Ahnen. Der magische Aberglaube ist aktiv. Er setzt suggestive und zauberische Kräfte ein. Er greift bestimmend und gestaltend in das Leben des

Ratsuchenden ein. Die bisherigen Beispiele liegen fast alle auf dieser Ebene. Der mystische Aberglaube hat einfühlenden, angleichenden Charakter. Er arbeitet intuitiv, meditierend, vortastend. Zu ihm gehören auch die Fähigkeiten der Kombination, des Anzapfens, des Anpassens, der Assimilation. Ist der Grundsatz des magischen Aberglaubens: das Ich meistert die Welt, so gilt beim mystischen Aberglauben: das Ich geht in der Welt auf. In der Praxis des Anzapfens werden grundsätzlich zwei Arten unterschieden. Man sagt, die zeitliche Vorausschau habe zwei Möglichkeiten. Entweder wird der Mensch, der seine ganze Zukunft in Rudimenten (Spuren, Ansatzpunkten) in sich tragen soll, angezapft. Oder es wird ein plantragendes Subjekt, ein Weltbewußtsein, angenommen, das alle Schicksalspläne der Menschen in sich tragen soll. Das ist etwa die Meinung von Prof. Osty, E. von Hartmann, Prof. Driesch. Dieses plantragende Subjekt könnte von Medien angezapft werden. Beiden Anschauungen liegt ein gewisser Determinismus (Vorherbestimmung) zu Grunde. Vom biblischen Standpunkt aus sind beide Wahrsagetechniken nicht annehmbar. In die dritte Gruppe des Ahnens gehören die unbewußt aufsteigenden Ahnungen, die Vorgefühle, Wahrträume, Erlebnisse des zweiten Gesichtes, Phänomene des Hellsehens und Hellfühlens, kurz alle Auswirkungen medialer Fähigkeiten. Wer ein gutes Beispiel dieser Art nachlesen will, orientiere sich an dem »Diamantenbeispiel« aus »Seelsorge und Okkultismus«. Ich will es hier nicht wiederholen, um in den verschiedenen Veröffentlichungen keine Überschneidungen hervorzurufen.

Wichtiger als alle wissenschaftlichen Unterscheidungen, so interessant sie sein mögen, sind die seelsorgerlichen Belange. Es soll dem seelisch kranken Menschen geholfen werden, dessen Krankheitsbild nicht in die psychiatrische Klassik paßt.

Um die Folgen der Handleserei zu zeigen, werden hier noch zwei Beispiele angefügt.

B 10 Eine Wahrsagerin lehnt alles Göttliche strikt ab. Ein gläubiges Mädchen kam eines Tages in einem Haus mit ihr zusammen. Als sie von ihrem merkwürdigen Wahrsagegewerbe erfuhr, streckte sie ihr scherzhafterweise die Hand hin. Sie hielt ja alles für blanken Unsinn. Die Frau las ihr aus den Handlinien. Das Mädchen lachte übermütig und konnte sich eine spöttische Bemerkung nicht verkneifen. Hinterher wurde das christliche Mädchen schwermütig und konnte nicht mehr glauben. Auch bei den Kindern der Handleserin zeigten sich die typischen Folgen. Sie wurden alle nervenkrank und gehen böse Wege schlimmer Entgleisung. Also zeigt sich auch hier die typische Charakteristik der Folgen: Depressionen und Enthemmung.

B 11 Ein Mann betrieb jahrelang aktiv das Handlinienlesen. Ferner übte er die Tätigkeit eines Heilmagnetiseurs aus. Im Lauf der Jahre spürte er selbst den unheilvollen Einfluß seines zweifelhaften Gewerbes. Er wollte sich Christus und dem Wort Gottes zuwenden. Monatelang zwang er sich zum Bibellesen, obwohl er einen starken inneren Widerstand verspürte. Jedesmal, wenn er mit göttlichen Dingen in Berührung kam, empfand er eine merkwürdige Abwehr und einen starken Druck.

In diesem Beispiel zeigt sich ein neues Moment. Wahrsagerei entwickelt das Phänomen der Resistenz, die innere Abwehr gegen alles Göttliche. Wenn wahrsagebelastete Menschen zu Christus kommen wollen, können sie nicht glauben. Es stellen sich heftige, unheimliche Abwehrkräfte ein, die von einer Entscheidung für Christus zurückhalten wollen. Wer von der Wahrsagerei verseucht und »schutzgeimpft« ist, ist nahezu immun gegen den Heiligen Geist. Solche Menschen haben es sehr schwer, sich Christus zuzuwenden.

3. Das Kartenlegen

Geschichtlich läßt sich das Kartenlegen über viele Jahrhunderte nachweisen. Die Römer besaßen bereits ein System von Täfelchen, auf denen Symbole aufgezeichnet waren. Im 8. Jahrhundert kamen dann die Karten auf. Die Technik der Wahrsagerei mit Karten ist ziemlich einfach. Den einzelnen Karten wird eine bestimmte Bedeutung zugemessen, z. B. Herz 7: Liebeskarte, Herz 10: Wunscherfüllung, Pik 10: Glückskarte. Bei 32 Spielkarten gibt es dann Tausende von Kombinationen. Lernen wir nun die Hauptprobleme der Kartenlegerei an Hand von Beispielen kennen.

B 12 Ein Evangelist der Deutschen Zeltmission hielt im Zelt einen Vortrag gegen das Wahrsagen und das Kartenlegen. Hinterher stellte der anwesende Dekan den Evangelisten zur Rede und erklärte ihm: »Was wollen Sie eigentlich mit Ihrem Protest gegen das Kartenlegen? Ich schlage ja selbst die Karten. Das ist doch ein harmloses Gesellschaftsspiel.« – Zu diesem Beispiel aus deutschem Raum ein ähnliches aus der Schweiz.

B 13 Ein Schweizer Gemeindepfarrer veranstaltete einen Bazar. Es wurden verschiedene Märchenbuden im Gemeindehaus aufgebaut. Eine Bude trug die Überschrift »Zur Wahrsagerin«. Für 20 Rappen konnten die Kinder in dieses Abteil der Wahrsagerin eintreten und sich wahrsagen lassen. Ein Kirchenältester empörte sich gegen diesen Unfug und hielt es dem Pfarrer vor. Der Ortsgeistliche erklärte: »Das ist doch harmloser Scherz.« Ein Junge, der die kirchliche Wahrsagebude betrat, erhielt die Auskunft: »Du wirst die nächste Woche vom Fahrrad stürzen.« Einige Tage später erfolgte tatsächlich dieser Sturz. Der Junge brach sich dabei ein Bein. Ein Mädchen erhielt von der Kartenlegerin die Wahrsagung: »Der Lehrer mag dich nicht.« Von dieser Zeit an litt das Mädchen sehr unter dieser angeblichen Abneigung des Lehrers.

Diese beiden ersten Beispiele zeigen den Tatbestand, daß die Kartenlegerei keine Verharmlosung erträgt. Die beiden Kinder waren bereits das Opfer einer Suggestion. Die beiden Geistlichen waren das Opfer der rationalistischen Humbugtheorie ihrer Universitätsbildung, die auf dem Gebiet der Magie (Beherrschung der Materie durch den Geist oder Seele) und Mantik (Wahrsagekunst) eine verhängnisvolle Lücke aufweist.

Soweit es sich bei der Kartenlegerei nicht nur um üble Geldmacherei handelt, sondern paranormale (ungewöhnliche) Fähigkeiten mitschwingen, spielt die Telepathie (Gedankenlesen, Gedankenanzapfen) und die unterbewußte Kommunikation (Mitteilung, Verbindung) eine Rolle. Ein Beispiel soll den Sachverhalt klären.

B 14 Eine Sechzehnjährige suchte die Kartenlegerin auf. Sie wollte wissen, wie lange sie noch warten müßte, bis der heißersehnte Freund auftauchen würde. Die Kartenlegerin sah sie scharf an und sagte: »Ihr Bruder hatte vor einem Jahr einen schweren Motorradunfall. Stimmt das?« »Ja.« »Ihre Mutter ist herzkrank. Stimmt das?« »Ja.« »Sie leben zur Zeit im Streit mit dem Vater. Stimmt das?« »Ja, woher wissen Sie das alles.« »Aus den Karten.« In Wirklichkeit besaß aber die Kartenlegerin die seltene Fähigkeit der Telepathie und las daher diese Aussagen dem Mädchen ab. Die junge Kundin schenkte auf Grund dieser Erklärungen der Kartenlegerin volles Vertrauen. Nunmehr machte die Wahrsagerin Angaben im Blick auf die Zukunft. Das Mädchen glaubte den zweideutigen Aussagen und stellte sich innerlich darauf ein. Sie erlag in ihrem Aberglauben einem Erfüllungszwang. Hier ging es auch nach dem Bibelwort: »Euch geschehe nach eurem Glauben.« Die richtig gewahrsagte Vergangenheit löste den psychologischen Prozeß der unbewußt bewirkten Erfüllung aus.

Eine weitere Form der Kartenlegerei beruht auf echten medialen Fähigkeiten. Das Wort medial kommt vom lateinischen medium, das Mittel. Man bezeichnet mit medial die schwer zu beschreibenden geheimnisvollen Fähigkeiten mancher Menschen, Vorgänge auszulösen oder zu erfassen, die über den Bereich der fünf Sinne hinauszugehen scheinen. Lassen wir eine medial veranlagte Kartenlegerin selbst zu Wort kommen.

B 15 Eine Kartenlegerin erklärte auf Befragen, sie wäre im Augenblick des Wahrsagens von einer fremden Macht beherrscht. Ein fremder Geist würde über sie kommen. Sie müßte dann Dinge aussagen, die sie selbst nicht wüßte. Das Gefühl würde sie beherrschen, als ob sie im Moment des Wahrsagens besessen wäre. Hinterher wäre sie wieder völlig normal.

Mit diesem Beispiel sind wir in der Nähe des Erlebnisses aus Apostelgeschichte 16, 16-18. Paulus missionierte in Philippi. Eine Wahrsagerin kreuzte seinen Weg. Sie rief täglich in die Straßen, in die Volksmenge hinein: »Diese Menschen sind Knechte Gottes, des Allerhöchsten, die euch den Weg der Seligkeit verkündigen.« Hätte sich Paulus über diese Zustimmung nicht freuen müssen? Warum wehrte er dieser Frau? Der Apostel sah sofort, daß hier Wahrsagekräfte, die von unten stammten, vorlagen. Er trat im Namen Jesu der Frau entgegen und gebot: »Ich gebiete dir in dem Namen Jesu Christi, daß du von ihr ausfahrest.« Die Wahrsagerin wurde augenblicklich von ihrer Wahrsagefähigkeit gelöst. Dieser Zwischenfall der jungen Europamission ist sehr ertragreich. Zunächst ersehen wir daraus, daß es echte Wahrsagekräfte gibt und nicht alles Humbug und Schwindel ist. Die Wahrsagerin sagte echte Tatbestände aus. Die Frau bezog ihre Erkenntnisse von außermenschlichen Intelligenzen, von dämonischen Mächten. Ferner wird deutlich, daß die Wahrsagerei auch fromme Inhalte verkündigt. Nur zu oft wird das dunkle, dämonische Treiben solcher Leute mit christlichen Verbrämungen getarnt. Der

Apostel durchschaute sofort die Herkunft dieser Wahrsagefähigkeit. Er besaß die Gabe der Geisterprüfung und Geisterunterscheidung. Auch offenbarte sich unmittelbar seine geistliche Vollmacht in seinem missionarischen Dienst. Der Name Jesus ist allen dunklen Machenschaften der Finsterniswelt gewachsen. Der ganze Sieg des Evangeliums über die dämonisch verhaftete Heidenwelt leuchtete auf. Im Namen Jesu sprangen die Bande und Ketten entzwei. Das arme gequälte Menschenkind wurde frei. – Der vielfache Tatbestand dieser Geschichte tritt in vielen Abwandlungen bei der Wahrsagerei immer wieder zutage.

In seelsorgerlicher Hinsicht interessieren nicht die wissenschaftlichen Streitfragen, sondern die Folgen der Wahrsagerei und ihre Überwindung. Einige Beispiele sollen das deutlich machen.

B 16 Eine Studentin berichtete in der Aussprache von verschiedenen seelischen Störungen. Sie hätte Examensangst, Lähmungserscheinungen, keine Kraft zum konzentrierten Arbeiten. Sie erweckte den Eindruck, als ob ihre geistigen und psychischen Fähigkeiten gespalten wären. Auf Befragen gab sie zu, daß sie öfters Kartenlegerinnen zu Rate gezogen hatte. Auch ihre Vorfahren waren wahrsagehörig.

B 17 Ein christlicher Akademiker war Kartenleger und übte das nicht nur für sich und seine Familie, sondern auch zur Beratung seiner Gemeindeglieder jahrelang aus. Nach seinem Tod wurde seine Frau hemmungslos gegenüber dem Alkohol. Sie entwickelte sich zu einer notorischen Trinkerin. Sie vertrank die ganze Pension. In ihrem Haus fand sich stets eine ganze Batterie Flaschen. Zu diesem Übel befaßte sich die Ehefrau und ihre Tochter mit der weißen Magie und setzte damit die okkulte Tradition ihres Mannes fort. Die Tochter trat in die Fußstapfen ihrer Eltern. Sie war ebenfalls in das abergläubische Brauchtum der Mutter verstrickt. Als sie 17 Jahre alt war, umnachtete sich ihr Geist. Sie kam ins Irrenhaus. Magie und Aberglauben hatten diese ganze Familie zerstört

B 18 Ein gläubiger, junger Mann berichtete mir aus seiner Soldatenzeit. Er war als Unteroffizier bei einer Einheit, in der ein Feldwebel allen Unteroffizieren die Karten legte. Der gläubige Unteroffizier verbat sich zuerst diese Wahrsagerei. Schließlich gab er dem Vorgesetzten nach. Der Kartenleger prophezeite ihm, er würde am nächsten Tag eine Trauerbotschaft erhalten. Ferner hätte er in einigen Tagen eine Geldsendung zu erwarten. Tatsächlich erreichte ihn am nächsten Tag die Nachricht, daß sein Onkel gestorben war. Fünf Tage später kam auch die angekündigte Geldsendung. Die Eltern hatten sonst nie die Gepflogenheit, ihrem Sohn Geld zu überweisen. Diese Geldsendung war eine einmalige Angelegenheit. Nach dieser Beratung durch den Kartenleger stellten sich bei dem gläubigen Unteroffizier Depressionen ein. Sein Gebetsleben war gestört. Er suchte einen gläubigen Mann zur seelsorgerlichen Hilfe auf. Nach dessen Gebet unter Handauflegung waren die schweren Gemütszustände völlig verschwunden.

In dieser Beispielreihe liegt eine Reihe von Problemen. Der einfachste Fragenkomplex sind die psychologischen oder parapsychologischen Fragestellungen (Parapsychologie = Wissenschaft von den ungewöhnlichen Randerscheinungen des Lebens). Besaß der Feldwebel wirkliche Wahrsagefähigkeiten? In dem vorliegenden B 18 ist das nicht ersichtlich. Der Unteroffizier kann von der schweren Krankheit des Onkels gewußt haben. Ferner spielte er vielleicht mit dem Gedanken, seine Eltern könnten anläßlich der kurz zuvor erfolgten Beförderung ihm eine Gratulationsgabe überweisen. Der Feldwebel brauchte dann nur mit Hilfe eines feinen Fingerspitzengefühls oder auf Grund eines telepathischen Einfühlungsvermögens dem Unteroffizier diesen Tatbestand abgezapft haben. Eine echte Vorschau scheint keineswegs vorzuliegen.

Der zweite Fragenkreis hat medizinischen Charakter. Sind die Störungen durch die Wahrsagerei verursacht oder ausgelöst worden? Lag nicht vielmehr eine latente (verborgene) Gemütserkrankung oder sogar Geisteskrankheit vor, deren Ausbruch zeitlich mit der Wahrsagerei zusammenfällt? Wird das zeitliche Zusammentreffen (die Koinzidenz) nicht irrtümlich als Kausalität (Ursächlichkeit) gewertet? Wird also nicht Ursache und Wirkung verwechselt? Das sind die Einwände, die stets von der Psychiatrie (Wissenschaft von den Geistes- und Gemütskrankheiten) her erhoben werden. Hinter diesen medizinischen Einwänden liegen gewichtige biblisch theologische Probleme. Es wird von der Medizin weithin und auch von vielen Theologen bestritten, daß okkulte Vorgänge seelische, nervöse Störungen und Schädigungen des Glaubenslebens hervorrufen können. Noch eine Stufe weiter zurück liegt das Problem, ob es außermenschliche, dämonische Mächte gibt, die in ihrer Wirksamkeit in das Menschenleben hineinragen. Die Psychiater fassen in diesem Zusammenhang die Berichte des Neuen Testaments von den Besessenen fast durchweg als schwere Hysteriefälle auf. Viele Theologen lassen sich von dieser Auffassung ins Schlepptau nehmen und sprechen bei der Besessenheit von einer Krankheit, von einem Defekt. Zunächst sind es die Theologen, welche mit den rationalistischen Eierschalen ihrer liberalen Theologie noch nicht fertig geworden sind, vorneweg alle Anhänger der Bultmannschen Theologie. Sie gehen am wahren Sachverhalt der biblischen Berichte glatt vorbei. Sie besitzen kein Aufnahmeorgan für biblisches Geschehen. Die geistige Hurerei mit den philosophischen Strömungen der Vergangenheit oder Gegenwart hat sie abgestumpft gegen das Pneuma, den Heiligen Geist. Peinlich ist es allerdings auch, wenn eine positive Basler Theologin, die in ihrem Büchlein »Heil und Heilung« gute neutestamentliche Gedanken entfaltet, die Wahrsagefähigkeit einen Defekt nennt. Das ist eine Abfärbung der psychiatrischen Bedenken. Grundsätzlich wird im Neuen Testament ein Defekt, eine Krankheit geheilt, aber Besessenen wird im Namen Jesu geboten. Die Wahrsagerin in Philippi hatte keinen Defekt, sondern einen dämonischen Abgrundsgeist. Darum heilte Paulus sie nicht durch Handauflegung und Gebet, sondern er gebot im Namen Jesu den unreinen Geistern auszufahren. An der Therapie, die Jesus und die Apostel übten, wird ersichtlich, um was für Schädigungen es sich bei den Patienten handelte. Den leiblich Kranken wurde Handauflegung unter Gebet geschenkt, den unreinen Geistern und Dämonen wurde die Vollmacht des Austreibungswortes entgegengesetzt.

Wenn wir nun zu den medizinischen Ausgangsfragen zurückkehren, so muß von der Heiligen Schrift her eine Distanz zur Psychiatrie aufgerichtet werden. Es wird selbstverständlich der Medizin zugestanden, daß viele Geisteskrankheiten einen magischen Faktor oder Komplex haben. Das wird bei vielen Gesprächen mit Schizophrenen deutlich, die oft behaupten, sie wären magisch verfolgt oder verhext. Mit dieser Beobachtung darf aber nicht die andere Tatsache entkräftet werden, daß in vielen Fällen die Magie das Primäre ist und die seelischen Störungen die Auswirkungen und Folgen sind. 3000 sorgfältig eruierte (geprüfte) Fälle sind ein ins Gewicht fallendes Beweismaterial. Außerdem kennen unsere Parapsychologen, z. B. Prof. Dr. Bender von der Freiburger Universität, Krankheiten, die nach okkulter Betätigung entstanden sind. Es sei nur die mediumistische Psychose erwähnt. Die Seelsorge zeigt eindeutig, daß die Beschäftigung mit dem Spiritismus, mit der Magie oder mit der Wahrsagerei Störungen hervorruft, die sich oft medizinisch nachweisen lassen. In fast jedem Fall aber zeigen sich Schädigungen des Glaubenslebens. Diese Beobachtung weist darauf hin, daß bei der Entstehung solcher Schädigungen in erster Linie biblische Sachverhalte zugrunde liegen. Für ihre Behandlung ist zunächst der theologische Seelsorger, falls er ein bibelgläubiger Christ ist, zuständig und außerdem der gläubige Psychiater.

4. Rute und Pendel

Wie viele okkulte Praktiken versucht auch die Pendelpraxis wissenschaftlich hoffähig zu werden. Man entwickelte die Radiästhesie, die Strahlenkunde und behauptet, daß alle Materie strahlt. Der Rutengänger oder Pendler wäre imstande, sich auf diese Strahlen einzufühlen. Die wissenschaftliche Seite dieses Problems wird in »Seelsorge und Okkultismus« ab Seite 101 abgehandelt. In diesem Buch geht es um seelsorgerlich praktische Fragen. Um Unkundige nicht zu verwirren, sei gesagt, daß mit Rute oder Pendel die gleichen Vorgänge erfaßt werden. Das Pendel soll lediglich der feinere Indikator (Anzeiger) sein. Um ein objektives Urteil zu ermöglichen, sollen zuerst Beispiele folgen, bei denen anscheinend keine Störungen als Folgen nachgewiesen werden können.

Es gibt Ärzte, Pfarrer, Missionare, Ingenieure, die von der Brauchbarkeit und Exaktheit der Pendelmutungen (Ergebnisse mit Rute und Pendel) überzeugt sind. Sie erklären, daß sie außer einer gewissen Schwächung der Nervenkraft keine nachteiligen Folgen spüren.

B 19 Ein 28jähriger Mann nahm sich das Leben. Da man den Leichnam nicht fand, wurde er von der Polizei gesucht. Sein Schwager zog einen Pendler zu Rate. Der Pendler bat um einen Gegenstand des Toten. Man brachte ihm die Socken des Vermißten. Der Pendler legte die Socken auf den Boden und lief dann mit einer Metallrute im Rechteck um die Socken. Dann gab der Pendler richtig die Personalien des Toten an. Er sagte Name, Geburtsdatum und die Stelle, an welcher der Tote liegen sollte. Der Pendler machte dann zusätzlich eine Probe seiner eigenen Angaben, holte eine Landkarte und pendelte noch einmal nach dem Ort des Toten. Das Pendel bestätigte die Angaben der Rute. Der Schwager ging mit der Polizei an den angegebenen Ort und fand den Toten tatsächlich an der vom Pendler angegebenen Stelle. In einem kleinen Schuppen im Wald hatte der Selbstmörder sich erschossen.

B 20 Ein Arzt aus dem Elsaß ist Rutengänger. Er hält diese Fähigkeit für eine Gabe Gottes. Bemerkenswert ist jedoch seine Nervosität und seine Abwehr gegen das Göttliche.

B 21 Ein Postbeamter besitzt die Fähigkeit, mit Rute oder Pendel Wasseradern zu suchen und auch die Lage der Postkabel mit dem Pendel exakt anzugeben. Er spricht davon, daß sich bei ihm nach dem Rutengehen kleine Müdigkeitserscheinungen zeigen.

B 22 Ein Arzt baute sich ein Wohnhaus. Er hätte in seinem Garten gern einen Brunnen angelegt. Ein Freund von ihm, ein evangelischer Pfarrer, hörte von diesem Wunsch. Er ließ sich von dem Arzt einen Grundriß von Haus und Garten geben. Dann nahm er das Pendel und stellte auf dem Grundriß fest, wo Wasser zu finden wäre. Seine Angaben stimmten. Beim Nachgraben fand man an der bezeichneten Stelle Wasser.

B 23 Ein Missionar besitzt die Fähigkeit, vom 2. Stock eines Hauses aus mit dem Pendel festzustellen, ob unten eine männliche oder weibliche Person den 1. Stock betreten hat. Er kann ferner von oben durch den Fußboden feststellen, ob etwa die weibliche Person unten ein Kind erwartet und welches Geschlecht das Kind haben wird. Er führte im Beisein von

Freunden viele derartige Experimente durch, die zum vollen Erfolg wurden. In der gleichen Weise kann er auch auf Friedhöfen angeben, ob eine männliche oder weibliche Person unter dem Grabstein liegt. Selbstverständlich stellt er sich hinter den Stein, so daß er die Namen nicht lesen kann.

B 24 Bei meiner zweiten Missionsreise in den fernen Osten hörte ich von der Tätigkeit einer Missionarin. Sie ist mir als Glied einer deutschen Missionsgesellschaft sehr gut bekannt. Diese Frau, die viele Jahre in China arbeitete, kann mit dem Pendel nahezu alle unbekannten Fragen klären. Sie stellt zum Beispiel auf eine Entfernung von vierzig Kilometern fest, wann eine Missionarin ein Kind erwartet. Sie kann diesen Tatbestand diesen Missionarsfrauen zu einem Zeitpunkt mitteilen, an dem noch nichts in der Öffentlichkeit bekannt ist. Sie gibt gleichzeitig an, ob es ein Junge oder ein Mädchen werden wird. Ihre Prognosen stimmten in allen Fällen. Nach diesen Fähigkeiten befragt, gab diese pendelnde Missionarin zur Antwort, sie könnte sich auf die Strahlungen der schwangeren Frau einstellen.

B 25 Ein Heilsarmeeoffizier führte seit Jahren eine Pendelpraxis durch. Als im Krieg sein Sohn vermißt war, pendelte er über seinem Foto, um festzustellen, ob der Sohn noch lebte. Als ihm in der Nachkriegszeit ein Koffer gestohlen wurde, pendelte er nach dem Aufbewahrungsort des gestohlenen Koffers. Tatsächlich gab ihm der Pendelausschlag den richtigen Ort an. Auf meine Frage, ob er irgendwelche nachteiligen Folgen seiner Pendelei spüre, verneinte dieser Reichgottesarbeiter. Er erklärte, er fühle keine Schädigung des Glaubenslebens.

Die flüchtige Ausbeute dieser Beispiele liefert schon einige Anhaltspunkte für die Beurteilung. Zunächst wird deutlich, daß man mit der Humbugtheorie nicht durchkommt. Es gibt Rutengänger und Pendler, die exakte Angaben machen können, wenn auch viele Geologen und andere Wissenschaftler leidenschaftlich dagegen wettern. Natürlich darf nicht übersehen werden, daß es viele Pendelangaben gibt, die nur ein ganz verworrenes, konfuses Zeug darstellen, mit dem nichts anzufangen ist. Ferner geht aus den wenigen Beispielen hervor, daß die Rutengängerei und Pendelei ein stark umstrittenes Gebiet ist. Hier werden Ärzte, Pfarrer, Missionare, Beamte genannt, die mit dem Pendel arbeiten. Wer hat nun recht? Die fanatischen Befürworter oder die leidenschaftlichen Bekämpfer? Falsch ist folgendes Argument: Wenn Pfarrer und andere Reichgottesarbeiter mit dem Pendel arbeiten, dann muß das doch eine harmlose Angelegenheit sein. Wir können ja auch nicht sagen, der Ehebruch ist erlaubt, weil ein Missionar die Ehe gebrochen hat. Wiederum anfechtbar ist folgende Begründung: Wenn manche Reichgottesarbeiter bei der Pendelei keine nachteiligen Folgen spüren, dann wäre eine andersliegende Beobachtung gegenstandslos. Ich kenne zwar Fälle, bei denen anscheinend das Wassersuchen mit der Rute ohne Folgen für den Träger dieser Gabe geblieben ist. Es darf aber nicht verschwiegen werden, daß die Folgen auch latent (verborgen) bleiben können. Bei manchen Menschen zeigt sich der Pferdefuß erst auf dem Sterbebett oder schon vorher, wenn sie zu Christus kommen wollen. Wir müssen uns auch von der Vorstellung befreien lassen, als wäre jeder ein wiedergeborener Christ, der das Wort Gottes verkündigt. Das Wort der Heiligen Schrift gilt auch heute noch: »Sie predigen, und ich habe sie nicht gesandt« (Römer 10,15). Ein pendelnder Pfarrer kann genauso belastet sein wie ein Angehöriger einer anderen Berufsgruppe. So beobachtete ich durch viele Seelsorgefälle, daß von dem katholischen Pfarrer Emmenegger, der seine Patienten bependelte, vielfach schwere Belastungen auf seine Kunden übergehen. Vor einiger Zeit wurde auch ein evangelischer Pendelpfarrer wegen schwerer Mißgriffe bei einer Pendelbehandlung angezeigt und gerichtlich verurteilt.

Eine verhängnisvolle Verwechslung ist die Vorstellung, als wäre die Pendelei eine Gabe Gottes. Nicht nur der erwähnte Elsäßer Arzt ist dieser Meinung, sondern auch manche Pfarrer. Wie steht es nun damit? Die Überprüfung vieler Familiengeschichten zeigte, daß die Rutenfühligkeit, Pendelreaktion, Heilmagnetismus, Hellsehen, Hellfühlen, Fähigkeit des zweiten Gesichtes und Wahrträume bei solchen Menschen auftreten, in deren Vorfahrenreihe aktive magische Besprecher oder aktive Spiritisten sind. Diese ungewöhnlichen menschlichen Fähigkeiten sind also keine Geistesgaben (charismata), auch noch nicht einmal neutrale Naturgaben, sondern mediale Gaben. Es gibt viele Menschen, die solche medialen Kräfte besitzen, ohne es zu wissen. Manchmal werden sie durch Zufall entdeckt. Es tritt mitunter auch der kuriose Fall ein, daß solche Besitzer medialer Kräfte gläubig werden und zu Christus kommen. Plötzlich entdecken sie in der Nachfolge Jesu ihre außergewöhnlichen Fähigkeiten und sind dann der Meinung, es handle sich um Geistesgaben. Das ist natürlich eine Täuschung. Man macht in der Seelsorge folgende Beobachtung: Manchmal verschwinden bei der Bekehrung eines Menschen die medialen Kräfte. Oft werden sie aber auch in das neue Leben mitgeschleppt. Wenn ein Jünger Jesu ernstlich um die Befreiung von diesen Gaben bittet, dann wird sie ihm geschenkt. Vielen Christen sind diese Gaben lästig. Markus Hauser erklärte, seine Hellseherei wäre ihm eine Plage und keine Gabe. Auf keinen Fall dürfen diese medialen Fähigkeiten als Geistesgaben angesehen werden. Mediale Fähigkeiten werden auch nicht durch die Bekehrung geheiligt. Was im Satansdienst der Vorfahren erworben wurde, wird vom Heiligen Geist nicht übernommen und sanktioniert. (Apg. 16,16 f.)

Der Zusammenhang zwischen Pendelei und medialen Kräften soll an zwei Beispielen deutlich werden.

B 26 Ein junger Mann ließ sich von einem Naturheilkundigen, der auch pendelte und das magische Besprechen übte, gegen ein Leiden behandeln. Nach der Behandlung stellten sich bei dem Patienten selbst mediale Fähigkeiten ein. Er konnte plötzlich hellsehen und entwickelte die Fähigkeit der Fernbeeinflussung.

B 27 Eine Frau ließ nach dem Krieg über dem Photo des vermißten Mannes pendeln. Hinterher stellten sich hellseherische Eigenschaften ein. Sie bekam somnambulistische Erlebnisse. Sie konnte ihre Seele gleichsam über große Entfernungen aussenden. Ihre seelische Not brachte sie in die seelsorgerliche Aussprache. Nach einer Beichte und der Auslieferung ihres Lebens an Christus waren diese medialen Fähigkeiten wieder verschwunden.

Es gibt bewußte und unbewußte Übertragungen von medialen Kräften. Bei der Behandlung durch hochmediale Okkultisten wird der behandelte Patient selbst leicht medial. Wir haben hier das dämonische Gegenstück zu der Handauflegung der Jünger Jesu in der Apostelgeschichte. Durch Handauflegung der Apostel empfingen viele Christen die Gabe des Heiligen Geistes. (Apg. 8,17; 19,6.) Es gibt auch bewußte Übertragungen bei Rutengängern und Pendlern. Schon manche berichteten mir in der Seelsorge, sie hätten ihre Rutenfühligkeit dadurch erhalten, daß ein starker Rutengänger ihnen beim Wassersuchen die Hand gehalten hatte. Dann wäre plötzlich auch bei ihnen ein Rutenausschlag erfolgt. Diese mediale Fühligkeit blieb auch hinterher bestehen.

Zu der Auseinandersetzung zwischen den medialen Fähigkeiten und den geistlichen, biblischen Kräften folgen hier einige Beispiele, die besser als alle Theorie Einblick in die spannungsgeladene Problematik geben.

B 28 Eine Frau mit einem organischen Leiden ging zu einem Pendeldoktor, um sich untersuchen zu lassen. Die Diagnose und die Bestimmung des Medikamentes wurde mit dem Pendel gestellt. Die Frau, die eine christliche Einstellung besaß, fühlte hinterher unheimliche Kräfte auf sich zukommen. Diese merkwürdigen Anfechtungen dauerten einige Monate. Im Verlauf dieser seltsamen Angstgefühle kam sie zur seelsorgerlichen Aussprache.

B 29 Ein Mädchen hatte von Kind auf die Fähigkeit des zweiten Gesichtes. Sie sah öfter Wiedergänger. Gegen göttliche Dinge war sie stark ablehnend. Bei einer Evangelisation kam sie zum Glauben an Christus und verlor von dieser Zeit an die Resistenz (Widerstand) gegen alles Göttliche. Bei einer Erkrankung ging sie ahnungslos zu einem Pendler. Sofort waren ihre seelischen Störungen und ihr Widerstand gegen Gottes Wort und Gebet wieder da.

Dieses Beispiel bestätigt folgenden Sachverhalt. Es wurde oben schon gesagt, daß auch die Fähigkeit des zweiten Gesichtes zu den magischen Spätwirkungen okkulter Betätigung der Vorfahren gehört. Ein Begleitsymptom dieser magischen Spätwirkungen ist oft auch die Resistenz gegen alles Göttliche. Das Mädchen in B 29 hatte beide Symptome. Nach ihrer Hinkehr zu Christus verschwand die mediale Belastung. Nach ihrer Pendelbehandlung trat beides wieder auf. Auch hier wird also der mediale Charakter der Pendelei sichtbar. – Das Merkmal der Resistenz als Begleitsymptom soll noch durch weitere Beispiele deutlich gemacht werden.

B 30 Eine Frau suchte bei einer Erkrankung Hilfe bei einem weithin bekannten Pendler. Sie dachte sich nichts Unrechtes dabei und hatte bis dahin auch nichts Nachteiliges über die Pendeldiagnose gehört. Im Wartezimmer des Pendeldoktors wurde sie innerlich unruhig. Diese Unruhe steigerte sich noch bei der Behandlung selbst. Sie nahm die vom Pendler herausgependelten Medikamente. Der Grad ihrer seelischen Störung wurde dabei immer größer. Sie konnte nicht mehr beten, gewann eine Abneigung gegen das Wort Gottes und empfand immer intensiver einen Widerwillen gegen alles Göttliche. Ohne daß ihr jemand einen entsprechenden Rat gab, warf sie schließlich aus eigenem Antrieb die Medikamente weg. Dann erst kam sie zur seelsorgerlichen Aussprache und fragte mich, wie ich über die Pendeldiagnose und Pendelbestimmung der Medikamente denke.

B 31 Ein Pendler suchte meinen seelsorgerlichen Rat. Er bekannte ganz offen, daß das Pendeln ihn sehr anstrenge und seine Nervenkraft aufbrauchen würde. Er spezialisierte sich vor allem darauf, die Lebensmittel auf deren Verträglichkeit hin abzupendeln. Er erklärte, der weiße Zucker würde bei ihm negativ wirken, der Rohrzucker positiv. Honig nach Erhitzung auf 60 Grad ebenfalls positiv. Bei der jahrelangen Pendelpraxis beobachtete er an sich selbst seelische Veränderungen. Er büßte seine Energie und Entschlußkraft ein. Es entwickelte sich bei ihm eine unheimliche Sensibilität. Nervenzucken und eine Föhn- und Wasserempfindlichkeit stellten sich ein. Versuchte er die Bibel zu lesen, dann kam ihm das Gefühl des Ekels und ein großer Abscheu. Gegen Christus und auch gegen die Kruzifixe empfand er einen heftigen Widerwillen. Da er selbst beobachtete, daß diese seelischen religiösen Störungen mit seiner Pendelpraxis zusammenhingen, nahm er seelsorgerliche Hilfe in Anspruch und war bereit, sein Leben unter Christus zu stellen.

An diesen beiden Beispielen zeigt sich, daß sowohl die pendelbehandelte Frau als auch der aktive Pendler durch ein gesundes Gefühl und eine klare Beobachtungsgabe an sich selbst auf die Schädlichkeit der Pendelpraxis aufmerksam wurden. Sie kamen zur Ablehnung der Pendelei, ehe sie einen diesbezüglichen seelsorgerlichen Rat erhalten hatten.

Die Gegensätzlichkeit der medialen Pendelei und der geistlichen Gebetsvollmacht soll an vier Beispielen geklärt werden.

B 32 Ein bekannter Rutengänger wurde eines Tages von einem Professor der Medizin gebeten, er möchte doch die verschiedenen Häuser der Klinik mit der Rute abgehen und Reaktionen der Rute feststellen. Der Grund zu dieser Bitte des Professors war die Beobachtung, daß ein Haus der Klinik eine besonders hohe Todesziffer hatte. Wenn Schwerkranke in dieses Haus gelegt wurden, verschlimmerte sich meistens ihr Zustand. Der Professor sagte aber von dieser Beobachtung dem Rutengänger nichts. Er wollte ein unbeeinflußtes Ergebnis haben. Der Rutengänger ging die verschiedenen Häuser durch und stellte tatsächlich in dem »Totenhaus« stärkere Impulse fest. Der Professor, der nicht an das Rutenphänomen glaubte, ließ, um das Experiment zu vervollständigen, in dem betreffenden Haus Abschirmgeräte einbauen. Der Erfolg war verblüffend. Die Todesziffer ging sofort zurück. Um nicht durch diese Maßnahme bei seinen Kollegen ins Gerede zu kommen, schweigt dieser Professor im allgemeinen über dieses durchgeführte Experiment.

Dieser Rutengänger besaß außer der Rutenfühligkeit noch die Gabe des Hellsehens. Er kann jederzeit angeben, wo sich seine Angehörigen befinden. Er wird auch von Versicherungsgesellschaften und Häusermaklern zur Bestimmung der Bodenbeschaffenheit, von Bauplätzen und Häusern herangeholt. Im Verlauf seiner Tätigkeit erklärte dieser Rutengänger und Hellseher, er könnte nicht mehr beten. Eine innere Macht würde ihn daran hindern.

B 33 Ein gläubiger Parkbesitzer wollte in seinem Garten eine Quelle suchen lassen. Ein Rutengänger hatte an zwei Stellen des Parkes Ausschläge. Es wurde danach ohne Erfolg gegraben. Der Rutengänger erklärte daraufhin: »Das ist mir noch nicht passiert.« Der Parkbesitzer anwortete: »Ich habe darum gebetet, da mir nicht klar war, ob ich als Christ einen Rutengänger rufen darf.« Daraufhin äußerte der Rutengänger: »Ach, deshalb; dann klappt es natürlich nicht!«

B 34 Ein Pendler bespricht Warzen, Hühneraugen, Kröpfe, Hautausschläge und dergleichen. Ferner experimentiert er auf dem Gebiet des magischen Todeszaubers. Er behauptet auch, er könne Menschen krank und gesund machen. Eine gläubige Frau, die von seiner Magie nichts wußte und ihn nur für einen Naturheilkundigen hielt, kam zu ihm in die Sprechstunde. Sie betete innerlich im Wartezimmer. Plötzlich redete er sie an: »Sie können nach Hause gehen, Ihnen kann ich nicht helfen.« Trotzdem hatte diese Frau von dieser Stunde an Anfechtungen. Schwermut und Selbstmordgedanken plagten sie. Ihr Ehemann, der keine klare Stellung zu Christus hat, ließ sich vom gleichen Pendler magisch helfen. Die Kinder, die ihm nach dieser Behandlung von seiner Frau geboren wurden, sind belastet. Merkwürdig ist, daß dieser Pendler von einem Arzt schwierige Patienten zugeschickt bekommt.

B 35 Bei einer Evangelisation in Süddeutschland suchte mich ein gläubiger Christ auf. Er gab mir die Genehmigung, den folgenden Bericht zu veröffentlichen. Als junger Mann entdeckte dieser Berichterstatter, daß die Rute bei ihm ausschlug. Durch Vergleich mit den Ergebnissen anderer Rutengänger sah er auch, daß er in exakter Weise die Lage und Tiefe der Quellen angeben konnte. Schnell sprach sich seine Fähigkeit herum. Er wurde nicht nur von Bauern, sondern auch von Industriellen geholt, um Wasser zu suchen. Die Fabrikanten, die durch seine zutreffenden Angaben sich die Kosten für kostspielige Wasserbohrungen ersparten, zahlten ihm gute Honorare. Soweit ging die Sache klar. Der junge Rutengänger gewann einen dankbaren Kundenkreis. Nach diesen jahrelangen Erfahrungen trat etwas Neues in das Leben dieses Rutengängers. Er erlebte bei einer Evangelisation seine Bekehrung. Durch Gottes Gnade durfte er Christus finden. Da er sich bei seiner Rutenfühligkeit nichts dachte, suchte er weiterhin Wasser. Nun aber stellte er auf einmal merkwürdige Dinge an sich selbst fest. Jedesmal, wenn er Wasser gesucht hatte, konnte er etwa zwei Tage lang nicht mehr beten und die Bibel lesen. Nur beim Lesen der Bibel – nicht beim Lesen der Zeitung – flimmerten ihm die Augen. Beim Beten war ihm sofort die Konzentration weg. Zwei Tage lang fühlte er einen starken Unfrieden. Durch längere Beobachtung stellte er einen Zusammenhang zwischen seinem Wassersuchen und den Störungen seines Glaubenslebens fest. Diese Erfahrung führten diesen gläubigen Bruder zu mir in die Seelsorge. Er sagte von sich aus: »Meine Fähigkeit, mit der Rute Wasser zu suchen, lähmt jedesmal für einige Zeit mein geistliches Leben. Ich muß es aufstecken, so sehr mich auch meine alten Kunden plagen und mir hohe Summen bieten.« – Das ist der Bericht eines stark medialen Rutengängers. Zu erwähnen ist, daß er keine Honorare verlangte. Seine dankbaren Kunden hatten ihm von sich aus viel Geld gegeben.

Diese vier Beispiele zeigen, daß die Rutengängerei die Gebetsfreudigkeit lähmte. Andererseits machte das Gebet des gläubigen Christen in B 33 das Wassersuchen unmöglich. Die betende Frau im Wartezimmer legte die Aktivität des magischen Pendlers lahm. In B 35 sahen wir, daß der Rutengänger nach seiner Bekehrung selbst merkte, daß seine mediale Tätigkeit die Nachfolge Jesu empfindlich störte. Pneuma (Heiliger Geist) und Medialität (Anwendung okkulter Kräfte) schließen sich gegenseitig aus.

Den Folgen der Pendelei sei ein besonderer Abschnitt gewidmet. Es handelt sich hier nicht um Schädigungen des Glaubenslebens, sondern um medizinisch nachweisbare Störungen.

B 36 Ein junger Mann, der arbeitslos wurde, ließ sich von einem Pendler freie Stellen herauspendeln. Mit Hilfe dieses Mannes bekam er an einem Tag fünf Offerten. Er erhielt sofort eine Stelle, mußte sie nach einigen Tagen aber wieder aufgeben, da er gemütskrank wurde. Einige Monate war er in einer Nervenheilanstalt untergebracht. Nach der eingetretenen Besserung wandte er sich an Mönche, die ihn wieder durch das Pendel berieten. Schließlich ließ er sich noch durch einen Besprecher beraten. Der Erfolg war, daß er einige Tage danach Tobsuchtsanfälle bekam und erneut in die Nervenheilanstalt eingeliefert wurde.

B 37 Ein junger Mann mit Bronchialasthma ließ sich von einem Pendler behandeln. Der Pendler stellte mit dem Pendel die Diagnose und auch das richtige Medikament fest. Außer dieser Pendelpraxis übte er noch das magische Besprechen. Bei dem jungen Mann mit Bronchialasthma wandte er einen magischen Spruch aus dem 6./7. Buch Mose an. Dann klebte er bei dem Patienten an verschiedenen Körperstellen Pflaster auf. Die Hansaplastpflaster waren mit einer Salbe bestrichen. Nach einigen Tagen hatte sich unter diesen Pflastern tatsächlich Eiter gebildet. Der Eiter floß ab, aber eine Heilung des Bronchialasthmas war dadurch nicht erreicht. Der junge Mann bekam aber von dieser Zeit an nervöse und geistige Störungen. Er spürte ein Nachlassen seines Gedächtnisses, konnte sich als Student nicht mehr richtig konzentrieren und spürte eine Benommenheit des Kopfes. Diese Störungen veranlaßten ihn, zur seelsorgerlichen Aussprache zu kommen.

B 38 Der Prediger einer evangelischen Gemeinschaft pendelte nach Wasser und Erzen. Er stellte auch Krankheiten und die Zuträglichkeit der Medikamente mit dem Pendel fest. Ein

Schweizer Universitätsprofessor untersuchte seine Fähigkeiten. In Gegenwart seiner Assistenzärzte und der Studenten stellte er dem Pendler 20 Patienten vor. Der Pendler konnte mit seinem Pendel bei allen 20 Kranken richtige Diagnosen stellen. Auch dieser Prediger blieb von den Auswirkungen der Pendelei nicht verschont. Seine Frau verunglückte tödlich. Alle seine Kinder starben eines unnatürlichen Todes. Er selbst befindet sich seit drei Jahren im Irrenhaus.

B 39 Pfarrer J. Bolte in Mitteldeutschland bependelte Krankheiten und Medikamente. Er unternahm auch Fernheilungen. Kranke schickten ihm ihre Fotos, die er bependelte. Anschließend stellte er die zur Krankheit passenden Medikamente fest. Eine gläubige Christin sandte ihm ebenfalls ihr Foto ein, um sich von ihm behandeln zu lassen. Sie erhielt die Diagnose und Medikamente. Hinterher wurde sie wahnsinnig und kam ins Irrenhaus. Ihre Angehörigen meldeten es der Kirchenbehörde. Der Pfarrer wurde dann zur Rechenschaft gezogen.

Diese vier Beispiele aus der Seelsorge zeigen die hundertfach beobachtete Tatsache, daß mit der Pendeltherapie Erleichterungen und gewisse Heilungen im organischen Bereich erzielt werden. Diese Entspannungen im organischen Sektor werden aber weitgehend mit Störungen im seelischen Bereich bezahlt. Selbst dem Prediger, der aktiver Pendler war, blieb das nicht erspart. Der Grad der seelischen Erkrankungen ist in der Weise verschieden, daß der aktive Pendler kompliziertere Erkrankungen als Folgeerscheinungen seiner medialen Betätigung erlebt als der passiv Pendelbehandelte. Der okkulte Charakter der Pendelei wird in vielen Fällen daran sichtbar, daß die Pendler oft noch andere okkulte Praktiken wie magisches Besprechen, Spiritismus, Hellsehen, Heilmagnetismus usw. ausüben. Die Pendelei befindet sich da in guter Gesellschaft. Gleich und Gleich gesellt sich gern.

Vor Jahren hatte ich die Gelegenheit, als stiller Beobachter und Kritiker an einer Pendlertagung an der Evang. Akademie in Tutzing teilzunehmen. Die Konferenz wurde von einem Theologen geleitet. Etwa 60 Pendler und Rutengänger aus verschiedenen Teilen Europas waren erschienen. Die Pendler unterschieden ein sogenanntes physikalisches und ein mentales Pendeln. Physikalisch nannten sie die Form, bei der die Pendler oder Rutengänger über ein Stück Land schreiten und nach Bodenschätzen suchen. Mental nannten sie das Pendeln, wenn z. B. nur über einer Landkarte gependelt wurde. Das Abgehen der freien Natur ist beim mentalen Pendeln nicht erforderlich. Ein Schweizer Pendler sagte z.B., er könnte auf einer Landkarte feststellen, wo es in der Umgebung von Tokio (Japan) Wasser gäbe. Die Landkarte ist in diesem Fall eine geistige Brücke, das Kontaktmittel für derartige Feststellungen.

Mit dem mentalen Pendeln werden natürlich nicht nur Bodenschätze gesucht, sondern alle Fragen beantwortet, die ein Ratsuchender stellen mag. So haben sich schon viele Ehemänner durch das Bependeln des Fotos ihrer Ehefrau sagen lassen, ob ihnen die Frau treu geblieben ist oder nicht.

Der Abschluß und Höhepunkt dieser Pendlertagung war, daß der leitende Theologe unter dem großen Hallo aller anwesenden Pendler meine Kritik zurückwies und jede Form des Pendelns und Rutengehens anerkannte.

Grund für diese Anerkennung durch den Theologen war eine merkwürdige Auslegung des ersten Glaubensartikels. Was diesem Theologen jedoch abgeht, ist die ausgiebige Erfahrung über die Auswirkungen des Rutengehens und Pendelns. Nur durch logisches und theologisches Nachdenken läßt sich die Frage der Radiästhesie nicht klären. Wenn ein grober Vergleich gewagt werden darf: die Auferstehung Jesu kann nicht durch theologisches Nachdenken erkannt, sondern muß glaubensmäßig erlebt werden. So können auch alle charismatischen und medialen Funktionen nicht durch logische Schlußfolgerungen erhärtet werden. Diesem Irrtum ist der Tagungsleiter zum Schaden des Volkes Gottes verfallen.

Ein zweiter Kurzschluß liegt dieser seltsamen Beurteilung der Radiästhesie zugrunde. Man kann nicht aus dem ersten Glaubensartikel die Berechtigung der medialen Kräfte nachweisen. Der Kosmos, die Natur sind in den Sündenfall der Menschheit hineingezogen. Damit sind auch die unmittelbaren Kräfte, die im Paradies noch vorhanden waren, nicht in ihrer Ursprünglichkeit erhalten geblieben.

Zuletzt muß auch noch darauf hingewiesen werden, daß wir den ersten Glaubensartikel nur vom zweiten und dritten Artikel her verstehen können. Die isolierte Betrachtung führt zu Entgleisungen, wie es tatsächlich geschehen ist. Diese sogenannte »Naturfühligkeit« ist eine Naturschwärmerei. Schwärmerei aber stammt nicht aus dem Heiligen Geist. Das haben uns die Sekten gründlich gelehrt. Man kann aus jedem isolierten Glaubensartikel heraus eine Schwärmerei entwickeln. Aus dem ersten Artikel eine Naturmystik, aus dem zweiten Artikel eine Jesusmystik, aus dem dritten Artikel die sattsam bekannte Schwarmgeisterei. Mystik und Fanatismus aber haben nichts mit dem Weg der Bibel zu tun.

5. Die Spiegelmantik

Es gibt okkulte Lehrbücher über die Spiegelmagie und die Spiegelmantik. Der Spiegelmagier will mit Hilfe eines magischen Spiegels Fernbehandlungen, Heilungen, Verfolgungszauber, Abwehrzauber, Liebeszauber und andere magische Praktiken durchführen. Der Spiegelmantiker will mit Hilfe des Spiegels verborgene Sachen auffinden, Verbrechen aufdecken, schwierige Krankheiten erkennen, physikalische Vorgänge im Kosmos erfassen und anderes mehr. Als okkultes Handwerkszeug kommt dabei nicht nur der magische Spiegel in Frage, sondern auch die Glaskugel, Bergkristall und andere spiegelnde Gegenstände. Selbst der Wasserspiegel wird von manchen in dieser Weise benützt.

Geschichtlich gesehen läßt sich das Spiegelsehen oder das Kristallsehen Jahrhunderte zurückverfolgen. Selbst im Märchen mit dem Spieglein an der Wand findet sich dieses Motiv. Auch in der Mystik hat das Spiegelsehen seinen Platz. Jakob Böhme soll seine besten Gedanken beim Meditieren mit der Schusterkugel gewonnen haben. Psychologisch gesehen mag das Spiegelstarren eine Hilfe zur Autosuggestion oder Autohypnose und zur Auslösung unterbewußter Vorgänge sein. Das ist ein Hinweis, daß bei dieser Form der Wahrsagerei vor allem unterbewußte Kräfte in Aktion treten. Da diese unterbewußten Kräfte sich aber weithin der Kontrolle des Oberbewußtseins entziehen, können sie auch Eingangstür für außermenschliche Mächte sein. Nicht umsonst sagt Paulus, daß wir es nicht nur mit Fleisch und Blut zu tun haben, sondern mit den bösen Geistern unter dem Himmel (Eph. 6, 12). Einige Beispiele führen in diese Form der Wahrsagerei ein.

B 40 Der »Tannenfelser«, ein Großbauer mit dieser Hofbezeichnung, besaß viele Schafe. Eines Tages waren einige verschwunden und nicht mehr aufzufinden. Der Bub sprang zum Wunderdoktor, der mit seinem Spiegel alle Geheimnisse lösen und klären konnte, und bat um Rat. Der Kristallseher ging in seine Kammer und verweilte geraume Zeit darin. Schließlich kam er wieder zum Vorschein und gab folgende Auskunft: »Gehst das Tannenfelser Loch hinauf bis zum ersten Weg. Dann biegst rechts ein und steigst stracks den Berg hinauf. Auf dem höchsten Gipfel liegt ein großer Stein. Neben diesem

Stein liegen die gesuchten Schafe.« Der Bub befolgte den Rat und fand seine Tiere.

B 41 Ein Bauer aus dem Kappler Tal kommt zum Kristallseher und jammert: »Heute nacht ist mir eine Kuh gestohlen worden. Kannst du mir sagen, wo sie ist?« Der Spiegelmantiker geht in seine Kammer und konzentriert sich auf seinen Spiegel. Endlich kommt er heraus und erklärt: »Deine Kuh steht im Hofe vom Holzerjörg, und zwar in der Scheune, versteckt hinter einigen Strohballen. Nimm drei bis vier Leute mit und einen Landjäger. Hälftig geht ihr in die Wohnung und die andere Hälfte gleich in die Scheuer.« Der Bestohlene befolgte diesen Rat und fand seine Kuh.

B 42 Einem unchristlichen Mann brannte eines Nachts die Garage samt seinem Wagen ab. Da er Brandstiftung vermutete, benachrichtigte er die Polizei. Die polizeilichen Ermittlungen brachten keinen Erfolg. Um den Täter festzustellen, suchte er einen Mann auf, der die Spiegelmantik beherrschte. Der Hellseher zog sich etwa 20 Minuten in sein Kabinett zurück. Dann trat er aus seiner halbverdunkelten Kammer heraus und hielt dem Ratsuchenden seinen magischen Spiegel hin und sagte: »Das ist der Täter.« Der Angeredete erblickte in dem Spiegel einen ehemaligen Schulfreund und rief entsetzt aus: »Das ist nicht möglich. Wir stehen sehr gut miteinander.« Der Hellseher erklärte: »Der Spiegel lügt nicht!« Beim Weggehen sagte der Hellseher noch ganz beiläufig: »Du wirst übrigens bald sterben.« Der verdutzte Mann suchte nun doch seinen Schulkameraden auf, blickte ihm in die Augen und fragte ihn: »Hast du etwas mit meinem Garagenbrand zu tun gehabt?« Der Schulkamerad war ganz verwirrt und legte tatsächlich ein Geständnis über seine Brandstiftung ab. Auf die Frage nach dem Motiv gab der Brandstifter zu, er wäre auf seine geschäftlichen Erfolge neidisch gewesen, da er selbst in beruflichen Dingen immer wieder Rückschläge hatte. Der Brandstifter bat nun den Geschädigten, er möchte doch über den Vorfall schweigen, er wollte ihm die Garage und den Wagen ersetzen, was er auch in Kürze tat.

Ungefähr vier Wochen nach der Unterredung mit dem Hellseher stieß der Brandgeschädigte in der Nacht einen furchtbaren Schrei aus. Seine Frau wurde über diesem Schrei wach, machte Licht und beobachtete, daß ihr Mann sich unter fürchterlichen Krämpfen wand. Sie holte sofort den Arzt, der den Schwerkranken in eine Universitätsklinik überwies. Von dem nächtlichen Erlebnis an war er bewußtlos und mußte zehn Tage lang künstlich ernährt werden. In dieser Zeit der Bewußtlosigkeit setzte sich eine kirchliche Gemeinschaft täglich in der Fürbitte für ihn ein. Schließlich kam der Patient wieder zur klaren Besinnung und berichtete, was er in diesen zehn Tagen alles erlebt hatte. Als er zu Beginn dieser seltsamen Erkrankung nachts aufwachte, sah er im Traum oder Halbschlaf scheußliche, teuflische Gestalten auf sich zukommen, die ihn zu einer Höllenfahrt mitrissen. Bei diesem merkwürdigen Erlebnis stand alle Schuld seines Lebens vor seinen Augen. Er erkannte ferner die einzelnen Vorgänge der Brandstiftung, auch die Beratung beim Hellseher wurde noch einmal lebendig. Die schwarzen Kerle, die ihn in ihren finsteren Abgrund rissen, erklärten ihm, das Maß seiner Sünden wäre voll, und er müßte jetzt dafür gekreuzigt werden. Er erlebte eine entsetzliche, qualvolle Kreuzigung. Nach furchtbaren Mißhandlungen der ihm endlos dauernden Qualen waren die schwarzen Gestalten wieder verschwunden. Es wurde wieder lichter um ihn. Er kam zum Bewußtsein. Vom Arzt erfuhr er später, daß er zehn Tage lang bewußtlos war. Nach diesem schrecklichen Erlebnis war der Brandgeschädigte in seinem ganzen Wesen wie umgewandelt. Der unkirchliche Mann, der vorher vom Wort Gottes nichts wissen wollte, besuchte von da an treu die Gottesdienste und auch die Bibelstunden der Gemeinschaft. Er war sogar so eifrig, daß er am Sonntag sein Auto mit Nachbarn vollud und sie zur Bibelstunde fuhr.

Neben allen verworrenen, unsicheren Angaben vieler Spiegelwahrsager zeigen diese drei Beispiele die brauchbaren Ergebnisse dieser Spiegelauskunft. Bei den beiden ersten Fällen war es mir nicht gelungen, die Auswirkungen der Spiegelberatung zu verfolgen. Beim dritten Beispiel sind die seelischen Folgen wieder eindeutig. Vermutlich ist der Brandgeschädigte einer Tiefenwachsuggestion zum Opfer gefallen, als der Wahrsager so beiläufig erklärte: »Im übrigen wirst du bald sterben.« Der Brandgeschädigte war von der Enthüllung, daß sein Schulfreund der Täter wäre, sehr erregt. Seine Gedanken konzentrierten sich auf den Täter und die schmähliche Geschichte. In diesem Augenblick war sein Oberbewußtsein abgelenkt und sein Unterbewußtsein offen. Das war für den Spiegelberater der günstigste Augenblick, seine Suggestion anzubringen, die dann das Unterbewußtsein erreichte. Die Erkrankung ist vermutlich die Auswirkung dieser Tiefenwachsuggestion. Es handelt sich hier also nicht um eine echte Vorschau. Es war also, um die Terminologie von Prof. Zucker zu gebrauchen, kein mystischer oder ahnender Wahrsageakt, sondern ein magischer, ein beeinflussender Wahrsageakt. Dem Seelsorger genügen solche Beispiele, um vor jeder Form der Wahrsagerei zu warnen.

6. Die Psychometrie

Das Wort Psychometrie bedeutet soviel wie »die Seele messen«. Der Begriff wurde erstmals von dem amerikanischen Professor Buchanan gebraucht. Es ist außerordentlich schwer, das Wesen der Psychometrie darzustellen. Am besten führen einige Beispiele in die Materie ein.

B 43 Ein junger Mann, der bei mir zur seelsorgerlichen Aussprache war, besitzt die seltsame Fähigkeit, mit Hilfe eines Gegenstandes die Personalien der betreffenden Person und deren Eigenheiten anzugeben. Ein Einzelfall soll wiedergegeben werden. Er erhielt eines Tages von seinem Hausarzt, der ihn überprüfen wollte, einige handgeschriebene Zeilen. Der Arzt gab nicht an, von wem die Schriftprobe stammte. Der junge Mann konzentrierte sich auf die Zeilen und machte dann exakte Angaben über die Schreiberin, ihren Wohnort, ihre Familienverhältnisse, ihre Krankheiten und anderes mehr. Der Arzt mußte die Wahrheit der Angaben bestätigen.

In diesem Beispiel taucht lediglich die Frage auf, ob es sich nicht einfach um Telepathie handelte. Vielleicht hat der junge Hellseher nicht die Angaben der Schriftprobe, sondern dem Arzt entnommen. Dieses Argument kann höchstens auf einen Teil der Angaben zutreffen. Es wurden auch Dinge gesagt, die der Arzt nicht wußte, aber bei seiner Nachprüfung stimmten.

B 44 Bei Evangelisationen in der Schweiz stieß ich in der Seelsorge auf einen Hellfühler, der psychometrisch arbeitet und hundertprozentige Angaben machen kann. Legt man ihm den Gegenstand eines ihm unbekannten Patienten, z. B. ein Taschentuch vor, dann kann er die Krankheit des betreffenden Menschen nennen. Ein Professor aus Zürich überprüfte diese Fähigkeit und stellte die Zuverlässigkeit der Angaben fest. Es sind mir mehrere psychometrische Kunststücke dieses Hellfühlers bekannt. Er kann auf die gleiche Weise angeben, an welcher Krankheit Menschen verstorben sind. – Ein weiteres psychometrisches Beispiel wird in »Seelsorge und Okkultismus« auf Seite 90 berichtet. Auch B 19 dieses Buches liegt auf dieser Ebene.

Die schwierige Frage ist, wie dieses psychometrische Hellsehen zustande kommt. Einige Parapsychologen wie Richet, Geley, Osty, Price, Gumppenberg, Gatterer meinen, der

Mensch würde seine Kleidung und alle Gebrauchsgegenstände imprägnieren. Der psychometrische Hellseher hätte die Fähigkeit, diese geist-seelischen Eindrücke zu erfassen und zu deuten. Sehr zweifelhaft wird diese Erklärung, wenn man bedenkt, daß die psychometrischen Hellseher mit Hilfe eines Gegenstandes nicht nur die Vergangenheit, sondern auch die Zukunft der betreffenden Person angeben können. Ohne Zweifel befinden wir uns hier auf dem Gebiet des medialen Wahrsagens. Diese Vermutung wird bestätigt, wenn man das Schicksal der Psychometriker überprüft. In der Seelsorge bekam ich die Möglichkeit, die psychometrischen Praktiken zu untersuchen. Der Hellseher in B 43 z. B. wollte zu Christus kommen. In diesem Augenblick entwickelte sich bei ihm das Phänomen einer ausgeprägten Resistenz. Der Widerstand gegen das Göttliche wurde so gewaltig, daß ihm die Gedankenkonzentration im Augenblick des Betens schwand. Hinterher war er geistig wieder völlig klar. Er war nicht einmal imstande, ein vorgesprochenes Gebet nachzubeten, obwohl er ein intelligenter Mensch ist und beten möchte. Jeder Zuspruch des Wortes Gottes prallte ab. Beim Beten wurde es ihm immer schwarz vor den Augen. Hinterher stellte ich fest, daß dieser Psychometriker auch das gefährliche Zauberbuch 6./7. Buch Mose im Gebrauch hatte. Auch dieser Umstand ist wieder für die Medialität der Psychometrie bezeichnend: die Psychometrie in der Gesellschaft der schwarzen Magie.

Eigentlich wären noch verschiedene Wahrsageformen zu behandeln, z. B. das Wahrsagen auf Grund der Exkursion der Seele. Hierher gehören auch die vielen Spekulationen im Bereich der Christlichen Wissenschaft, der Theosophie und Anthroposophie. In »Seelsorge und Okkultismus«, Seite 115, sind rund zwanzig Wahrsageformen aufgezählt. Die Wahrsagetechnik ändert sich oft, gleich bleiben der Geist und die Kraft, die dahinterstehen.

7. Die Stellung der Bibel

Die Heilige Schrift ist in ihrem Urteil, das heißt in ihrer Ablehnung, einheitlich. In keiner Epoche des Volkes Israel wurden die Wahrsager anerkannt. Von der Frühgeschichte an bis in die Zeit Jesu und bis zur Niederschrift der neutestamentlichen Bücher wurde die Wahrsagerei in jeder Form verworfen. Hier einige Beispiele:

3. Mose 20, 6: Wenn eine Seele sich zu den Wahrsagern und Zeichendeutern (Astrologen) wenden wird, so will ich mein Antlitz wider dieselbe Seele setzen und will sie aus ihrem Volk ausrotten.

3. Mose 20, 27: Wenn ein Mann oder Weib ein Wahrsager oder Zeichendeuter sein wird, die sollen des Todes sterben. Man soll sie steinigen.

5. Mose 18, 10-12: Daß nicht jemand unter dir gefunden werde, der sei ein Wahrsager, oder ein Tagewähler oder der auf Vogelgeschrei achte oder ein Zauberer oder Beschwörer oder Zeichendeuter oder der die Toten frage. Denn wer solches tut, der ist dem Herrn ein Greuel.

Was in der mosaischen Zeit galt, bestand auch in der Königs- und Prophetenzeit.

1. Chron. 10, 13: Also starb Saul in seiner Missetat, auch daß er die Wahrsagerin fragte.

Sach. 10, 2: Die Wahrsager sehen Lüge und reden vergebliche Träume.

Weitere Stellen sind: 1.Sam. 28, 6-21; Jes. 8, 19; 44, 25; Jer. 29, 8; Hes. 21, 26; Micha 3, 6-7. Die neutestamentliche Stelle Apg. 16, 16-18 wurde schon besprochen.

Wir halten an allen diesen Stellen fest, daß die Wahrsagerei sowohl in wissenschaftlicher als auch in primitiver Form unter dem Gericht Gottes steht. Gott hat sie dahingegeben. Das ist der letzte Grund, warum bei den vielen Wahrsageformen so viele schwere Schädigungen an Leib und Seele auftreten. Es sollen diese Folgen einmal kurz zusammengefaßt werden. Ausdrücklich wird darauf hingewiesen, daß die Zusammenstellung der Folgen nur die Angabe von Häufigkeitserscheinungen darstellen. Es handelt sich nicht um eine einfache Kausalität (Ursächlichkeit). Es zeigen sich bei wahrsageverseuchten und okkult behafteten Menschen in großer Häufigkeit:

In religiöser Hinsicht beim atheistischen Typ Widerstand gegen alles Göttliche, Verstockung, Zweifelsucht, Lästersucht, Unfähigkeit zum Glauben und Beten. Beim »frommen« Typ zeigen sich Selbstgerechtigkeit, geistlicher Hochmut, Pharisäismus, Heuchelei, Unempfindlichkeit gegen das Wirken des Heiligen Geistes.

In charakterlicher Hinsicht finden sich abnormale Leidenschaftlichkeit, Hang zu Süchten, Haltlosigkeit (Nikotin, Alkohol, sexuelle Entgleisungen), Jähzorn, Geiz, Klatschsucht, Egoismus, Fluchgeist usw.

In medizinischer Hinsicht finden sich in wahrsagebelasteten Familien in merkwürdiger Häufung nervöse Störungen, psychopathische und hysterische Erscheinungsbilder, Veitstanz, Lähmungserscheinungen, Fallsucht, Mißgeburten, Taubstummheit, mediumistische Psychosen, Neigung zu Gemüts- und Geisteskrankheiten usw. (»Seelsorge und Okkultismus« S. 203).

Um ganz primitive Mißverständnisse abzuwehren, sei hier vermerkt, daß die beiden Begriffe Wahrsagen und Weissagen nicht verwechselt werden dürfen. Das Weissagen geschieht von oben, Wahrsagen stammt von unten. Weissagen erfolgt aus der Inspiration des Heiligen Geistes, Wahrsagen ist dämonische, satanische Inspiration. Die Wahrsagerin in Philippi hatte einen Abgrundsgeist. Der Prophet Agabus in Apg. 21,10 bekam seine Weisung vom Heiligen Geist. Wir müssen unbedingt auf eine reinliche Scheidung der Begriffe bedacht sein.

8. Die Befreiung

Es gibt eine Befreiung aus dem Bann und von den Folgen der Wahrsagerei. Die Begegnung des Apostels Paulus mit der Wahrsagerin in Philippi führte zu der völligen und augenblicklichen Befreiung der Frau. Der Name Jesus übte diese Gewalt gegen die dunklen Abgrundsgeister aus. Der Sieg Jesu am Kreuz auf Golgatha ist das Mahnmal, daß die Gewalt der Finsternis und der Höllenmächte gebrochen ist. Die Behandlung der wahrsagebehafteten Menschen ist daher nicht in erster Linie eine Aufgabe des Psychiaters, der nur für die rein medizinischen Belange zuständig ist, sondern Sache des christlichen Seelsorgers. Grundsätzlich ist eine Befreiung nur über Christus möglich. Der Mensch, der mit Wahrsagenöten belastet ist, muß daher zu Christus kommen. Auf dem Weg dazu ist eine Generalbeichte unumgänglich. Die Beichte ist in der Bibel eine freiwillige Angelegenheit. Wir evangelischen Christen verwerfen jeden Zwang. Ich fand aber in der Seelsorge noch keinen, der bei okkulter Belastung ohne diese Hilfe der Beichte frei geworden wäre.

Ausführliche seelsorgerliche Anweisungen finden sich auf den letzten 10 Seiten in Teil 3 (Spiritismus) dieses Buches. Vor allem behandelt das Buch »Heilung und Befreiung« die Frage des Freiwerdens. Es sollen hier lediglich zur Aufmunterung einige Befreiungsbeispiele wiedergegeben werden.

B 45 Ein Mädchen aus einem pietistischen Elternhaus arbeitete in einem großen Werk. In ihrer Abteilung war eine

Frau, die allen Mädchen des Betriebes die Karten legte. Das christliche Mädchen zögerte sehr lange, sich die Karten legen zu lassen, weil sie von ihrer Mutter von Kind auf davor gewarnt worden war. Schließlich siegte die Neugierde. Sie suchte die Kartenlegerin auf. Die Karten wurden gemischt und auf dem Tisch ausgelegt. Plötzlich sagte die Kartenlegerin ganz unvermittelt zu dem Mädchen: »Ihnen kann ich die Karten nicht legen.«

B 46 Eine junge Frau ließ sich magisch gegen eine organische Erkrankung behandeln. Der Heilpraktiker pendelte ihr die Medikamente heraus. Eines Tages erklärte ihr der Magier, sie würde einige Jahre später eine Lähmung bekommen. Nach fünf Jahren stellten sich bei der Frau tatsächlich Lähmungserscheinungen auf der rechten Körperseite ein. Der Arm und teilweise das Bein wurden gefühllos und unbeweglich. Gleichzeitig konnte sie nicht mehr beten und die Bibel lesen. Eine unheimliche Angst bemächtigte sich ihrer. Nach einer Generalbeichte betete ich mit der Frau unter Handauflegung nach Jakobus 5, 14. Die Lähmung war von diesem Zeitpunkt an weg.

B 47 Eine Frau war oft bei der Wahrsagerin. Auch zog sie mehrmals einen Pendler zu Rate. Von dieser Zeit an erlebte sie in ihrem Haus merkwürdige Spukphänomene. Sie hörte Kratz- und Klopfgeräusche und beobachtete schattenartige Spukgestalten. Über diesen Beobachtungen geriet sie in Angst. Sie nahm seelsorgerliche Hilfe in Anspruch und ließ sich den Weg zu Christus zeigen. Nach ihrer Hinkehr zu Christus blieben diese Spukphänomene im Haus weg.

Diese drei ersten Beispiele zeigen die Macht des Christusglaubens. Das Mädchen aus dem gläubigen Hause war von den Gebeten ihrer Angehörigen umringt. Man erlebt solche Dinge eigentlich oft, daß Menschen, für die viel gebetet wird, im Augenblick einer Gefahr beschützt werden. Die magische Kraft der Okkultistin wurde plötzlich lahmgelegt. Das zweite Beispiel zeigt wiederum die suggestive Kraft der Wahrsagerei. Die Hinkehr zu Christus löste die Frau aus dem suggestiven Bann. Im dritten Beispiel ist nicht ersichtlich, ob die Frau tatsächlich echte, objektive Spukerlebnisse hatte, oder ob es nur eine Erkrankung (Halluzination) war. Auf jeden Fall wurde sie durch die Hinkehr zu Christus frei von den merkwürdigen Störungen. – Es folgen nun zwei Befreiungsbeispiele der beiden stärksten Pendler, die ich je kennenlernte.

B 48 Ein Arzt entdeckte an sich die Fähigkeit des Pendelns. Er stellte achttägige Experimente an. Wenn ein neuer Patient das Sprechzimmer betrat, bot er ihm zunächst einen Stuhl an. Er begab sich daraufhin in das anstoßende Zimmer und pendelte auf einem Alphabet Vornamen, Zunamen und Krankheit heraus. Das Resultat stimmte haargenau mit der danach vorgenommenen Untersuchung überein. Diese Erfolge ermutigten den Arzt zu weiteren Versuchen. Als eine Krankenschwester von seinem Filialort anrief und neue Patienten meldete, übte er das gleiche Verfahren. Auf dem Alphabet pendelte er Vornamen, Zunamen, Krankheit und Alter der ihm noch unbekannten Patienten heraus. Das Ergebnis stimmte hinterher mit der Wirklichkeit überein. Diese überraschenden Erfolge ermutigten ihn zu immer schwierigeren Experimenten. Wenn er etwa Abfahrtszeit oder Ankunftszeit eines Zuges wissen wollte, so gab das Pendel bereitwilligst exakte Auskunft. Er konnte auch mit Hilfe des Pendels auf einem Foto mit einem Gruppenbild Namen, Alter, Familienverhältnisse und dergleichen feststellen. Dem Pendler boten sich alle wahrsagerischen und hellseherischen Chancen.

Der Arzt beobachtete bei diesen Experimenten an sich selbst psychische Veränderungen. Er wurde haltlos auf sexuellem Gebiet, auch gegenüber Alkohol und Nikotin. Er geriet leicht in Jähzorn und kannte sich selbst nicht mehr. Bereits nach den achttägigen Pendelexperimenten hatte er das Gefühl und die Angst, wahnsinnig zu werden. Er hörte mit der Pendelei auf und versuchte, in seinem inneren Durcheinander den Weg zu Christus zu finden. Es ist ihm eine ganze Befreiung aus diesen Pendelmächten geschenkt worden. Dieser Arzt ist heute der Meinung, daß die Pendelreaktion auf dämonischen Kräften beruht, weil sich bei ihm nicht nur auf psychischem Gebiet, sondern auch in seiner religiösen Haltung charakteristische Folgen zeigten.

B 49 Bei einer Evangelistenkonferenz in der Schweiz lernte ich einen Evangelisten kennen, dessen Lebensgeschichte ein Triumph der Gnade Gottes ist. Als junger Mann von seiner Braut hintergangen, wandte er sich an einen Wahrsager. Da alle Aussagen des Wahrsagers eintrafen, erlernte er aus Neugierde selbst diese Kunst. Er fing das Pendeln an und überprüfte auf diese Weise die Nahrungsmittel. Bald wandte er sich einträglicheren Experimenten zu. Er pendelte die Konkurrenzpreise aus und hatte damit Erfolg. Wenn er hinterher die Preistabellen der Konkurrenzfirmen in die Hände bekam, stimmten sie mit seinen Ergebnissen überein. Nachts beeinflußte er seine Kunden mit dem magischen Spiegel und erzwang dadurch ihre Bestellungen. Schließlich ging er auch auf Krankenbehandlung über. Er stellte treffsichere Diagnosen und fand die geeigneten Medikamente heraus. Er konnte auch durch magisches Besprechen Zahnschmerzen heilen, Blut stillen, Rheuma vertreiben, Fernbehandlungen durchführen und anderes mehr. Wenn der Lageort verschwundener Gegenstände festgestellt werden sollte, so wußte das Pendel stets Rat. Kurz zwei Fälle.

Eines Tages stürzte eine Verkehrsmaschine in den Bergen ab. Die Regierung setzte nach erfolglosem Suchen eine Prämie aus. Er nahm den Atlas und das Pendel und stellte als Absturzstelle den Fuß des Piz Duan fest. Er meldete sein Ergebnis. Man ging auf sein Experiment nicht ein, und doch fand man später an der bezeichneten Stelle die Trümmer des Flugzeuges. Einmal wurde im Wallis ein abgestürzter Skifahrer gesucht. Mit Hilfe des Pendels und der Landkarte fand er schnell den Vermißten. Höhepunkt dieser Pendelexperimente waren die zeitlichen Voraussagen. Als 1938 der Sudetengau Deutschland einverleibt wurde, fragte er das Pendel, ob und wann es Krieg geben würde. Das Pendel schlug auf September 39 aus. Diese zeitliche Vorschau traf ein. Wie viele Pendler, so glaubte auch er, diese Gabe von Gott empfangen zu haben. Im übrigen hielt er diese Pendelei für eine neue Wissenschaft.

Einige Zeit später wurde ihm ein christliches Büchlein in die Hand gedrückt. Sein Blick fiel auf die Stelle 5. Mose 18, 10-12: »Wer solches tut, ist dem Herrn ein Greuel«. Wie vom Blitz getroffen erschrak er über dieses Wort. Er geriet in große innere Not, warf seine Pendelliteratur und Zauberbücher weg und rang um Befreiung. Jetzt erst merkte er, wem er gedient hatte. In einer Broschüre schrieb er: »Der Teufel, der durch mein Tun ein Anrecht auf meine Seele hatte, schlug und quälte mich unaufhörlich.« Es kam bei ihm zu einem gänzlichen inneren Bankrott. Monatelang kämpfte und rang er um Befreiung. Ein Gebetskreis setzte sich für ihn in der Fürbitte ein. 15 Monate lang ging es bei ihm auf und ab. Stunden der Freude und des Glaubens wechselten mit Stunden der Schwermut. Er kam immer noch nicht los von seiner Magie, weil er nicht alles in dieser Hinsicht aufgegeben hatte. Er hielt die Pendelei immer noch für eine Wissenschaft. Endlich wurde es ihm geschenkt, auch mit dem Pendel zu brechen. Mit einem Male wich aller Druck, und ein großer Friede zog in sein Leben ein. Er fand die Gewißheit der Vergebung aller Schuld. Jesus Christus wurde der Mittelpunkt seines Lebens. Seither dient er treu seinem Herrn. Bei einer meiner Evangelisationen in Zürich hielt er den Schlußvortrag mit dem Thema: Vom Zauberer zum Evangelisten.

Das ganze Kapitel wird abgeschlossen mit einem Beispiel, das den Segen aufklärender Literatur zeigt.

B 50 Ein junger Mann aus christlichem Kreis lernte das Pendeln. Er hielt das für eine neue Wissenschaft. Er verlobte sich mit einem gläubigen Mädchen, das ihn auf die Gefahr des Pendelns aufmerksam machte. Sie schenkte ihm das Buch von Modersohn »Im Banne des Teufels«. Er erkannte den Hintergrund seiner Pendelei und versuchte loszukommen. Alle Bemühungen waren erfolglos. In seiner Wohnung zeigten sich Spukphänomene. Seine Braut bildete einen kleinen Gebetskreis, der sich in der Fürbitte für ihn einsetzte. Ein Jahr lang dauerte der Kampf, bis er durch Christus völlig frei wurde. – Dazu ist erschienen der Sohn Gottes, daß er die Werke des Teufels zerstöre.

Damit haben wir die Hauptformen der Wahrsagerei durchgekämmt. Es bleibt noch eine letzte Klärung offen:

9. Um was geht es bei der Wahrsagerei?

Die dunkle Zunft der Wahrsager und ihr verderbliches Treiben ist eine Anklage gegen uns, die wir uns Christen nennen. Diese Anklage kann sich indirekt zum Segen auswirken. Was haben wir neu zu lernen?

Erstens, daß wir dem *Vater* im Himmel neu vertrauen, der weiß, was wir bedürfen, ehe wir ihn bitten. Er erfüllt seine Verheißung an uns: »Fürchte dich nicht, ich bin mit dir, weiche nicht, ich bin dein Gott. Ich helfe dir auch, ich erhalte dich durch die rechte Hand meiner Gerechtigkeit« (Jes. 41,10).

Zweitens darf es uns geschenkt werden, daß wir im Licht *Jesu* wandeln. Er sagt uns: »Ich bin das Licht der Welt. Wer mir nachfolgt, wird nicht wandeln in der Finsternis, sondern wird das Licht des Lebens haben« (Joh. 8,12). Überflutet von seinem Licht, flieht das Ungeziefer unter den aufgedeckten Steinen. Und Wahrsagerei ist das Geschmeiß der Hölle. Vor dem Licht Jesu, dessen Augen wie Feuerflammen sind, verkriecht sich dieses dunkle Gewürm.

Drittens ruft die Wahrsagerei unter uns Christen nach einer neuen Erfüllung mit dem *Heiligen Geist.* Charismatiker der Hölle gibt es zu Tausenden. Geisterfüllte und Kraftausgerüstete der Höhe aber sind so selten geworden. Nicht ekstatische Erlebnisse, nicht schwarmgeistige Ekzesse sind die biblische Antwort gegen die trübe mediale Flut unserer Tage, sondern Christen, die sich im Innersten zerbrechen lassen und sich neu dem dreimal heiligen Gott ausliefern. »Werdet voll Heiligen Geistes!« (Eph. 5,18) Das ist die Antwort, die ein großer Charismatiker der Bibel uns gegeben hat.

Die letzte Front der Bibel gegen alle Wahrsagerei heißt: Nicht Belial – sondern Christus.

II.

DIE MAGIE

AUS DER SICHT DER SEELSORGE

1. Das Wächteramt der Aufklärung

Einige tausend Beichtgespräche zeigten mir in erschütternder Weise, wie sehr der moderne Mensch trotz des hohen Standes der naturwissenschaftlichen Erkenntnisse am alten Brauchtum und an magischen Praktiken hängt. Wenn es sich bei diesen magischen Vorgängen nur um harmlosen Aberglauben handeln würde, wäre eine Aufklärung nicht mit großer Dringlichkeit gefordert. So aber gehen viele Menschen seelisch an der Magie zugrunde. Eine kürzlich gehaltene Evangelisation zeigte diesen Notstand in drastischer Weise. Ein Pfarrer erklärte im Kirchengemeinderat: »Wenn sich von 50 Gemeindegliedern 49 bei diesen Aufklärungsvorträgen bekehren würden und einer würde verwirrt werden, so wollte ich diese Evangelisation ablehnen.« Die Evangelisation wurde trotz dieses Einspruches nach einstimmigem Beschluß aller Ältesten gehalten. In der betreffenden Woche meldeten sich über hundert Menschen zur Seelsorge an. Die Aussprachen zeigten, daß in dieser Gemeinde viele okkult arbeitende Heilpraktiker und Naturärzte ihr Unwesen treiben. Viele Menschen werden täglich von ihnen magisch behandelt und belastet. In der Seelsorge hörte ich dauernd von den seelisch kranken Menschen den Vorwurf: »Warum werden wir von der Kanzel her nicht aufgeklärt gegen diese Formen der Magie und Zauberei?« Damit haben wir das Urteil von zwei Seiten, die Meinung des Ortsgeistlichen und die Meinung der Gemeinde. Wir können also den Einwand von oben umdrehen und fragen: »Ist es recht, daß 49 Menschen durch mangelnde Aufklärung in die Irre gehen und sich bei Magiern schwerste Belastungen holen, damit einer vor dem eventuellen Schaden einer Aufklärung bewahrt bleibt?« Wenn wir in dieser Weise Schaden verhüten wollen, dann müßte auch alle Aufklärung zur Verhütung der Suchtgefahren und ansteckenden Krankheiten unterbunden werden. Im übrigen sind unsere kurzsichtigen Überlegungen, ob wir aufklären müssen oder nicht, belanglos. Wir haben von der Heiligen Schrift her ein Wächteramt. Der Prophet Hesekiel (3,17-21) erhält von Gott den Auftrag, den Gottlosen zu warnen. Diesem Auftrag können wir uns als Glieder der Gemeinde Jesu nicht entziehen.

Dieses Wächteramt ist ein schwerer, aber ein hoffnungsvoller Dienst. Was von der dunklen Gewalt der Finsternismächte zu sagen ist, geschieht vom Sieg Jesu her. Der Teufel und seine Handlanger sind zwar eine furchtbare Wirklichkeit, aber sie sind durch Christus am Kreuz überwunden und entmächtigt. Wer zu Jesus kommt, steht auf Siegesboden. Christus ist gegeben alle Gewalt im Himmel und auf Erden. Darum fürchten wir uns nicht. Wer nun dieses Kapitel liest, soll das tun im Aufblick zu Christus, unter dessen starke Hand wir uns stellen.

2. Der Begriff der Magie

Was verstehen wir unter Magie? Die Antwort auf eine derartige Frage hängt immer vom Standort des Beurteilers ab. Der Psychologe, der Mediziner, der Volkskundler, der Journalist, der Philosoph, der Okkultist, der liberale, entmythologisierende Theologe und der gläubige Jünger Jesu – sie alle werden ei-

ne verschiedene Sicht der Magie haben und das zum Ausdruck bringen. Die Meinungen gehen hier scharf auseinander von der geistlosen Humbugtheorie an bis hin zum süchtigen Verfallensein. Aus der Erfahrung der Seelsorge möchte ich formulieren: Die Magie ist die umstrittene Kunst oder wenigstens der Versuch, mit Hilfe geheimnisvoller Mittel und Zeremonien die Geisterwelt, die Menschen-, Tier- und Pflanzenwelt, sowie die tote Materie auf außersinnlichem Wege zu erkennen und zu beherrschen.
Deuten wir kurz die einzelnen Angaben dieser Definition.

Heiß umstritten ist die *Existenz* der Magie. Die Schulpsychiatrie sieht in dem magischen Komplex nur das Symptom einer Geisteskrankheit. Die Schulpsychologie sieht in dem magisch behafteten Menschen nur das Ergebnis einer Fehlentwicklung, einer abergläubischen Fehlhaltung und abseitigen Lebensauffassung. Die liberale Theologie, auch in ihrer modernsten Gestalt, sieht in der Magie zeitgebundene Sitten und Vorstellungen.

Nicht minder umkämpft ist der *ethische Charakter* der Magie. Der eine preist sie als Gottesgabe, der andere sieht darin natürliche, neutrale Kräfte der Natur, die negativ und positiv eingesetzt werden können. Wieder andere, vor allem die Seelsorger, wissen um den dämonischen Charakter der Magie.

Warum ist die Beurteilung der magischen Vorgänge so schwer? Die obige Definition gibt Antwort. Magisches Handeln erfolgt auf außersinnlichem Wege. Unsere fünf Sinne erfassen nur einen Bereich mit kleiner Spannweite. Das ist nicht nur bei physikalischen, sondern auch bei geistigen Tatsachen der Fall. In der Physik gibt der Mensch das gerne zu, weil die Wissenschaft die Beweise für die Ultrabereiche liefert. In geistigen Sachverhalten ist die mathematische Beweisführung nicht möglich, darum wird eben das Göttliche und das Dämonische von diesen kurzsichtigen Rationalisten geleugnet.

Deuten wir die *außersinnlichen Wege*, von denen die Definition spricht, an. Ich gebe dazu einige Beispiele.

B 51 Im Elsaß übt ein katholischer Geistlicher eine magische Heiltätigkeit aus. Er hat den Übernamen »Schlappenpater«. Die Hilfesuchenden müssen ihm einen Hausschuh einsenden. Er konzentriert sich auf diesen »Schlappen« und kann dann eine richtige Diagnose stellen.

B 52 In Österreich stieß ich in der Seelsorge auf die sogenannten Urinschmecker. Der eingesandte Urin des Patienten wird nicht medizinisch untersucht nach Eiweiß, Zucker, Hämoglobin und anderen Beimengungen, sondern dient psychometrisch nur als Kontaktmittel, um die Diagnose hellseherisch zu erfassen. Solche Urinschmecker gibt es auch in der Schweiz, Frankreich, Deutschland und anderen europäischen Ländern.

B 53 Ein Holländer hatte mehrere mediale Gaben. Ohne daß die Patienten es beachteten, konnte der Heiler sie durch festes Anblicken günstig beeinflussen. Die Kraft dazu spürte er von einem kleinen Zirkel auf der Stirn, zwischen den Augen, auf dem Weg über die Augen auf den Patienten übergehen. Eine zweite Heilkraft kam aus seinen Händen. Der Sitz dieser Kraft war ein Ring oder ein Band rund um das Gehirn. Diese Kraft ging über die Schulter durch die Arme aus den Händen auf die Kranken. Ein Heilungsbeispiel dieses Holländers. Ein herzleidender 75jähriger Mann wurde in einer Herzkrise von den Ärzten aufgegeben. Ohne daß der Leidende es merkte, schaute ihn der Heiler eine Minute lang fest an. Der Schwerkranke genas und konnte hinterher mit dem Fahrrad bergauf und bergab Touren von 30 km bewältigen.

Das Merkwürdige ist, daß solche seltsamen Methoden oft

zuverlässig sind. Bei diesen magischen Heilmethoden und Diagnosen werden mediale, außersinnliche Kräfte eingesetzt.

In der Definition werden verschiedene *Objekte* der Magie genannt. Die Verbindung mit der Geisterwelt und ihre Beherrschung wird im Spiritismus versucht. In Teil 3 des Buches werden die sechzehn Formen des modernen Spiritismus an fast dreißig Beispielen aufgezeigt.

Über eine andere Frage der Definition, über das Problem des Erkenntnisvorganges, ist im Teil »Wahrsagen« an Hand von über vierzig Beispielen berichtet.

Weitere Objekte der Magie sind die Menschen, Tiere, Pflanzen und die tote Materie. Der Schwarzkünstler versucht auf magische Weise den Feind zu unterjochen und zu beherrschen. Es werden später noch Beispiele gegeben werden. Andere versuchen auch, die Tierwelt und Pflanzen zu beeinflussen. Einige Beispiele deuten das an.

B 54 Ein Melker befaßte sich jahrelang mit der schwarzen Magie. Seine Spezialität war, Nachbarbauern die Milch zu stehlen. Er band ein Handtuch an eine Türklinke, murmelte seine Zaubersprüche und molk aus dem Handtuch. – Ich nahm solche Beispiele in der Seelsorge auf. Nachprüfen konnte ich sie nicht.

B 55 Eine Missionarin berichtete mir, daß ihr mehrmals beim Besuch eines Zauberers wilde Tiere entgegenkamen. Sie spürte sofort, daß dämonische Mächte am Werk waren. Als sie im Namen Jesu gebot, wichen die Tiere. Hinterher erfuhr sie, daß der Zauberer geprahlt hatte, er werde der Ausländerin wilde Tiere entgegenschicken, die sie zerreißen sollten.

B 56 Ein junger Mann, der vom Arzt als schizophren bezeichnet wurde, bekannte mir in der Seelsorge, daß er die Fähigkeit besitzen würde, kleine Tiere auf Entfernung zu töten, ohne irgendein Mittel zu benützen, als seine magischen Kräfte.

B 57 In Toggenburg (Kanton St. Gallen) wurde mir in der Seelsorge mehrmals bekannt, daß sie (die Beichtenden) mit Hilfe der schwarzen Magie Pferde, Kühe und Schweine töten könnten. Auf meine Frage, wie sie zu dieser Fähigkeit gekommen wären, erklärten sie, sie hätten sich mit Blut dem Teufel verschrieben. Ein Fall solch mysteriöser Tiermorde wurde von einigen Wissenschaftlern untersucht, ohne daß sie diesen Vorgängen auf die Spur kamen.

B 58 Ein Bauer, der mehrere Mißernten hatte, erhielt von einem Magier den Rat, beim Einsäen drei Körner unter die Zunge zu nehmen. Nach Beendigung des Einsäens sollte er die drei Körner auf den Acker spucken, einen magischen Spruch sagen und in den drei höchsten Namen den Vorgang beschließen. Auf diese Weise sollte das Wachstum begünstigt und der Acker vor Unwetter bewahrt bleiben. Tatsächlich glaubte der Bauer, einen Segen von dieser Ackerbesprechung gehabt zu haben. Von dieser Zeit an wollte er aber nichts mehr vom Wort Gottes wissen. Auch zeigte sich im Stall eine enorme Häufung an Unglücksfällen.

Zum Einflußbereich der Magie gehört nicht nur die organische Welt, die Lebewesen, sondern auch die anorganische Welt, die tote Materie. Dazu Beispiele:

B 59 Drei Schwestern schliefen jahrelang in einem Zimmer. In dem geschlossenen Raum fielen von Zeit zu Zeit Steine von der Decke herab. Als die älteste Schwester sich verlobte und das Elternhaus verließ, hörte der Steinregen auf. Mir wurde dieser Vorgang von einer der drei Schwestern berichtet. Solche magischen Steinregen sind keine seltene Erscheinung. Ich habe schon Augenzeugen darüber gehört.

B 60 Ein Mann trieb viele Jahre die schwarze Kunst. Ein besonderes Experiment, das er immer wieder vorführte, war, daß er mit einem Messer in den Boden stach. Er murmelte dabei einen magischen Spruch. An der Einstichstelle kam dann jedesmal ein Kübel Blut heraus. Die Schwester dieses Schwarzmagiers war ebenfalls eine Expertin auf dem Gebiet der Zauberei. – So unglaublich dies erscheint, so wurden mir doch ähnliche Dinge schon manchesmal in der Seelsorge erzählt.

Im Bereich der Magie ereignen sich die absurdesten Dinge. Wenn alles nur in der Phantasie und im Aberglauben existieren würde, ohne realen Hintergrund, dann wäre dieses Gebiet schon ein Abgrund menschlicher Verirrung und Not, der Aufklärung und seelsorgerliche Hilfe gebieterisch forderte. – Weitere Fragen zur Definition werden unter späteren Abschnitten behandelt.

3. Ursprung, Ziel und Entwicklung der Magie

An der Schwelle der Menschheit steht der Kulturbefehl Gottes: Füllet die Erde und machet sie euch untertan (1. Mose 1,28). Des Menschen Aufgabe und Recht war die friedliche Eroberung der Kräfte der Erde im Einvernehmen mit dem Willen Gottes. Diesem Kulturbefehl setzte Satan, der große Durcheinanderwerfer, die *Urversuchung* entgegen: Ihr werdet sein wie Gott, wissend und mächtig (1. Mose 3,5). Das Gegenstück des Kulturbefehls ist die Magie, Wissenshunger und Machtstreben im Gegensatz zum Willen Gottes. Damit war die junge Menschheit am Scheidewege.

Die Weichen sind gestellt: freiwillige Unterordnung unter den Willen Gottes oder magischer Wissenszwang und Machtgier in der Auflehnung gegen göttliche Ordnungen und Schranken. Diese Weichen sind heute noch gestellt. Entweder wir lassen uns einordnen in das göttliche Gefüge der Heilsordnung, oder wir treiben Rebellion und wollen in ungeheuerlicher Nebenbuhlerschaft zu Gott über die Kräfte und die Wesen der Schöpfung verfügen. Darum ist Magie Urrebellion vom Anfang bis heute und Höhepunkt der Auflehnung des Menschen gegen Gott. Alles Gerede von harmlosen Naturkräften und neutraler Anwendung ist angesichts der biblischen Tatsache eine Ungeheuerlichkeit.

Formal gesehen weiß die Parapsychologie (Wissenschaft von den außersinnlichen Erscheinungen) noch etwas von dem doppelten Charakter der Magie. Man unterscheidet dort Psi-Gamma-Phänomene (gignoskein = erkennen) und Psi-Kappa-Phänomene (kinein = bewegen). Wir haben hier wiederum die beiden Grundelemente der Magie, Wissen und Macht, auf außersinnlichem Wege.

In der Seelsorge zeigten sich mir in vielen Aussprachen vier verschiedene Wege zur *Entstehung medialer Kräfte:*

- Vererbung
- Teufelsverschreibung
- okkultes Experimentieren
- okkulte Übertragung.

Dazu einige Hinweise.

Erstens: Die Ausbeute vieler Beichtberichte ergibt, daß magische Fähigkeiten in den *Erbgang* gehen. Die Medialität läßt sich oft in vier Generationen einer Familie nachweisen. Einerseits trägt die Erbmasse diese dunklen Fähigkeiten weiter, andererseits werden diese Kräfte durch Sukzession weitergetragen. Man versteht darunter den Brauch, daß der sterbende Vater dem ältesten Sohn oder einer Tochter seine magischen Fähigkeiten anhängt, um ruhig sterben zu können. Wenn die Kinder diese Fähigkeiten nicht wünschen, spielen sich oft Tragödien im Sterbezimmer ab. Der Sterbende kann wochenlang jammern: »So nehmt es mir doch ab, daß ich zur Ruhe komme.« Manchmal erklären sich auch ferne Verwandte oder ganz Außenstehende dazu bereit, die magischen Fähigkeiten zu übernehmen. Wieweit das Mitleid oder die Neugierde oder der Machttrieb dabei eine Rolle spielen, ist im einzelnen Fall verschieden. Das Sterben solcher Magier zögert sich oft wochenlang hin, bis die »Amtsnachfolge« geregelt ist.

Eine weitere Form der Entwicklung der magischen Kräfte ist die *Teufelsverschreibung*. Vielleicht darf hierin das Gegenstück zur Taufe gesehen werden. Die Magie ist ja in allem die dämonische Parallele biblischer Vorgänge. Teufelsverschreibungen sind die furchtbarsten seelsorgerlichen Fälle.

B 61 In Paris gibt es eine okkulte Kirche mit dem Namen: »Wir dienen dem Fürsten dieser Welt«. Diese Kirche hat Tochtergemeinden in Basel, Bern und neuerdings in Rom. Alle Glieder dieser okkulten Kirche müssen sich bei der Aufnahme dem Teufel verschreiben. Das wäre also die schwarzmagische Taufe.

B 62 Ein Mann in Toggenburg in der Schweiz hatte seit Jahren eine blühende Praxis als Naturarzt und Besprecher. Auch die für einen Arzt aussichtslosen Fälle konnte er kurieren. Er heilte Blinde, Lahme, vorgeschrittenen Krebs, Lungentuberkulose, perniziöse Leukämie, multiple Sklerose, Sklerodermie und andere schwere Krankheitsfälle. In einer stillen Stunde brach bei diesem Mann die Not seines Lebens auf. Er erklärte: »Allen kann ich helfen. Nur mir selbst kann in Ewigkeit nicht geholfen werden.« Dieser magische Heiler hatte in seiner Jugend eine Blutverschreibung an den Teufel durchgeführt. Seither besaß er diese unheimliche Heilfähigkeit.

Außerdem können magische Kräfte auch durch *okkultes Experimentieren* entwickelt werden.

B 63 Ein Schweizer Fabrikarbeiter wurde seiner Arbeit überdrüssig. Als er wiederholt erfuhr, daß die okkulten Heilpraktiker und Magnetopathen viel Geld verdienten, kaufte er sich bei einem okkulten Verlag Zauberliteratur. Er lernte die magischen Sprüche, unterzog sich den Teufelszeremonien und begann Heilexperimente. Seine Fähigkeit, magisch zu heilen, wuchs rasch, und schließlich steigerten sich seine Einkünfte um ein Vielfaches seines früheren Lohnes.

Das folgende Beispiel vereinigt alle drei Momente: Vererbung, Verschreibung und okkultes Experimentieren.

B 64 Eine junge Frau berichtete mir die Geschichte ihrer Vorfahren. Die Urgroßmutter hatte sich mit ihrem Blut dem Teufel verschrieben. Sie trieb schwarze Magie und heilte mit ihrer schwarzen Kunst kranke Menschen und Tiere. Auf dem Sterbebett hatte sie, wie üblich bei magischen Besprechern, einen entsetzlichen Todeskampf. Die Tochter, die Großmutter meiner Berichterstatterin, nahm der Sterbenden die magische Fähigkeit ab. Sie übernahm auch die Zauberliteratur. Nach dem qualvollen Sterben der Urgroßmutter erschien sie ihren Angehörigen als Wiedergängerin. Die Großmutter setzte dann die magische Praxis fort. Sie besprach Krankheiten in Vollmondnächten und pendelte auch mit Schlüssel und der Bibel. Ferner war sie auch eine erfolgreiche Blutstillerin. Als die Großmutter anfing, die Bibel zu lesen, bekam sie schwere Anfechtungen. Mit zunehmendem Alter sah sie in ihrer Wohnung schwarze Gestalten. Beim Sterben hatte sie auch große Anfechtungen. Nach ihrem Tod erschien auch sie als Wiedergängerin im Haus. Die Mutter der Berichterstatterin übernahm dann die magische Literatur und Praxis. Sie wurde ebenfalls eine bekannte Heilerin. Sie erlitt das gleiche Los wie ihre Vorgängerinnen. Nun kam als viertes Glied in dieser schrecklichen Ahnenreihe meine Berichterstatterin. Als kleines Kind war sie von ihrer eigenen Mutter besprochen worden. Kurz nach dem

Besprechen war sie hellsichtig und sah die schwarzen Gestalten im Haus. Ihr Bruder und ihre Schwester litten unter Depressionen. Sie selbst hatte schwere seelische und nervöse Störungen, die sie in die Seelsorge führten.

Die vierte Form der Entstehung magischer Kräfte ist die *okkulte Übertragung*.

B 65 Ein junger Mann berichtete mir in der Seelsorge, daß er von drei Schwarzmagiern unter Murmeln von Zaubersprüchen die Hände auf den Kopf gelegt bekam. Hinterher besaß er magische Fähigkeiten, die sogar seinen Hausarzt ins Staunen brachte. Der Arzt stellte ihn auf die Probe und mußte seine magischen Heilungen bestätigen. – Diese magische Handauflegung wäre wiederum ein Gegenstück zur biblischen Handauflegung.

B 66 Ein junger Mann schaute einem Pendler zu, der mit dem Pendel Wasser suchte. Der Pendler forderte ihn auf, es auch einmal zu versuchen. Das Pendel schlug aber in seiner Hand nicht aus. Daraufhin packte der Pendler die Hand des jungen Mannes. Plötzlich schlug das Pendel auch bei ihm aus. Als er dann hinterher ohne die Berührung von seiten des Pendlers den Vorgang wiederholte, klappte es abermals. Seit dieser Berührung durch den Pendler besitzt nun dieser junge Mann die Fähigkeit, mit dem Pendel oder der Rute Wasser zu suchen. Allerdings hat sich in seinem Glaubensleben etwas verändert. Vorher führte er ein treues Gebetsleben und las fleißig die Bibel. Nach der Übertragung der Pendelfähigkeit ging die Liebe zum Wort Gottes und Gebet zurück.

4. Formen der Magie

Auf die Magie weisen verschiedene Vorstufen der Beeinflussung hin.

Als erstes sei die *verbrecherische Hypnose* genannt.

B 67 Ein Mädchen berichtete in einer seelsorgerlichen Aussprache, daß der Arzt, den sie zu Rate gezogen hatte, sie hypnotisiert hätte. Der Arzt hätte sie unter hypnotischem Einfluß im Sprechzimmer verführt. Er hatte das mit der Freundin der Berichterstatterin ebenfalls gemacht. Wie es sich hinterher herausstellte, trieb er das auch mit anderen Mädchen. Als die Geschichten ruchbar wurden, verließ der betreffende Arzt die Stadt und ließ sich woanders nieder. Das Mädchen erzählte nun, daß sie nach diesem Vorfall jahrelang das Wort Gottes nicht mehr lesen konnte. Sie empfand einen starken Widerstand gegen alle göttlichen Dinge und hatte beim Beten immer schmutzige Gedanken.

B 68 Ein Krankenhausarzt mißbrauchte Frauen und Mädchen in der Hypnose. Er wurde von der Stationsschwester auch einmal auf frischer Tat ertappt. Um seine Schandtaten zu verdecken, befragte er die Patienten bei der Anamnese (Aufstellung der Krankengeschichte) nach dem ehelichen oder außerehelichen Geschlechtsverkehr und trug die Antworten in die Krankengeschichte ein. Er wollte sich damit decken, wenn irgendein Vorfall ihm zur Last gelegt werden würde. Eine unbescholtene Pfarrmagd, die mit einem gläubigen jungen Mann verlobt war, wurde in diesem Krankenhaus schwanger. Sie wurde von ihrem Verlobten daraufhin im Stich gelassen. Das Mädchen hatte nach den Angaben in der Beichte nie vorher in ihrem Leben ehelichen Verkehr gehabt. Sie war von diesem Arzt unter der Hypnose mißbraucht worden. Schließlich zeigten die Oberschwester und die Stationsschwester den Arzt an.

Der Erfolg war, daß diese beiden Schwestern vom Chefarzt entlassen wurden. Der Arzt blieb. Andere Schwestern, die ebenfalls belastendes Material gegen diesen Arzt hatten, schwiegen auf Grund der Entlassung der beiden Schwestern. Mir selbst wurde dieser Bericht von einer Schwester gegeben, die Zeugin dieser unsauberen Geschichten war. Als dem Arzt nach einigen Jahren der Boden unter den Füßen zu heiß wurde, ging er ins Ausland.

Bei den wissenschaftlichen Vertretern der Hypnose besteht die Auffassung, daß der Mensch in der Hypnose zu nichts gezwungen werden könnte, zu dem er nicht im Wachzustand fähig wäre. Ebenfalls wird die Meinung vertreten, Verbrechen in der Hypnose wären nicht möglich. Zunächst sei vermerkt, daß nicht alle Fachwissenschaftler diese Überzeugung haben. Mir sind außerdem in der Seelsorge viele Fälle bekannt geworden, bei denen sich Verbrechen unter Hypnose ereigneten. Von der Bibel her ist es auch verständlich, daß ein bisher unberührtes Mädchen unter Hypnose mißbraucht werden kann. Jesus sagt: »Aus dem Herzen des Menschen kommen arge Gedanken.« Auch in dem moralisch besten Menschen schlummern ungute Dinge. Im Normalzustand werden alle triebhaften Dinge vom Oberbewußtsein, das durch charakterliche Veranlagung, Erziehung und religiöse Einstellung geformt ist, beherrscht und niedergehalten. In der Hypnose ist dieser Regulator ausgeschaltet. Die triebhaften Regungen können ungehindert aus dem Unterbewußtsein hochsteigen und von gewissenlosen und enthemmten Menschen ausgenutzt werden. Ferner wird von den Fachwissenschaftlern nicht beachtet, daß es außer der schulmäßigen Hypnose auch eine magische Hypnose gibt, die in ihrer Wirkung viel weiter reicht als die normale Hypnose. Die magische Hypnose wird oft daran erkannt, daß der Patient hinterher nicht mehr glauben und beten kann. Es sollen hier einige Beispiele der magischen Hypnose folgen.

B 69 Ein gläubiges Mädchen war beim Psychiater. Der Psychiater wandte nicht nur die normale Hypnose, sondern vor allem die magische Hypnose an. Ich stieß gelegentlich auf solche Ärzte in Gegenden, in denen viel Magie getrieben wird. Bei einer Behandlung erklärte der Arzt auf die Frage des gläubigen Mädchens, er hätte diese Gabe nicht von Gott. Er gestand auch der Fragenden, er wollte mit ihr ein suggestives Experiment durchführen. Nach der Behandlung konnte das Mädchen nicht mehr glauben und beten. Sie hatte Zweifelsnöte und schwere glaubensmäßige Anfechtungen. – Ein ganz ungewöhnliches Beispiel ist das folgende.

B 70 Ein Pfarrer beschäftigte sich in seiner Freizeit mit der Magie. Er experimentierte auf verschiedenen Gebieten. Er erlernte das Kartenlegen, das Pendeln, das Besprechen und die magische Hypnose. Weil ihm geeignete Versuchspersonen fehlten, führte er die Experimente an seiner Frau durch. Mit der Zunahme der magischen Fähigkeiten gingen gleichzeitig bei dem Pfarrer und seiner Frau die Liebe zum Wort Gottes und Gebet zurück. Diese Unlust steigerte sich zu einer starken Abwehr. Im Zusammenhang mit diesen magischen Versuchen entwickelten sich auch seelische Störungen. Bei der Pfarrfrau kam es so weit, daß eine schwere Angstneurose entstand. Sie mußte dauernd das Zimmer abschließen, in dem sie sich befand.

B 71 Ein Geschäftsmann besitzt die merkwürdige Fähigkeit, seine Kunden hypnotisch oder magisch zu beeinflussen, daß sie auf alle seine Angebote eingehen. Er verdient auf diese Weise im Jahr über 100 000 DM. Göttlichen Dingen gegenüber ist er völlig ablehnend.

B 72 Eine Frau ließ sich von einem Masseur zur Heilbehandlung hypnotisieren. Vor der hypnotischen Behandlung war sie eine Bibelleserin, betete und besuchte die Gottesdienste. Nach der Behandlung wurde sie beim Versuch zu beten gezwungen, dem Namen Gottes zu lästern und zu fluchen. Sie wollte von göttlichen Dingen nichts mehr wissen und zeigte eine merkwürdige Ablehnung gegen alles Göttliche. Der Ausgang dieser Behandlung zeigt, daß dieser Masseur mit der magischen Hypnose gearbeitet hatte.

Im allgemeinen verstehen unsere Ärzte nichts von der magisch unterbauten Hypnose, weil diese Form zu den okkulten Praktiken gehört. Während die normale Hypnose, von einem Mediziner ausgeübt, ungefährlich sein kann, ist die Verbindung der Hypnose mit der Magie stets gefährlich und belastend für den Patienten.

Eine weitere Vorstufe der Magie ist die *Mentalsuggestion*. Man versteht darunter eine Fernübertragung von seelischen oder geistigen Kräften.

B 73 Ein junger Psychologe hatte die Absicht, sich zu habilitieren. Sein Spezialgebiet war die Hypnose, und zwar nicht die gewöhnliche Hypnose, sondern die suggestive Beeinflussung auf Distanz. Er suchte für seine Experimente eine sensible Versuchsperson. Er fand sie in der Sekretärin seines Chefs, die eine Neurasthenikerin und leicht beeinflußbar war. Er führte mit ihr, ohne zu fragen, Einschlafversuche durch. Er setzte sich auf eine Entfernung von 3 m in den gleichen Raum oder sogar in ein Nachbarzimmer und konzentrierte sich auf das Mädchen. Plötzlich erlahmten der Sekretärin die Arme. Es kam eine ungeheure Müdigkeit über sie. Sie wehrte sich mit aller Kraft gegen das Einschlafen. Diese Versuche wurden längere Zeit fortgesetzt, stets unter dem Widerstand des Mädchens. In dieser Zeit der Hypnoseversuche stellten sich bei dem Mädchen allmählich seelische Störungen ein. Die Sekretärin suchte einen Psychiater zur Beratung auf. Als dieser von den suggestiven Versuchen hörte, erklärte er ihr: »Das ist für Sie nicht gut.« Im übrigen waren die Hypnoseversuche des jungen Psychologen diesem Psychiater bekannt. Der Psychologe hatte lange Zeit diese Experimente mit ihr durchgeführt. Seit dieser Zeit war das Mädchen nicht mehr voll arbeitsfähig und empfand immer wieder merkwürdige Lähmungserscheinungen.

B 74 Eine katholische Frau ging oft zu einem Priester in die Beichte. Schließlich wurde sie seelisch und suggestiv abhängig von ihm. Jedesmal, wenn er Messe las, fiel sie zu Boden und verletzte sich. Sie schlug sich jedesmal das Gesicht auf. Die Anfälle traten ein, auch wenn sie 30 km von dem Priester entfernt war und nicht wußte, wann er die Messe las. Diese merkwürdige Abhängigkeit war der Frau eine unerträgliche Last. In ihrer Not fing sie ernstlich zu beten an. Da sie sich keinen Rat wußte, ging sie zu einem evangelischen Geistlichen in die Seelsorge. Sie durfte im Glauben den Weg zu einem persönlichen Christusverhältnis finden. Von diesem Augenblick an hörten die seltsamen Anfälle auf. Die Frau trat dann aus der katholischen Kirche aus.

B 75 Ein Handwerker beschäftigte sich jahrelang mit der schwarzen Magie. Vor allem interessierten ihn die magischen Praktiken, die ihm Einfluß über Menschen verschafften. Er gehörte auch einem magischen Zirkel an, der seltsame Experimente durchführte. In seiner Freizeit versuchte er sich nun selbst in diesen magischen Abenteuern. Sein erstes Opfer war ein sensibles Mädchen, das er so in seine Gewalt bekam, daß es ihm finanziell und sexuell alle Opfer brachte. Nach diesem gelungenen Start als Schwarzmagier suchte er sich weitere Opfer aus. Seine Experimente gelangen ihm. Schließlich fand er ein Mädchen, das ihm den vollen Monatslohn regelmäßig ablieferte. Er nahm dieses Mädchen deshalb ins Haus. Es lebte eine Zeitlang bei ihm, bis die Eltern bei der Polizei Schritte gegen diesen Mann unternahmen.

Die dritte Vorstufe der Magie ist der *magisch unterbaute Heilmagnetismus.* Genau wie die Hypnose und Suggestion läßt sich auch der natürliche Heilmagnetismus magisch verstärken. In B 72 wurde bereits ein ähnliches Beispiel berichtet.

Zunächst soll ein Beispiel von Dr. Trampler folgen. Dieser Jurist ist ein Schüler von Gröning, der sich dann aber mit seinem Lehrmeister entzweit hat. In der Seelsorge konnte ich an einigen Beispielen feststellen, daß die Heilkräfte, die bei Trampler zum Einsatz kommen, nicht guter Art sind, sondern den Patienten belasten. Zwei Beispiele sollen das zeigen.

B 76 Eine Frau ging zu Dr. Trampler nach München. Er behandelte sie mit Erfolg gegen ihre Kreuzschmerzen. Sie mußte in der Sprechstunde ihre zehn Finger als Antenne für kosmische Kräfte hochhalten. Nach ihrer Rückkehr war sie zwar organisch geheilt, dafür aber empfand sie von diesem Tag an Glaubenshemmungen. Sie konnte nicht mehr beten und spürte zwischen Gott und sich eine undurchdringliche Wand.

B 77 Eine gläubige Frau, die bei mir in der Seelsorge war, besuchte aus Unkenntnis Dr. Trampler. Sie saß betend in seinem Sprechzimmer. Alle Patienten wurden der Reihe nach behandelt. Schließlich stand Dr. Trampler vor ihr. Da es ihr unheimlich wurde, betete sie noch inbrünstiger. Da erklärte Dr. Trampler: »Mit Ihnen kann ich nichts anfangen.«

Da diese Heiler oft ihre Tätigkeit mit religiösen Worten tarnen und frisieren, wird der unheimliche Charakter ihrer Kräfte meistens nicht erkannt. In Baden wurde ich mit einem Heilpraktiker bekannt, der eine klare Bekehrung zu Christus erlebt hatte. Auf die Frage seiner Heilbefähigung antwortete er: »Der natürliche Heilmagnetismus reicht täglich nur für etwa zwei Patienten. Dann ist die Kraft verbraucht und muß wieder neu angesammelt oder aufgeladen werden. Wer mehr als zwei Patienten am Tag behandelt, erreicht nichts, oder er hat seine

Steckdose unten.« Er meinte damit, diese Heilpraktiker würden den verbrauchten Heilmagnetismus auf okkulte Weise ergänzen, denn von zwei oder drei Patienten kann kein Heilpraktiker leben. Noch ein Beispiel zu dieser oft geübten, verwirrenden Tarnung.

B 78 Ein mir befreundeter, gläubiger Lehrer ließ sich von einem Magnetopathen behandeln. Der Magnetopath galt als Christ. Er besuchte die Gottesdienste seiner Gemeinde. Sicherheitshalber fragte der Lehrer den Magnetopathen: »Verwenden Sie auch keine dämonischen Kräfte?« Der Heilpraktiker erwiderte: »Dämonische Kräfte sind doch gut. Die Dämonen helfen uns doch.« Daraufhin verzichtete der Lehrer auf die Heilbehandlung.

Nach den verschiedenen Vorstufen müssen nun die *Hauptformen* der Magie zur Darstellung kommen. Prof. Diepgen unterscheidet in seinem Buch »Kultur und Medizin« drei Formen der Magie: die schwarze Magie mit Hilfe dämonischer Kräfte, die weiße Magie, angeblich mit göttlicher Hilfe, und die neutrale Magie, angeblich eine Anwendung von neutralen Naturkräften. Die Unterscheidungen Diepgens stimmen, nicht aber die Definition. Die Seelsorge gibt in Punkt zwei und drei ein völlig anderes Bild.

Zunächst einige Beispiele zur *schwarzen Magie.*

B 79 Ein Pfarrer berichtete mir, daß seine ganze Gemeinde mit okkulten Dingen verseucht wäre. Als Beispiel führte er die magische Heilung eines 20jährigen Mädchens an. Infolge einer Kinderlähmung bekam das Mädchen ein kurzes Bein. Sie lag lange Zeit im Krankenhaus und wurde dort als unheilbar entlassen. Sowohl das Mädchen als auch seine Mutter waren sehr niedergeschlagen. Schließlich suchten sie Hilfe bei einem Mann, der mit schwarzer Magie umging. Dieser Magier ließ sich zur Beschaffung einer Alraunwurzel 500 DM anzahlen. Die Patientin mußte diese menschenähnliche Wurzel nach den Anweisungen des Mannes als Säugling behandeln. Die ganze Pflege wie waschen, baden, füttern, schlafenlegen mußte nach den Regeln der Säuglingspflege erfolgen. Nach diesem ersten Behandlungsabschnitt erhielt das Mädchen von dem Magier den Auftrag, Rachepsalmen zu beten, ferner solche Psalmen abzuschreiben, unter das Kopfkissen zu legen und darauf zu schlafen. Im dritten Behandlungsabschnitt mußte das Mädchen zwei Messer unter das Kopfkissen legen und zwei Messer am Kopfende des Bettes in die Wand schlagen. Im Verlauf dieser höchst seltsamen Therapie erlebte es das Mädchen, daß das verkürzte Bein länger wurde. Da sich bei der Patientin nach der Heilung des verkürzten Beines starke seelische Störungen einstellten, ging sie zu ihrem Ortspfarrer, der diesem Fall gegenüber ratlos war. Das Mädchen konnte nicht mehr beten. Wenn sie die Hände falten wollte, wurden sie auseinandergerissen. Wollte sie die Bibel lesen, kamen ihr Lästergedanken. Da das Mädchen befürchtete, wahnsinnig zu werden, lieferte sie schließlich die Alraunwurzel und ein von dem Magier empfangenes Amulett ihrem Ortspfarrer aus. Von diesem Augenblick an empfand sie eine starke Angst vor der Rache des unheimlichen Mannes. Aber die seelischen Störungen gingen nach der Auslieferung der Alraunwurzel und des Amulettes zurück. Das Bein, das sich während der magischen Therapie auf die normale Länge gestreckt hatte, verkürzte sich wieder.

B 80 Bei einer Evangelisation in Toggenburg kam ein Bauer zur Aussprache, der mir den unglücklichen Ausgang einer schwarzmagischen Besprechung erzählte. Sein Junge hatte die spinale Kinderlähmung. Da der Arzt zu spät geholt wurde, blieb der Patient gelähmt. Da der Bauer unbedingt einen gesunden Hoferben haben wollte, unternahm er alles Mögliche. Schließlich suchte er den berüchtigten Magier Hugentobler in

Peterzell auf, der den Jungen mit Hilfe der schwarzen Magie gesund machte, so daß die Lähmung völlig verschwand. Es ging einige Jahre gut. Im Alter von 16 Jahren fand der Vater seinen Sohn mit durchschnittener Halsschlagader im Stall. Mitten aus heiterem Himmel ereignete sich dieses Unglück. Es war in der Familie kein Streit. Es lag auch keine Mädchengeschichte vor. Der Vater fand bei dem tödlich verletzten Sohn ein Amulett vom Hugentobler. Er öffnete das Lederbeutelchen und zog einen Zettel mit der Aufschrift hervor: »Diese Seele gehört dem Teufel«. Das war der Beweis, daß Hugentobler in diesem Fall die schwarze Magie angewandt hatte.

Noch verbreiteter als die schwarze Magie ist die sogenannte *weiße Magie*. Sie wird in vielen christlichen Kreisen als frommes Werk betrieben, ohne daß die Beteiligten den dämonischen Charakter ahnen. Bei der weißen Magie erfüllt sich das Pauluswort 2. Kor. 11,14: Der Teufel selbst verstellt sich zum Engel des Lichtes. Weiße Magie ist schwarze Magie unter frommer Tarnung. Es folgen hier einige Beispiele.

B 81 Ein Missionar unter den Juden Nordafrikas, Samuel mit Namen, berichtet von einem magischen Brauch der nordafrikanischen Juden. Wenn in jüdischen Familien ein Kind erkrankt, dann nehmen die Eltern ein Handtuch, machen einen Knoten in das Tuch und sagen dann: »Im Namen des Gottes Abrahams, Isaaks und Jakobs sei von deiner Krankheit gelöst.« Sie öffnen dann den Knoten, und die Kinder werden durch das magische Besprechen von dieser Zeit an gesund. Es handelt sich hier um ein Gegenstück zur schwarzen Magie.

B 82 Eine Frau aus der Bukowina berichtete, daß ihre Angehörigen bei allen Erkrankungen von Menschen und Tieren Heilungssprüche aus der weißen Magie benutzten. Zu dem Heilungsspruch wurden noch die drei höchsten Namen gesagt. Es zeigte sich, daß die Krankheiten nach dieser Besprechung verschwanden. Obwohl ihre Vorfahren alles kirchlich eingestellte Leute waren, vererbten sich die verschiedenen Heilungssprüche von Generation zu Generation. Die Berichterstatterin und ihre Tochter leiden unter nervösen Störungen. Das war der Anlaß zu einer seelsorgerlichen Beratung. Ein Prediger betete mit ihr. Daraufhin wurde es mit ihren Störungen besser. Sie drang auch zur Glaubensgewißheit durch.

B 83 In einem Bauernhaus hängte sich der Besitzer auf. Nach einem im Dorf herrschenden Volksglauben sollten die Selbstmörder am Ort ihrer Tat umgehen. Man riet daher den Angehörigen, sie sollten mit den drei höchsten Namen das ganze Haus auskehren. Der Selbstmörder würde dann das Haus nicht plagen. Tatsächlich befolgten die Angehörigen diesen merkwürdigen Rat. Die Bäuerin wurde aber von dieser Zeit an von einer merkwürdigen Unruhe geplagt.

B 84 Ein 15jähriges Mädchen hatte ein Augenleiden. Es lag längere Zeit in der Augenklinik, wurde aber trotz der ärztlichen Kunst nicht gesund. Da die Hilfe der Ärzte versagt hatte, nahm es die magische Hilfe eines Besprechers in Anspruch. Der Mann besprach das Mädchen nach der Art der weißen Magie. In seinem Arbeitskabinett lag die Bibel. Er besuchte hin und wieder den Gottesdienst seiner Gemeinde. Nach dem Besprechen war das Augenleiden des Mädchens innerhalb von 24 Stunden verschwunden. Von der Zeit dieser Heilung an spürte das Mädchen aber eine heftige Unruhe. Es suchte Christus im Gebet, konnte aber keinen Frieden finden. Als es nach dieser merkwürdigen Heilung sich bei dem vorherigen Facharzt vorstellte, schüttelte dieser Spezialist verwundert den Kopf und fragte das Mädchen, wie diese Heilung zustande gekommen wäre.

B 85 Eine Frau ließ ihre beiden Töchter in früher Jugend magisch besprechen. Der Besprecher wandte bei seiner magischen Behandlung drei Vaterunser an. Als die Kinder heranwuchsen, ließ sich die Mutter wiederholt durch Astrologen, Kartenleger, Handlinienleser beraten. Ferner bezog sie seit Jahren die Monatsschrift eines okkulten Arztes. Die älteste Tochter kam mit 27 Jahren in eine Irrenanstalt und gilt als unheilbar. Die ganze Familie war gegen Christus und alles Göttliche scharf ablehnend. Jetzt, nachdem ihre seelische Not einen gewissen Höhepunkt erreicht hatte, suchte sie seelsorgerlichen Rat.

B 86 Eine Gemeinschaftsfrau hatte verschiedene weißmagische Rezepte. Gegen Mundfäule verordnete sie Osterwasser, das unter den drei höchsten Namen getrunken werden mußte.

B 87 Eine schwerkranke Frau lag mit einer Gürtelrose und offenen Beinen im Krankenhaus. Der Zustand verschlimmerte sich derartig, daß von dem Oberarzt eine Einzelnachtwache angeordnet wurde. Man rechnete mit dem Abscheiden der Patientin. Die Nachtschwester saß neben dem Bett der Sterbenden. Die Kranke flüsterte der Schwester wiederholt zu: »Schwester, Sie können mir helfen.« Die Schwester befürchtete schon, sie sollte mit der Kranken beten und ihr ein Wort Gottes sagen, doch die Kranke wünschte keinen biblischen Zuspruch. Die Schwester wäre dazu auch gar nicht in der Lage gewesen. Es war ihr in der Nähe dieser Kranken unheimlich, und sie brachte auch für sich selbst kein Wort des Gebetes zusammen. Als die Schwerkranke immer wieder den Satz wiederholte »Schwester, Sie können mir helfen«, fragte sie schließlich: »Wie soll ich Ihnen denn helfen?« Die Kranke wurde daraufhin ganz lebendig und erklärte: »Ich entblöße meinen Leib, Sie legen mir die Hände auf die kranken Stellen, machen drei Kreuze darüber, nennen die Dreieinigkeit und sagen einen kurzen Spruch, den ich Ihnen vorsage.« Der Nachtschwester wurde es noch unheimlicher. Da in diesem Augenblick ein Arzt durch den Korridor ging, fragte sie den Arzt, ob sie den Wunsch der Patientin erfüllen sollte. Der Arzt sprach ihr zu und erwiderte: »Tun Sie das nur, Schwester. Vielleicht hilft es der Kranken. Es ist ohnehin menschlich und ärztlich gesehen nichts mehr bei ihr zu erwarten.« Die Schwester trat in das Sterbezimmer zurück und wurde sofort von der Schwerkranken wieder zu dem Besprechungsvorgang gedrängt. Die Schwester machte drei Kreuze auf dem kranken Leib der Patientin, rief die drei höchsten Namen an und murmelte den vorgesprochenen Besprechungsspruch nach. Daraufhin kam die Kranke sofort zur Ruhe. Der Schwester aber bemächtigte sich eine ungeheure Angst und Unruhe. In den nächsten Tagen gab es bei allen Ärzten großes Erstaunen. Die offenen Beine gingen sofort zu, die ganzen Krankheitssymptome verschwanden und waren innerhalb von fünf Tagen völlig weg. Die Ärzte konnten sich diese überraschende Wendung nicht erklären. Der Arzt, der zum Besprechen geraten hatte, behielt diesen Vorgang für sich. Die Schwester hat seit diesem Besprechungsvorgang – es sind nun sechs Jahre – ihre Ruhe nicht wieder gefunden. Sie kann nicht beten. Vor Gottes Wort und vor göttlichen Dingen hat sie einen Ekel. Sie ist oft im Kopf wie benommen, kann sich schlecht konzentrieren und ist seelisch schwer angeschlagen. Dieser Zustand führte sie zu mir in die Aussprache. Sie selbst führt ihre schweren seelischen Störungen auf jenen unheimlichen Besprechungsvorgang zurück. Ohne es zu wissen, hatte sie damals mit der weißen Magie der Patientin geholfen.

Bei all diesen weißmagischen Beispielen spielen christliche Symbole und die Zahl drei eine Rolle. Es wird besprochen in den drei höchsten Namen, unter Anwendung von drei Vaterunsern oder drei Bibelworten. Es werden drei Kreuzeszeichen benützt oder drei geweihte Kerzen. Die weiße Magie ist die raffinierte Verdrehung des biblischen Glaubensgebetes unter Handauflegung. Darum fallen auch viele auf diese religiöse Zauberei herein.

Die Unterscheidung zwischen weißer Magie und der biblischen Handauflegung ist oft sehr schwer, wenn auch die grundsätzlichen Unterschiede bekannt sind.

Beim biblischen Glaubensgebet unterstellt sich der Beter dem Willen Gottes. Bei der weißen Magie soll die Hilfe Gottes erzwungen werden. Beim biblischen Gebet besteht ein innerer Kontakt des Beters mit seinem Herrn. Bei der weißen Magie werden christliche Elemente nur als technische Mittel der Magie benützt. Der biblische Beter steht unter der Inspiration des Heiligen Geistes, der unserer Schwachheit aufhilft. Der Weißmagier steht unter der Inspiration von unten. Der biblische Beter ist nach seinem Gebet in seinem Glauben gestärkt, auch wenn die erbetene Hilfe in der gewünschten Form von Gott nicht gewährt wurde. Der aktive oder passive Weißmagier ist hinterher in seinem Glaubensleben, wenn er ein solches überhaupt besitzt, empfindlich gestört und lahmgelegt, auch wenn die erzwungene Hilfe nach Wunsch eingetreten ist. Oft wird erst an den Auswirkungen erkannt, ob biblisch oder magisch gebetet wurde. Die Grenzen können fließend sein. Manchmal muß der Beurteiler die Gabe der Geisterunterscheidung haben, wenn er sich unter Echtem oder Getarntem durchfinden soll. Weiße Magie braucht zu ihrer Durchführung keine Seelsorge. Die biblische Handauflegung erfolgt nur nach vorangegangener gründlicher Seelsorge. Weiße Magie wird in ihrer Durchführung von einem dabeistehenden Beter empfindlich gestört oder unmöglich gemacht. Die biblische Handauflegung wird durch einen weiteren Beter unterstützt und verstärkt. Weiße Magie und die biblische Handauflegung sind total verschieden, wenn auch ähnlich klingende Worte dabei gebraucht werden.

Eine weitere Form ist die sogenannte *neutrale Magie*. Sie wird neuerdings von Ärzten der psychosomatischen Schule gebraucht. Sie glauben, neutrale Naturkräfte ohne positives oder negatives Vorzeichen zu Heilzwecken einsetzen zu können. Es liegen mir verschiedene Beispiele vor, die höchst zweideutig sind.

B 88 Ein junger Arzt, der die Hand voll Warzen hatte, fragte den Chef eines psychosomatischen Seminars: »Herr Professor, wie bringe ich die Warzen weg?« Der Professor erwiderte: »Es gibt nur ein probates Mittel, das Besprechen.« Der Arzt befolgte diesen Rat. Der Besprechungsvorgang führte zum vollen Erfolg. Über etwaige Nachwirkungen wurde ich nicht informiert. Der von den Warzen Befreite schweigt darüber.

B 89 Ein junger Psychiater fragte den Chef einer psychiatrischen Klinik: »Herr Professor, wie kriege ich meine Warzen weg?« Der Professor gab folgenden Rat: »Binden Sie die Warzen mit einem schwarzen Faden ein. Machen Sie soviel Knoten an den Faden, wie Sie Warzen haben, und legen Sie den Faden unter Anwendung eines magischen Spruches unter eine Dachrinne. Dann sind Sie diese häßlichen Dinger los.« Der Arzt meinte zunächst, das wäre ein Witz. Schließlich ließ er sich zu einem Versuch überreden. Das Experiment gelang wider Erwarten. Die Warzen waren weg.

Neutrale Magie ist dieser Vorschlag des Professors nicht. Dieses merkwürdige Rezept steht in dem 6./7. Buch Mose, das nur schwarz- oder weißmagische Sprüche enthält. Bis jetzt konnte diese angeblich neutrale Magie ihre Harmlosigkeit und Neutralität nicht ausweisen. Die Seelsorge bringt laufend den Hinweis, daß Magie Teufelswerk ist, ganz gleich, ob sie unter schwarzer, weißer oder neutraler Flagge segelt.

5. Anwendungsgebiete der Magie

Wie bereits der Abschnitt über die Objekte der Magie gezeigt hat, wird alles, was wir Menschen im Himmel, auf Erden und unter der Erde vorzufinden glauben, in den Abschußbereich der Magie einbezogen. Es gehört zu der weltumspannenden Urrebellion Satans, daß Gott und Christus, Engel und Geister, alle irdischen Lebewesen und die Materie angetastet werden sollen. Es ist schlechterdings unmöglich, in diesem Buch die ungeheuerliche Spannweite der Magie zu beschreiben. Es können also nur einzelne Hauptgebiete angedeutet werden.

Heilen und Krankmachen. Heilungsbeispiele sind schon in großer Zahl gegeben worden. Es folgt also nur eines.

B 90 Eine katholische Frau lag schwerkrank im Krankenhaus. Die Schwerkranke ließ die Schwester rufen und bat sie um folgenden Dienst. Sie erzählte, daß ihre Tochter daheim seit Jahren besessen wäre. Ihre Tochter wäre sehr selten bei klarem Bewußtsein. Als Schwerkranke hätte sie nun die Möglichkeit, ihrer geplagten Tochter zu helfen. Sie bat dann die Schwester und sagte: »Schwester, bevor ich sterbe, verständigen sie bitte meine Angehörigen. Meine besessene Tochter wird dann gebracht. Wir beide wechseln dann das Hemd. Damit nehme ich die Besessenheit meiner Tochter mit ins Grab. Meine Tochter wird dadurch frei.« Die betreuende Schwester hat den Wunsch dieser Sterbenden nicht erfüllt.

Die Umkehrung der Heilung ist das Krankmachen.

B 91 Ein junger Mann wollte sich seiner Wehrdienstpflicht entziehen. Der Vater schickte ihn daher zu einem Besprecher, der ihm eine Krankheit anhängen sollte. Dieses Experiment glückte. Der junge Mann war daraufhin wehrdienstunfähig.

B 92 Ein spiritistisches Medium beichtete, sie würde einem Zirkel angehören, der nicht nur Totenverkehr, sondern auch schwarze Magie pflegt. Ihre Spezialität wäre das magische Krankmachen und der Todeszauber. Sie hätten schon mehrere Morde verübt, die von der Polizei nicht aufgedeckt werden konnten. Auch hätten sie einem Pfarrer zugesetzt, der daraufhin nervöse Störungen bekam und einige Monate arbeitsunfähig war. Das war der Inhalt dieser Beichte. Nachprüfen konnte ich die Aussagen nicht. Lediglich weiß ich, daß jener Pfarrer zur Zeit der magischen Experimente dieses Zirkels längere Zeit krank war.

B 93 Ein Mädchen aus einer streng katholischen Familie heiratete gegen den Willen der Eltern einen evangelischen Mann. Der erstgeborene Sohn aus dieser Verbindung bekam die Kinderlähmung. Die Eltern machten ihrer Tochter Vorwürfe mit dem Hinweis: »Das ist die Strafe für deine Verbindung mit einem evangelischen Mann.« Die katholischen Eltern beauftragten dann einen Magier, den Sohn zu heilen, und dafür die Mutter zu plagen oder krank zu machen. Tatsächlich machte die Heilung des kranken Sohnes überraschend schnelle Fortschritte. Die Mutter dagegen wurde krank. Die Frau wurde mit ganz merkwürdigen Störungen, wie Lähmungserscheinungen, Depressionen, furchtbare Kopfschmerzen usw. in das Krankenhaus eingeliefert. Die Ärzte wurden sich in der Beurteilung der Krankheit nicht klar. Sie machten eine Spezialuntersuchung nach der anderen, Lumbalpunktion, Grundumsatzbestimmung, Aufstellung eines EKG (Elektrokardiogramm) usw. Schließlich holten sie noch einen Hirnspezialisten. Sie fanden bei den wochenlangen Untersuchungen keine Ursache. Schließlich besserte sich das Befinden der Frau überraschend schnell. Sie verlangte ihre Entlassung. Die Ärzte willigten ein. Die katholischen Eltern waren furchtbar erschrocken über diese Wendung und berichteten sofort dem Magier, daß seine Verfolgung unwirksam geworden wäre.

B 94 Ein Schwarzmagier sagte zu einem Mädchen, dem ein

gutsituierter, verheirateter Herr den Hof machte: »Diesen Herrn bringe ich geistig so herunter, daß er seinen Posten verliert.« Es ging nicht lange, da stellten sich bei diesem Herrn nervöse Störungen ein. Er klagte über Klopfgeräusche im Kopf und außer dem Kopf, über Augenflimmern und Beeinträchtigung der Sehschärfe und Denkschärfe.

B 95 Ein Mädchen kam durch eine Evangelisation zum Glauben an Christus. In der ersten Freude über das neu geschenkte Glück versuchte das Mädchen seine Nachbarn auch zu den Vorträgen und Bibelstunden einzuladen. Dort wohnte ein Mann, der eine reichhaltige okkulte Literatur besaß und damit experimentierte. Diesem Mann ging das fröhliche Zeugnis des gläubigen Mädchens auf die Nerven. Der Okkultist erklärte: »Die mache ich verrückt. Die bringe ich soweit, daß sie nicht mehr zur Gemeinde geht.« Nach einigen Wochen setzten tatsächlich bei diesem gläubigen Mädchen Störungen ein. Sie sah Lichtflämmchen im Zimmer und nahm auch Spukerscheinungen wahr. In diesem Zustand kam sie zu mir zur seelsorgerlichen Aussprache.

Liebes- und Haßzauber. Die Beispiele B 93 bis B 95 können auch als Haßzauber angesehen werden. Es folgen hier nur Beispiele zum Liebeszauber.

B 96 Die Älpler, die im September die Kühe von der Gebirgsweide heimtreiben, binden gern drei Kräutlein ins Seil der Leitkuh. Das soll nicht nur als Schmuck dienen, sondern soll Glück in der Liebe bringen.

B 97 Ein Mädchen hatte ein Verhältnis mit einem verheirateten Mann. Eines Tages wechselte dieser Mann seinen Wohnsitz. Vor der Abreise erklärte er seiner Freundin: »Wenn wir jetzt auch getrennt sind, so werde ich dich doch laufend besuchen. Allerdings nicht so, daß ich hierher zurückfahre. Ich werde dir nur im Traum begegnen. Du weißt ja, was ein Mann von einem Mädchen will. Ich kann mir jederzeit nehmen, was ich brauche, ohne daß du es hindern kannst. Du wirst nie etwas gegen mich unternehmen können, weil du keine Beweise dafür haben wirst.« Das Mädchen verstand zunächst nicht viel von dieser seltsamen Erklärung. Bereits eine Woche nach der Abreise des Freundes spürte sie in der Nacht plötzlich seine Gegenwart. Die Besuche wiederholten sich immer wieder, bis dem Mädchen diese merkwürdigen Begegnungen unheimlich und zum Ekel wurden. Sie nahm zunächst ärztliche Hilfe in Anspruch. Wie es nicht anders zu erwarten war, erklärte der Arzt diese nächtlichen psychischen Begegnungen für sexuelle Halluzinationen im Anfangsstadium der Schizophrenie. Das Mädchen, das geistig völlig klar ist, anerkennt diese Diagnose des Arztes nicht, sondern ist der Meinung, daß hier andere Dinge mitspielen.

Verfolgung und Abwehr gehören zur häufigsten Anwendungsform der Magie.

B 98 Zwei Frauen aus Bessarabien, die sich jahrelang mit der schwarzen Magie befaßten, gerieten in Streit. Beide wandten ihre magischen Kräfte zur Verfolgung der anderen an. Die eine Frau stürzte bei diesem Kampf ohne sichtbare Ursache zu Boden, empfand Lähmungserscheinungen und konnte sich nicht mehr erheben. Sie fluchte und lästerte gegen ihre Gegnerin. Als man sie vom Boden aufgehoben hatte, schrie sie die andere Magierin mit den Worten an: »Du kommst nicht mehr lebendig aus diesem Haus. Ich sorge dafür.« Nach drei Tagen bekam die Bedrohte unerhörte Kopfschmerzen, und nach acht Tagen war sie tot.

B 99 Ein Kind schrie in jeder Nacht von 11 bis 1 Uhr. Die verzweifelte Mutter ließ sich von einem Magier beraten. Es wurde ihr gesagt, sie sollte ein Messer, eine Gabel und eine Schere unter das Kopfkissen des Kindes legen, dann würden die Belästigungen aufhören. Ferner sollte sich durch diese magische Abwehr der betreffende Übeltäter verletzen. Die geplagte Mutter befolgte diesen Rat. Als tags darauf die Zimmerfrau einen Verband trug, war sie der Überzeugung, daß die Zimmerfrau die Urheberin der nächtlichen Belästigungen wäre.

B 100 Ein Bauer beobachtete, daß die Milch einer Kuh blutig war. Er machte die blutige Milch nachts zwischen 11 und 12 Uhr heiß, schlug mit einer Sichel hinein und murmelte einen Spruch dazu. Am nächsten Tag hatte eine Nachbarsfrau Gesichtsverletzungen. Er nahm nun an, daß diese Frau seine Kuh verhext hätte.

Bannen und Lösen werden von manchen Magiern als Sport betrieben, andere verfolgen damit ihre egoistischen Interessen.

B 101 Ein Mann in einem christlichen Erholungsheim besaß die Fähigkeit des magischen Bannens und Lösens. Er konnte Leute auf der Straße stehen lassen, daß sie nicht weiter konnten. Auch Kinder konnte er bannen, daß sie nicht mehr sprechen oder nur einen Schritt weitergehen konnten. Dieser Mann galt als gläubiger Christ.

B 102 Ein Heilmagnetiseur in der Schweiz mit einem amtlichen Gewerbeschein behandelt seine Patienten mit Formeln der weißen Magie. Er verwendet entweder die drei höchsten Namen oder auch drei Vaterunser. Um dieser frommen Worte willen halten ihn seine Patienten für einen christlichen Mann. Dieser Magnetiseur verfügt über magische Kräfte. Wenn ein Patient nicht ordnungsgemäß bezahlt, dann wird er gebannt. Der Patient kommt bei seiner Abreise bis zum Bahnhof, kann dann aber nicht in den Zug einsteigen. Die Bahnbeamten, die von den magischen Kräften des Magnetiseurs aus vielfachen Beobachtungen heraus wissen, sagen dann lachend zu dem Patienten: »Bezahlen Sie erst den Magnetiseur, dann kommen Sie wieder und reisen mit.«

B 103 Ein Schullehrer befaßte sich jahrelang mit der schwarzen Magie. Er beschaffte sich nicht nur Literatur darüber, sondern probierte die magischen Experimente aus. Seine Versuchsobjekte waren seine Kinder in der Schule. Er rief Kinder auf, indem er gleichzeitig einen Bannspruch anwandte. Das aufgerufene Kind konnte weder vom Platz aufstehen noch sprechen. Erst wenn er den Lösespruch sagte, erhob sich das Kind und gab Antwort. Diese Methode des Bannens und Lösens wandte er auch als Strafe an. Nachdem er sich jahrelang an den Kindern in der Schule geübt hatte, nahm er als weitere Versuchsobjekte die eigene Frau und Tochter. Er beherrschte seine Angehörigen so vollkommen, daß er sie nach Belieben bannte. Frau und Tochter konnten manchmal stundenlang, ja auch tagelang kein Wort mehr hervorbringen. Die Ehefrau ging seelisch zugrunde und starb. Die zweite Frau lief nach dem ersten Bannversuch des Mannes aus dem Hause und kam nie mehr zurück. Der Vater verging sich daraufhin sexuell an seiner Tochter. Die Tochter war in ihrer Abwehr dem Vater gegenüber machtlos. Als der Vater sich einer dritten Frau zuwandte, bannte er seine Tochter. Es stellte sich eine dauernde Sprechlähmung ein. Da die Tochter dem Vater, der sich vielen Frauen zuwandte, im Wege stand, wurde sie von ihrem eigenen Vater in eine Nervenheilanstalt verbracht. Es gelang den Ärzten nicht, die Sprechlähmung des Mädchens zu beseitigen. Die Verwandten des Mädchens, welche von den entsetzlichen Familienverhältnissen des Lehrers wissen, dürfen nach dem Verbot des Vaters das unglückliche Mädchen im Irrenhaus nicht besuchen.

Todeszauber an Tieren und Menschen gehört zum dunkelsten Gebiet der Magie. Es liegen mir diesbezüglich verschiedene

Missionsberichte vor. Nur wenige Menschen wissen, daß solche Dinge auch in Europa praktiziert werden. Auch wenn sich die Wirksamkeit des Todeszaubers nicht nachweisen läßt, so bedeuten doch schon derartige Gebräuche einen Tiefstand unserer Kultur.

B 104 Ein Experte der schwarzen Magie spezialisierte sich vor allem auf die magische Verfolgung, den Todeszauber und den Stallzauber. Er bewerkstelligte es, mit Hilfe der schwarzen Kunst in vier Tagen eine Kuh zu töten. So berichtete mir der Enkel dieses Mannes.

B 105 Eine Frau trieb jahrelang schwarze Magie. Sie besaß ganz gefährliche Zauberbücher, z. B. das 6./7. Buch Mose, das »Quellbuch«, den »geistlichen Schild« und noch viele andere okkulte Literatur. Sie experimentierte auf dem Gebiet der magischen Verfolgung und des magischen Todeszaubers. Sie rühmte sich selbst: »Ich habe meinen Mann und meine Tochter weggeputzt.« Ihre Feinde verfolgte sie mit Krankheiten. Sie erklärte, sie könnte Hautausschläge, Durchfall, Herzbeschwerden, Juckreiz, Magenschmerzen, Anschwellung des Leibes und andere Dinge bei ihren Feinden hervorrufen. Nachdem sie ihre ganze Familie auf diese Weise, wie sie selbst sagte, in den Tod getrieben hatte, wurde sie mit Hilfe eines Pfarrers Gemeindeschwester. Die Frau betreibt auch heute noch nach wie vor ihre magische Praxis. Sie ist verschlossen gegen alles Göttliche. Jesus nennt sie einen Hurenbub und Halunken. An kirchlichen Festtagen hat sie schreckliche Wut- und Lästeranfälle. In guten Stunden hat sie Gewissensbisse und erklärt: »Mein Leben ist versaut. Ich will das gar nicht machen, wozu ich getrieben bin. Aber ich muß es tun, der Teufel reitet mich. Ich kann nicht mehr zur Ruhe kommen.«

B 106 Ein verheirateter Mann ließ sich mit einem älteren ledigen Mädchen zu ehebrecherischen Beziehungen ein. Dieses Mädchen hat den Ruf, daß es mit schwarzer Magie arbeitet. Eines Tages wurde dieser Mann des unerlaubten Verhältnisses überdrüssig. Er erklärte seiner Freundin, daß er nicht mehr zu ihr kommen würde. Seine Geliebte war darüber aufgebracht und drohte ihm: »Du hast eine Frau und zwei Kinder, die müssen daran glauben!« Der Mann ließ sich nicht einschüchtern und blieb bei seinem Entschluß. Zwei Tage nach der Trennung wurde sein Sohn krank, kam ins Krankenhaus und starb. Es war eine merkwürdige Krankheit, die von den Ärzten nicht diagnostiziert werden konnte. Nach einigen weiteren Tagen erkrankte auch die Frau und die Tochter. Der Mann erschrak und erinnerte sich der Drohung der magischen Besprecherin, mit der er das ehebrecherische Verhältnis hatte. Er eilte zu ihr und bat sie inständig, sie möchte doch nicht die schwarze Magie gegen ihn anwenden. Sie ließ sich erweichen und erklärte: »Gut, ich will davon absehen.« Daraufhin wurde Frau und Tochter wieder schnell gesund.

B 107 Bei einer Evangelisation kam ein Mann zur seelsorgerlichen Aussprache und berichtete aus seinem Heimatdorf folgenden Fall. Einem Nachbarn wurde eine neue Säge gestohlen. Der Diebstahl geschah am hellen Tag und wurde beobachtet. Dem Bestohlenen wurde die Tat und der Name des Diebes sofort gemeldet. Der Eigentümer der Säge begnügte sich nun nicht mit der Anzeige bei der Polizei. Er ging zu einem Mann, der mit Hilfe der schwarzen Magie Experimente der magischen Verfolgung durchführte. Der Bestohlene trug sein Anliegen vor und bezahlte den magischen Fachmann recht gut. Dieser Okkultist versprach sofortige Hilfe und erklärte: »Der Dieb muß verrecken!« Der Bestohlene fuhr in sein Heimatdorf zurück. Drei Stunden nach der Konsultation bei dem Okkultisten traf den Dieb ein Herzschlag.

6. Der magische Ritus

Die Magie trägt in allen ihren Formen und Gebräuchen das Gepräge einer Teufelsreligion. Sie ist in allem eine Nachäffung der biblischen Glaubenswelt.

Die magische Liturgie ist das Gegenstück der biblischen Gottesanbetung und Gottesdienstform. Eine magische Handlung besteht gewöhnlich aus vier Elementen: Anruf, Spruch, Symbolhandlung, Verwendung eines Fetischs. Der Anruf erfolgt an die Dreieinigkeit oder an Satan. Er entscheidet, ob schwarze oder weiße Magie zum Einsatz kommen soll. Der Anruf ist das Gegenstück unserer Gebetsanrede: »Unser Vater« oder »Herr Jesus Christus.« Der Spruch löst dann die magischen Kräfte zur Wirkung aus. Der Zauberspruch ist das Gegenstück des Bibelwortes oder des biblischen Gebetes. Die Symbolhandlung unterstreicht den Spruch und äfft die biblischen Symbolhandlungen, etwa der Handauflegung oder Gebetsformen, nach. Die Verwendung eines Fetischs, eines magisch kraftgeladenen Stoffes, entspricht etwa im christlichen Raum der Verwendung von Wasser oder Brot und Wein.

B 108 Ein Bauernsohn litt wiederholt unter starken Schmerzen am Knie. Nach dem Rat einer Besprecherin nahm er folgende magische Behandlung vor. Er ging zur Zeit des abnehmenden Mondes nachts auf das Feld. Er rief die Dreieinigkeit an, sagte einen magischen Spruch, salbte sein Knie mit Öl und warf dem Mond Küsse zu. Die Schmerzen waren daraufhin weg.

Dieses Beispiel enthält folgendes: Anruf an die Dreieinigkeit entscheidet die Form der Magie, hier also weiße Magie. Der magische Spruch tritt an die Stelle des Gebetes. Die Ölsalbung ist die symbolische Handlung. Der Mond wird als Fetisch benützt. Wie er abnimmt, so sollen die Schmerzen abnehmen.

Die magische Symbolik soll den magischen Spruch wirkungskräftig unterstützen. Gleichzeitig findet hier ein Übertragungszauber statt. Über das Wesen der okkulten Übertragung kann hier aus Raummangel nicht berichtet werden. Beispiele sollen das Problem zeigen.

B 109 Prof. Frobenius, der bekannte Höhlenforscher, berichtete in einem Vortrag, daß manche der Höhlenzeichnungen der Steinzeitmenschen sich als Jagdzauber verstehen ließen. Manche der bezeichneten Tiere sind mit Wunden versehen. Diese Beobachtungen würden mit dem Jagdzauber der Primitiven in Afrika übereinstimmen. Ein Afrikareisender erzählte, daß eingeborene Stämme manchmal einen Jagdzauber anwenden und tatsächlich damit Erfolg haben. Sie zeichnen Tiere und beschießen unter magischen Sprüchen das Gemälde. Am gleichen Tag werden dann bei der Jagd Tiere aufgefunden, welche die gleichen Verwundungen haben wie die beschossene Zeichnung. Dieser primitive Jagdzauber entspricht wiederum Beobachtungen in Deutschland. Werden menschliche oder tierische Phantome verletzt, dann wird damit das Medium in der gleichen Weise getroffen.

B 110 Gegen Zahnschmerzen wird im Bereich des magischen Besprechens folgendes Rezept empfohlen. Ein neuer Nagel muß dreimal in das Zahnfleisch gestoßen werden. Dann soll der Nagel im Keller gegen Osten mit einem magischen Spruch vergraben werden.

B 111 Ein Schulkind wurde gegen eine Geschwulst am Arm besprochen. Unter Anwendung eines Zauberspruches wurde ein Hühnerei vergraben und ein Stein obenauf gelegt. In dem Maße, wie das Ei in der Erde verfaulte, ging die Geschwulst zurück. Der Symbolzauber hatte zum Erfolg geführt.

Die Symbolhandlung wird gewöhnlich durch einen Fetisch unterstützt. Unter Fetisch versteht man einen magisch geladenen Gegenstand. Der Fetisch soll Kraftträger sein. Meistens werden absurde Dinge als Fetische genommen, z. B. Menschenknochen, Fledermäuse, Urin, Kot, Schamhaare, Fingernägel, Sargholz und vieles andere. Zum Fetisch kann jeder Gegenstand werden, der magisch besprochen und aufgeladen wurde. Ein Beispiel:

B 112 Eine Predigersfrau erhielt von einer gläubigen Gemeinschaftsfrau eine Salbe, die von einem magischen Besprecher unter Besprechungsformeln hergestellt worden war. Die Salbe half rasch. Sie wirkte nicht als Medikament, sondern als Fetisch, als kraftgeladenes Mittel. Nach dieser Kur brach die Predigersfrau den Arm. Ihre Tochter, die vorher im Glaubensleben gute Fortschritte gemacht hatte, konnte von dieser Zeit an nicht mehr glauben und beten

B 113 Bei einer Evangelisation in der Schweiz wurde mir in der Seelsorge berichtet, daß ein katholisches Kloster gegen Krankheiten und Seuchen Amulette (Fetische) an die Bevölkerung abgibt. Es handelt sich um kleine Beutelchen. Ein Neugieriger schnitt ein solches Beutelchen auf. Es waren Fußnägel und Eierschalen darin. Dieser Bericht klingt sehr unwahrscheinlich. Leider mußte ich oft feststellen, daß manche Klöster Magie treiben.

Das magische Wort ist in seiner Bedeutung sehr umstritten. Ein bekannter Vertreter des Besprechens, Traugott Egloff in Zürich, spricht von der Unmittelbarkeit des Wortes und erklärt, das Wort sei eine Kraft an sich, die Wunder vollbringt. Wir meinen, benützt der Besprecher Bibelworte, so löst er sie von Gott, isoliert sie und vergötzt das gesprochene Wort. Er stellt das Geschaffene gegen den Schöpfer. Diese Isolierung des Wortes führt zum mechanischen Gebrauch und damit zu einer Entleerung. Prof. Bender sagt in dieser Hinsicht: »Das Mechanistische ist das eigentlich Magische und Diabolische.«

Von Gott losgelöstes und isoliertes Wort kann aber nicht als selbständige Größe unabhängig existieren. Fremde Inhalte strömen ein. Was von Gott gelöst und abgefallen ist, verfällt den Dämonen. Darum ist der mechanische und magische Gebrauch der Bibelworte Dämonie und Zauberei. Das Gotteswort, zum Heil des Menschen gegeben, wird zur magischen Technik, zum Unheil und Belastung des Menschen.

Wir stellen also der Auffassung der Besprecher entgegen, daß das Wort nicht unmittelbar, sondern neutrales Instrument ist. Es kann gut oder böse benützt werden. Es kommt auf die Inspiration von oben oder unten an, die hinter dem Wort steht. Der bevollmächtigte Zeuge Jesu gebraucht das Wort als von Gott autorisiert. Der Magier, der Besprecher, gebraucht das Wort als dämonisiertes Instrument der Zauberei.

B 114 Ein Pfarrer erzählte mir, wie er in seiner Gemeinde einen seltsamen Sterbefall hatte. Ein Mann lag im Sterben, der im Ruf der Zauberei stand. 14 Tage lang stöhnte der Sterbende: »Nehmt mir das Wort ab, nehmt mir das Wort ab, daß ich zur Ruhe komme.« Die Angehörigen gingen zum Pfarrer, um sich beraten zu lassen. Er warnte davor, auf die Bitte des Sterbenden einzugehen. Nach furchtbaren Qualen starb der Besprecher. Der Pfarrer erklärte, der Mann hätte kohlschwarz im Sarg gelegen. Viele Zauberer kommen erst dann zur Ruhe, wenn man ihnen den magischen Spruch abgenommen und damit die Verpflichtung zum weiteren Besprechen übernommen hat.

Das magische Ritual. Es gibt Zauberbücher, welche für die Magier die gleiche Bedeutung haben wie bei den Christen die Bibel oder ein gottesdienstliches Buch. Okkulte Literatur existiert in großer Häufung. Am verbreitetsten ist in der Gegenwart das 6./7. Buch Mose. Leider hat ein Verlag in Braunschweig neue Auflagen dieses Buches herausgebracht. Das Buch hat mit Mose nichts zu tun. Diese Bezeichnung ist nur ein Deckname. Die Magier wollten in dem Stabwunder Moses Zauberei erblicken. Deshalb meinten sie, ihn zu ihrem Schutzherrn erheben zu können. Das 6. Buch zeigt, wie der Mensch mit dem Teufel in Verbindung kommen kann. Das 7. Buch gibt Anweisungen, wie der Mensch sich alle irdischen, himmlischen und höllischen Kräfte durch Zauberei untertan machen kann. Es sind Zauberbücher, die in unserem Volk schon grauenhaftes Unheil angerichtet haben. Menschen, die dieses Buch lesen, sind Unglücksmenschen; Häuser, in denen dieses Buch aufbewahrt wird, sind Unglückshäuser. B 66 und B 68 gehören in diese Reihe. Beispiele liegen in großer Zahl vor, und werden in Teil 4 des Buches dargestellt.

7. Folgen der Magie und ihre Überwindung

Alle Beispiele der Seelsorge zeigen die furchtbaren Folgen der Magie. Magische Hilfe muß teuer bezahlt werden.

Das Prinzip der Ersatzleistung. Die Magie läuft in fast allen ihren Formen parallel – wenigstens dem Scheine nach – zu biblischen Tatsachen. In der Frage ihrer Wirksamkeit allerdings steht sie entgegengesetzt. Göttliche Hilfe und Wunder wirken stärkend und aufbauend, magische Hilfe zerstört und reißt nieder. Die Magie bringt nur Scheinhilfe, schwerwiegende Verlagerungen auf andere Gebiete. Geringe Entlastungen in einem Bereich werden mit furchtbaren Belastungen in anderen Bereichen bezahlt. Die Ersatzleistung beträgt ein Vielfaches der erfahrenen Scheinhilfe. So ungeheuer betrügt Satan seine Opfer. Dazu zwei Beispiele:

B 115 Bei der Geburt eines Kindes stellte die Hebamme einen Bruch bei dem Säugling fest. Der Bruch wurde nicht durch einen Arzt behandelt, sondern die Hebamme gab den Angehörigen den Rat, vom Stuhl des Kindes zu nehmen und ihn an einem Platz zu begraben, wo keine Sonne und kein Mond hinkommt. Die Angehörigen gingen auf diesen merkwürdigen Rat ein. Der Bruch des Säuglings verschwand. Als das Kind heranwuchs, stellte sich im Nasenbein eine Eiterung ein. Es floß immer Eiter aus der Nase. Keine ärztliche Behandlung konnte helfen. Heute ist das Mädchen 28 Jahre alt, und die Störungen in der Nasenhöhle sind immer noch nicht beseitigt. Außer diesen Störungen im Nasenbein leidet sie unter einem Fluchzwang. Sie muß oft toben und lästern und wird geschüttelt, ohne die Ursachen zu erkennen.

B 116 Ein Mann beschäftigte sich an Hand des 6./7. Buch Moses jahrelang mit der schwarzen Magie. Er endete im Irrenhaus. Seine Frau trieb die schwarze Kunst weiter. Sie erlitt das gleiche Los. Dann übernahm der Sohn die okkulte Literatur seiner Eltern. Auch er endete in der Pflegeanstalt. Dann führte seine Frau die okkulte Tradition weiter. Auch sie wurde geistesgestört und mußte interniert werden. Die ganze Familie war also an diesem 6./7. Buch Mose und der schwarzen Kunst zerbrochen. Dann übernahm ein Nachbar, der mit dieser heimgesuchten Familie befreundet war, die okkulte Literatur. Auch ihn trieb der Aberwitz und die Neugierde, die schwarzmagischen Formeln auszuprobieren. Auch er wiederum wurde ein Opfer der schwarzen Kunst und kam ins Irrenhaus.

Die falsche Abwehr. Es taucht nun die Frage auf, wie man der schwarzen Magie begegnen kann. Gibt es eine wirksame Abwehr? Im magischen Brauchtum des Volkes besteht die Meinung, man könnte die schwarze Magie mit weißer Magie entkräften. Schon die Praxis zeigt, daß diese Form der Hilfe nicht funktioniert. Grundsätzlich gesehen ist das auch nicht möglich, da weiße Magie den gleichen dämonischen Charakter besitzt wie die schwarze Magie. Hier würde ja der Teufel mit sich selbst uneins werden. Gelegentlich kommt es aber vor, daß ein Magier den anderen abwehren kann. Das beruht dann aber auf der größeren magischen Kraft des Siegers. Es findet hier ein Duell statt, bei dem der Stärkere siegt. Im Grunde genommen kämpfen natürlich beide im gleichen Lager. Bei den Boxkämpfen gewinnt auch der Stärkere, deshalb sind doch beide Boxer. Ein magisches Duell wird in B 98 gezeigt.

Die geistlichen Waffen. Paulus sagt: »Die Waffen unserer Ritterschaft sind geistlich und nicht fleischlich« (2. Kor. 10,4). Jeder magische Vorgang kann durch gläubiges Gebet gehindert werden. Hier zeigt sich auch, daß weiße und schwarze Magie eins sind. Beide reagieren auf echtes Gebet in gleicher Weise. Einige Beispiele:

B 117 Ein gläubiger Mann holte zu seinem kranken Sohn einen Heilmagnetiseur. Der gläubige Vater betete innerlich, daß Christus die Heilung verhüten möchte, wenn der Mann nicht mit rechten Kräften arbeiten würde. Der Heilpraktiker erschien, sah sich den Patienten an und erklärte spontan: »Hier kann ich nicht helfen.«

B 118 Ein Mann hatte eine Knochentuberkulose, die nach der Art der weißen Magie besprochen wurde. Die Schmerzen ließen nach dem Besprechen sofort nach. Der Mann beschäftigte sich mit verschiedenen Formen der Magie. Er bewahrte eine Menge Zauberbücher in seiner Wohnung auf, z. B. »Die sieben Himmelsriegel«, den »Tobiassegen«, den »Schutzbrief des Johannes«, Kettenbriefe und Glücksbriefe. Er führte sogar solche Schutzbriefe in die Kleider eingenäht mit sich. Eines Tages, in seiner großen seelischen Not, suchte er den Weg zu Christus. Er versuchte zu beten und konnte nicht. Auf der einen Seite trug er ein großes Verlangen darnach, zu Christus zu kommen, andererseits empfand er wieder einen lebhaften Widerwillen und Ekel vor Christus und Gottes Wort. Diese Not führte ihn zur seelsorgerlichen Aussprache, bei der er seine ganzen Zauberbücher ablieferte. Es trat in seinem seelischen Befinden dabei eine spürbare Erleichterung und Entspannung ein.

B 119 Eine Frau, die sich zur Kirche und christlichen Gemeinschaft hielt, wurde schwermütig. In einem depressiven Anfall öffnete sie sich die Pulsadern. Ihre Hausgenossen fanden sie rechtzeitig und riefen sofort einen Arzt herbei. Durch Bluttransfusionen wurde sie gerettet. Nach diesem Vorfall besuchte die Frau einen mit mir befreundeten Beamten, der die hilfesuchende Frau an einen gläubigen Arzt verwies. Da die Reise zu dem gläubigen Arzt ungelegen kam, ließ sie sich von einem Kirchenältesten beraten. Dieser merkwürdige Christ wies die Frau an einen magischen Besprecher. Die Frau befolgte den Rat und suchte den magischen Heiler auf. Dieser Wunderdoktor erklärte der erstaunten Frau: »In Ihrem Fall kann ich nicht helfen, es wird für Sie gebetet. Wenn die Leute mit der Fürbitte aufhören, dürfen Sie wieder kommen. Dann kann ich Sie gesund machen.« Der mit mir befreundete Beamte berichtete mir diesen Vorfall und fügte hinzu, daß er und seine Frau schon lange für diese Schwermütige beteten.

B 120 Ein Okkultist wollte einen Abend mit okkulten Experimenten durchführen. Der gläubige Ortspfarrer bat einige gleichgesinnte Männer zu sich. Sie besuchten die Veranstaltung und beteten während der Vorführung. Dem Okkultisten gelangen an diesem Abend die Experimente nicht. Schließlich erklärte der Mann aufgeregt, es wären Störungen und Gegenströmungen da, die Störenfriede möchten den Saal verlassen. Die gläubigen Männer leisteten dieser Aufforderung nicht Folge, denn sie hatten ja das Eintrittsgeld bezahlt. Dieser okkulte Experimentalvortrag ist daher mißlungen.

B 121 Ein christliches Ehepaar wohnte im Haus einer Frau,

die sich auf die schwarze Kunst verstand. Die Magierin erklärte eines Tages, sie wüßte, wie man Menschen »um die Ecke bringt«, ohne daß sie es merken. Diese Schwarzkünstlerin führte magische Experimente durch, indem sie versuchte, ihr unangenehme Menschen zu beeinflussen und zu quälen. Als die bei ihr wohnende Familie ganz und gar ihr Leben unter den Schutz Christi stellte, schäumte die Schwarzmagierin vor Wut, weil sie mit ihrem Einfluß bei der Mietspartei nicht mehr durchkam.

B 122 Ein Ingenieur mit einer Lähmung ließ sich von einem Besprecher magisch behandeln. Zwei gläubige Schwestern von ihm beteten viel für die Heilung des Bruders. Der Besprecher drang mit seiner Behandlung nicht durch und erklärte: »Ich kann Ihnen nicht helfen. Es betet jemand für Sie.«

Diese Beispiele zeigen den Tatbestand, daß echtes Gebet die Magie hindert, und daß magisch behandelte Menschen im Beten und Glauben gestört sind. Die Magie kann also mit den geistlichen Waffen der Bibel abgewehrt werden.

Die Befreiung durch Christus. Psychiater, Psychotherapeuten, und Psychologen sind für die Behandlung magisch belasteter Menschen nicht zuständig. Die magische oder okkulte Belastung ist kein medizinisches oder psychologisches Problem, sondern ein biblisch seelsorgerlicher Tatbestand. Entlastungen und Befreiungen gibt es nur durch Christus. Nur wenn der belastete Mensch zu Christus kommen will, ist echte und ganze Hilfe möglich.

B 123 Missionarin M. S. lernte in einer christlichen Pension ein Mädchen kennen, das sich in der Jugend dem Teufel blutsverschrieben hatte. Die Leiterin des Heimes erklärte der Missionarin, daß sie mit diesem Mädchen nicht fertig würde. Die Missionarin ließ das Mädchen zu sich in das Zimmer kommen und nahm mit ihr den Kampf auf. Ihre seelsorgerliche Betreuung und Fürbitte führten zu einer völligen Befreiung des besessenen Mädchens.

B 124 Ein junger Mann warb um ein Mädchen einer höheren Gesellschaftsschicht. Normalerweise durfte er wenig Aussicht auf Erfolg haben. Um zum Ziel zu kommen, vollzog er eine Blutsverschreibung an den Teufel. Er ritzte sich den Finger an, schrieb mit dem Blut einen Vertrag und legte den Zettel in eine Höhle. Auf diese Weise wollte er sich die Kraft zu einem magischen Liebeszauber verschaffen. Kurze Zeit nach dieser Blutsverschreibung bekam er es mit der Angst zu tun. Er wollte den Vertrag rückgängig machen, suchte die Höhle auf, fand aber den Blutsvertrag nicht mehr. Er erhielt das Jawort des Mädchens und führte eine sehr glückliche Ehe mit ihr. Sie war eine ausnehmend hübsche, junge Frau. Als die junge Gattin Zwillinge entband, waren die beiden Kinder gräßlich entstellt. Die Frau war zu Tode erschrocken und starb im Kindbett. Der Mann hatte von dem Zeitpunkt der Blutsverschreibung an Tag und Nacht keine Ruhe mehr. Seine Not trieb ihn schließlich in die Seelsorge. Er legte eine Generalbeichte ab, sagte sich von allen finsteren Mächten los und übergab sein Leben Jesus Christus. Nach seiner Umkehr war er ein lebendiger Zeuge für Christus. Eineinhalb Jahre nach dieser Lebenswende durfte er im Frieden mit Gott in die Ewigkeit gehen.

B 125 Ein Mädchen heiratete einen Mann, der das 6./7. Buch Mose mit in die Ehe brachte. Die junge Frau erlitt in ihrer jungen Ehe schwere Angstzustände. Sie sah Spukerscheinungen und empfand oft nachts, als wollte ihr eine unsichtbare Macht die Kehle abdrücken. Der Mann war ein jähzorniger Tyrann. Er schlug seine Frau. Wenn Kinder unterwegs waren, zwang er sie, mit Tabletten die Frucht abzutreiben. Von seiner Frau verlangte er perverse Dinge. Schließlich wollte die junge Frau ihren Qualen ein Ende bereiten. Sie nahm acht Schlaftabletten und Salmiak, um freiwillig aus dem Leben zu gehen. Sie konnte aber noch gerettet werden. Dann nahm sie seelsorgerliche Hilfe in Anspruch und drang zur Glaubensgewißheit durch.

B 126 Eine Frau wohnte jahrelang bei einer magischen Besprecherin. Nachts wurde sie durch merkwürdige Spukereignisse geängstigt. So erschien oft eine schwarze Gestalt, oder sie beobachtete Schlangen im Zimmer. In ihrer Angst und seelischen Not kam sie zur seelsorgerlichen Aussprache. Sie übergab im Glauben ihr Leben an Christus. Jeden Abend stellte sie sich bewußt unter göttlichen Schutz. Von dieser Zeit an waren die Spukphänomene völlig verschwunden.

B 127 Eine Dekansfrau war gemütskrank. Außerdem zeigten sich bei ihr verschiedene mediale Fähigkeiten. Sie hatte visuelle und akustische Halluzinationen. Zur Pflege wurde dieser kranken Frau ein gläubiges, schwäbisches Mädchen beigegeben. Das Mädchen setzte sich in der Fürbitte für die Frau Dekan ein. Es gewann nach und nach den Eindruck, daß die Patientin nicht nur seelisch krank, sondern auch okkult belastet war. Als die Frau Dekan eines Tages wieder einen Anfall hatte, gebot das Mädchen im Namen Jesu den finsteren Mächten auszufahren. Sofort wurde die Patientin ruhig.

B 128 Eine gläubige Frau setzte sich in der Fürbitte für eine Schwermütige ein. Die Schwermütige wurde von ihren Depressionen darnach völlig frei. Sie wurde wieder ein fröhliches Menschenkind. Die gläubige Beterin erlebte aber von dieser Zeit an seltsame Anfechtungen in der Nacht. Sie hatte das Gefühl, als ob jemand im Zimmer wäre, der sie umbringen wollte. Die Frau schlotterte am ganzen Körper und bekam eine unheimliche Angst. Schließlich rief sie im Gebet Christus an und gebot der Finsternismacht, im Namen Jesu zu weichen. Die unheimliche Macht wich, und sie hatte in Zukunft keine Anfechtungen mehr.

B 129 Der Gottesmann Alfred Zeller, Begründer der Männedorfer Anstalten, wurde von einer Frau um Rat gebeten. Ihr Kind wurde jede Nacht von 12 bis 1 Uhr geplagt und schrie schrecklich auf. Zeller fragte die Frau nach der Pflege des Kindes, ob das Kind keinen Hunger hätte, ob es trocken wäre, ob es nicht fror, ob es keine Ernährungsstörungen hätte und dergleichen mehr. Er konnte die Meinung der Frau, es würde sich um eine magische Verfolgung handeln, nicht teilen. Weil die Frau ihn immer wieder aufsuchte, fand er sich endlich bereit, in die Wohnung zu kommen und mit dem Kind unter Handauflegung zu beten. Während Alfred Zeller mit dem Kind betete, ging die Tür auf, und ein kleines verhutzeltes Männlein mit einem stechenden Blick trat ein. Ohne Gruß fragte der Eintretende: »Was geht hier vor?« Zeller schaute den Eindringling an. Im gleichen Augenblick traf ihn ein vernichtender Blick des unheimlichen Fremden. Zeller betete innerlich und erwiderte den stechenden Blick des Mannes. Es kam zu einem geistigen Duell. Beide Männer ließen sich mit ihrem Blick nicht los. Zeller betete innerlich: »Jesus ist Sieger!« Da brach der starre Blick des Fremden. Zeller hatte durch die Anrufung Jesu Christi gesiegt. Der Fremde eilte hinunter an den See und ging ins Wasser. Am nächsten Tag wurde seine Leiche aufgefunden.

Alle diese Beispiele der Seelsorge zeigen, daß die Auswirkungen der Magie durch Christus restlos überwunden werden. Wen der Sohn Gottes freimacht, der ist recht frei. »Dazu ist erschienen der Sohn Gottes, daß er die Werke des Teufels zerstöre« (l. Joh. 3,8). »Christus hat uns errettet von der Obrigkeit der Finsternis« (Kol. 1,13). Wie die seelsorgerliche Führung in der Frage des Freiwerdens sich im einzelnen gestaltet, ist in meinen Büchern »Seelsorge und Okkultismus« und »Heilung und Befreiung« ausführlich behandelt. Im Bücherverzeichnis am Schluß sind diese Veröffentlichungen vermerkt. Stichwortartig darf hier der Weg zur Befreiung angedeutet werden.

Wer nur frei werden will, ohne zu Christus zu kommen, erlebt keine entscheidende Hilfe. Eine magische Belastung ist keine Krankheit, wie die meisten Psychiater sagen, sondern eine Beeinflussung dämonischer Mächte. Gläubige Psychiater sind darin mit mir eins. Um einen solchen Tatbestand zu erkennen, muß man Augen haben, die vom Geist Gottes geöffnet sind. Hier genügt ein medizinisches oder theologisches Studium allein nicht. Beim Vorgang des Freiwerdens ist eine Generalbeichte geraten. Beichten ist freiwillig. Ich erlebte aber auf diesem Gebiet noch keine Entlastung ohne Beichte. Erforderlich ist ein Lossagegebet von den dunklen Mächten. Unter Umständen darf der Seelsorger im Namen Jesu gebieten. Von großer Bedeutung ist der Einsatz eines kleinen Gebetskreises zugunsten des Belasteten. Es gibt auch heute noch Christen, die zur Unterstützung der Fürbitte fasten. Sie befinden sich damit auf biblischem Boden (Mt. 17,21). Der Befreite muß treu sein im Gebrauch der Gnadenmittel Apg. 2,42: Wort Gottes, Gemeinschaft der Gläubigen, Brotbrechen, Gebet.

Der Endsieg ist unseres Herrn Jesus Christus. Sein Name sei gelobt über alles!

III.

DER SPIRITISMUS

AUS DER SICHT DER SEELSORGE

Der Spiritismus ist zu einer weltweiten Bedrohung der christlichen Gemeinde und der christlichen Botschaft geworden. Der evangelistische Reisedienst zeigt, in welcher Vielfalt Menschen, auch solche, die sich Christen nennen, in den Bann der spiritistischen Irrlichter geraten sind.

So erzählte mir ein Gymnasialdirektor aus Rio de Janeiro, daß es in Brasilien rund 50 Millionen Spiritisten gäbe. Bei meinen acht Besuchen in Brasilien lernte ich die schrecklichen Folgen des verbrecherischen Spiritismus, des Macumba,ebenso kennen wie die des religiös geprägten Spiritismus Umbanda und des sozial eingestellten sogenannten Kardecschen Spiritismus. Vor allem sind die Großstädte die Zentren der spiritistischen Kulte. Eine Stadt wie Rio soll 7000 spiritistische Zirkel haben.

Haiti ist ein zweites großes Zentrum des Spiritismus. Der Wudu ist eine Mischung aus Magie und Spiritismus.

In den USA ist Kalifornien ein Hexenkessel spiritistischer Umtriebe. Mir wurde dort berichtet, daß es allein im Großraum Los Angeles über 6000 spiritistische Zirkel und ca. 40 spiritistische Kirchen geben soll.

Das Heidentum Afrikas ist ebenfalls spiritistisch geprägt. Eine Großmacht ist der Spiritismus dann in Ostasien, wo über eine Milliarde Menschen leben, die direkt oder indirekt dem Ahnenkult verfallen sind. Der Ahnenkult ist nicht nur eine

Form der Pietät, der Verehrung der verstorbenen Angehörigen, sondern ist zugleich Dämonenkult. Die Glieder des Ahnenkultes beten zu den Ahnen, sie fragen sie um Rat, und sie bringen ihnen Opfer. Wenn man also den Ahnenkult zur spiritistischen Bewegung hinzunimmt, dann kann man sagen, daß ein Drittel der Menschheit heute im Spiritismus steckt.

In Europa ist England an der Spitze der spiritistischen Bewegung. England hat über 100 spiritistische Kirchen. Andere dämonische Tummelplätze in Europa sind Paris und Lyon, wo nicht nur der Spiritismus blüht, sondern auch viele schwarze Messen gefeiert werden. In Deutschland haben wir in Hamburg etwa 200 Zirkel, ebenso in Frankfurt.

In der Schweiz berichtete mir Professor Blanke von der Universität Zürich, daß Basel ca. 400 spiritistische Zirkel hat und Zürich etwa 600.

Spiritistische Zirkel gibt es in allen Städten und in allen Bevölkerungsschichten. Außerdem fand ich in bäuerlichen Gegenden, zum Beispiel in der Lüneburger Heide, Bauernhöfe, in denen das Tischrücken sogar als sonntägliches Gesellschaftsspiel betrieben wird.

Bei einer Evangelisation in Salzburg erzählte mir ein Pfarrer, daß er mit einem anderen Kollegen selbst anwesend war, als ein Medium aus Welz Levitationen (freies Schweben des Körpers) zeigte.

In Wien berichtete mir ein Pfarrer, in dessen Kirche ich evangelisierte, daß es an der Wiener Fakultät mehrere Professoren gäbe, die Spiritisten wären. Durch sie würden dann auch noch Studenten mit in diese Umtriebe hineingezogen werden.

In den Skandinavischen Ländern stieß ich ebenfalls auf Theologen, die dem Spiritismus huldigen. In Island soll es fünf spiritistische Zeitungen geben.

Neben diesen Reiseerlebnissen ist es vor allem die Seelsorge, die mir hundertfältig Einblicke in den Spiritismus gab. Ich will ausdrücklich betonen, daß ich selbst niemals eine spiritistische Sitzung mitmachte und auch nie mitmachen werde. Ich lehne das für mich radikal ab. Es waren nur die Beichtgespräche, die mich orientierten, dazu noch Amtsbrüder, die sich hatten verleiten lassen, sich aktiv an solchen Séancen zu beteiligen.

Alle Beispiele der Seelsorge, für deren Veröffentlichung ich die Genehmigung erhielt, sammelte ich in einer umfangreichen Kartei, die heute schon Tausende von Fällen umfaßt. Wenn hier von Fall geredet wird, so will ich sagen, daß der hilfesuchende Mensch für mich kein Fall ist. Die deutsche Sprache hat leider keinen anderen Ausdruck dafür.

Der Überblick über dieses gesammelte Material ermöglicht ein Urteil, das mir sogar von einer Meisterspiritistin, dem zur Zeit bekanntesten Medium in Deutschland, bestätigt wurde.

Wer weitere Beispiele sucht, findet sie in dem Buch »Okkultes ABC«. Wem es auf die wissenschaftliche Verarbeitung dieser Phänomene ankommt, der findet sie in dem Buch »Seelsorge und Okkultismus«.

Wichtig ist, daß wir ein solches Kapitel im Aufblick zu Christus lesen. Wir dürfen uns im Glauben unter seinen Schutz stellen. Grund zur Furcht haben wir nicht, da Jesus der Herr über alle dämonischen Mächte ist.

Der Begriff *Spiritismus* ist von dem lateinischen Wort spiritus, der Geist, abgeleitet. Er kann daher mit dem deutschen Wort Geisterlehre oder Geisterkult wiedergegeben werden. Man versteht unter dieser Bewegung das Bestreben, mit den Toten im Totenreich in Verbindung zu kommen. Geschichtlich läßt sich der Spiritismus durch Jahrtausende zurückverfolgen. Wir haben darüber Zeugnisse im Alten Testament (1. Sam. 28; 5. Mose 18,10f), ferner viele Anhaltspunkte in der Geschichte der christlichen Kirche. Das meiste Material bietet die Religionsgeschichte und die Missionsgeschichte. Die nichtchristlichen Religionen sind zu einem großen Teil spiritistisch orientiert. Wenn der Spiritismus nur eine heidnisch-religiöse Erscheinung ohne weitere Bedeutung für die gegenwärtige Reichgottesarbeit darstellte, dann würde es sich nicht sonderlich lohnen, daß der Seelsorger sich ernsthaft damit befaßt. Doch zeigt sich in der Seelsorge in den sogenannten christlichen Ländern eine derartige Vielfalt spiritistischer Formen mit einem ganzen Komplex seelischer Nöte, daß es in der evangelistischen Arbeit zu einem Gebot der Stunde wird, darüber Aufklärung zu geben. Im wesentlichen ist dieses Buch nur eine Materialdarbietung, die dem Leser ein eigenes Urteil ermöglichen soll. Es interessiert also in diesem Kapitel weniger die Frage, ob die spiritistische oder animistische Betrachtungsweise gilt, sondern es handelt sich vielmehr um das Aufzeigen der geistlichen und seelsorgerlichen Fragestellungen. In der Seelsorge zeigten sich mir in 50jähriger Tätigkeit als Evangelist etwa 16 spiritistische Anwendungsarten, die sich in fünf Bereiche aufgliedern lassen.

1. Die psychischen Phänomene

In der Seelsorge erlebt es der Evangelist und Reichgottesarbeiter manchmal, daß Menschen während der Aussprache plötzlich ihre geistlichen Erlebnisse wie Wahrträume, Gesichte, Erscheinungen, Visionen erzählen wollen. Diese Dinge mahnen stets zur größten Zurückhaltung und Vorsicht. Ohne Zweifel gibt es vom Wort Gottes und Geist Gottes gewirkte Erlebnisse. Echtes Geschehen auf diesem Gebiet weist sich aber stets durch eine geistliche Keuschheit aus. Wer daraus eine geistliche Sensation macht oder gar zum geistlichen Marktschreier wird, der beweist damit die Unechtheit seiner Erlebnisse. Die Beobachtung der evangelistischen Seelsorge lehrt, daß leider die unechten geistlichen Erlebnisse die Oberhand haben. Sie verhalten sich gewöhnlich zu den echten Erlebnissen wie neun zu eins. Wir leben in einer von Gott abgefallenen Welt. Das Böse, das Dämonische, das Satanische hat größten Spielraum. Mit zwingender Gewalt drängt sich in der Gegenwart die Überzeugung auf, daß wir in einer besonderen Offenbarungsepoche des falschen Propheten der Endzeit leben. Es erfüllt sich mit unheimlicher Wucht und Schärfe die Warnung des Apostels Paulus (2. Kor. 11,14-15): »Selbst der Satan verstellt sich zum Engel des Lichtes. Darum ist es nichts Großes, wenn sich auch seine Diener verstellen als Diener der Gerechtigkeit, deren Ende sein wird nach ihren Werken.« Auf dem Gebiet des Spiritismus zeigt sich die Berechtigung und Aktualität dieser Warnung mit offenkundiger Deutlichkeit.

B 130 Ein Theologiestudent kam zur seelsorgerlichen Aussprache und bat um die Erklärung eines merkwürdigen Erlebnisses. Er berichtete, daß er schon mehrmals nachts eine *Christusvision* gehabt hätte. Bei diesen nächtlichen Christuserscheinungen hätte er aber stets ein unheimliches Gefühl. Er würde keine Freude empfinden, sondern hätte stets Angst davor. Ich machte nun dem Theologiestudenten klar, daß grundsätzlich Christusvisionen möglich sind, daß aber bei den meisten derartigen Erscheinungen ein anderer Sachverhalt vorliege. Es gibt z. B. Außenprojektionen einer lebhaften frommen Phantasie. Es ist auch eine im Raum der Psychologie festgestellte Tatsache, daß Eidetiker ihre inneren Vorstellungen als optisches Bild sehen können. Ferner gibt es verschiedene Formen von Halluzinationen. Aus der Welt der Bibel wissen wir, daß echte Christusvisionen bei den damit begnadeten Menschen das Gefühl der Sündhaftigkeit auslösten. Dieses Gefühl des inneren Vernichtetseins ist aber etwas total anderes als eine unheimliche Angst. Der Student begriff sofort diese Unterscheidung und erklärte, ein Sündenbewußtsein hätte er bei diesen Erscheinungen nicht, sondern eben die Empfindung einer unheimlichen Angst. Daraufhin fragte ich ihn, ob er oder seine Vorfahren sich okkult betätigt hätten. Er gestand, daß seine Mutter und Großmutter Spiritisten waren und das *Glasrücken* pflegten. Damit war mir der Charakter der sogenannten Christusvisionen klar. Es handelt sich hier um ein mediales und nicht um ein pneumatisches Phänomen.

B 131 In einer Familie war der Urgroßvater aktiver Spiritist. Jahrelang pflegte er das *Tischrücken*. Er war der Meinung, auf diese Weise mit den Toten zu verkehren. Er trieb diese okkulte Beschäftigung so intensiv, daß sich seelische Störungen bei ihm einstellten. Bei seinen Nachkommen zeigten sich dann in verstärkter Weise die Auswirkungen der spiritistischen Praxis. Der älteste Sohn nahm sich das Leben. Der zweite Sohn litt unter einem Verfolgungswahn. Die älteste Tochter kam mit einer Geisteskrankheit ins Irrenhaus. Die zweite Tochter litt unter einer Parkinsonschen Lähmung. In der Enkelreihe sieht es genau so aus. Ein Enkel bekam Schizophrenie. Eine Enkelin gilt als nervenschwach und überempfindlich, sie leidet außerdem unter starken Minderwertigkeitsgefühlen. Eine weitere Enkelin führt ein ausschweifendes Leben. Sie gebar ein außereheliches Kind. Der erste Urenkel in dieser Reihe ist Psychopath und schwer erziehbar.

In wissenschaftlicher Hinsicht wird dieses Beispiel verschieden beurteilt werden. Den Psychiater wird die Frage interessieren, ob wirklich die spiritistische Betätigung die Ursache der folgenden Geistes- und Gemütskrankheiten war, oder ob nicht eine bis dahin verborgene Anlage bestanden hatte, die durch das spiritistische Treiben ausgelöst oder mindestens begünstigt wurde. Der Parapsychologe wird das Phänomen des Tischrückens als psychischen Automatismus, als Aktivwerden unterbewußter Kräfte erklären. Den Seelsorger interessiert vor allem die Häufigkeit seelischer Störungen im Zusammenhang mit okkulter Betätigung.

B 132 Eine junge Frau kam zur seelsorgerlichen Aussprache und klagte über verschiedene seelische Störungen. Sie litt unter Lebensüberdruß und Schwermut. Oft packte sie ein furchtbarer Jähzorn. Ihre Ehe wurde gestört durch ihre Frigidität. In ihrem Haus wurde objektiver Spuk beobachtet. Zuerst nahm der Gatte seltsame Gestalten wahr. Er sagte aber seiner Frau nichts davon, um sie nicht unnötig zu ängstigen. Schließlich beobachtete sie selbst verstümmelte Gestalten nachts in ihrer Wohnung. Zuerst stellte ich in dieser Aussprache die bisherigen Krankheiten der beichtenden Frau fest. Dann ließ ich mir auch von den Krankheiten der Blutsverwandten und Vorfahren berichten. Die Beichtende war aber mit ihren Störungen eine Einzelgängerin. Bei der Frage nach okkulter Betätigung kam schließlich nach langer Überlegung folgendes heraus: Die Frau war als Mädchen Mitglied eines evangelischen Mädchenkreises. Die Pfarrfrau pflegte als Leiterin dieses Kreises mit allen Mädchen das Tischrücken. Das Tischrücken begann immer mit der Frage: »Geist, bist du da?« Ein einmaliges Klopfen bedeutete Ja, ein zweimaliges Klopfen bedeutete Nein. War der Geist zur Auskunft bereit, dann setzte ein Frage- und Antwortspiel ein, an dem sich der ganze Mädchenkreis und auch die Berichterstatterin beteiligten. Die Pfarrfrau übte das Tischrücken jahrelang, bis sie ein Schlaganfall lähmte. Die Beichtende berichtete noch, daß sich die Mädchen des Kreises fürchteten, die Pfarrfrau zu besuchen, weil ihr Gesicht durch die Lähmung zu einer fürchterlichen Grimasse verzogen war.

In wissenschaftlicher Hinsicht liegt dieses Beispiel auf der Ebene von B 131. Im Blick auf den Schlaganfall der Pfarrfrau will ich aus der Sicht von über tausend okkulten Fällen berichten, daß Schlaganfälle, Selbstmordfälle, tödliche Unglücksfälle und Irrenhausfälle häufig bei okkulten Praktikern beobachtet werden.

B 133 Ein Gutsverwalter erzählte mir, daß seine Schwiegermutter die Gabe der zeitlichen Vorschau besitzen würde. Sie könnte mit Hilfe des Glasrückens alle kommenden Ereignisse voraussagen. Während des Krieges überraschte sie einmal die Familie mit folgender Angabe: »Hubert stirbt in Kurland durch Tod aus der Luft.« Hubert war ein Verwandter. Ein halbes Jahr später wurde dieser Verwandte durch Beschuß eines Jagdbombers aus der Luft getötet. Bei allen größeren Entscheidungen holt sich diese Frau durch das Glasrücken Rat.

Für den Wissenschaftler ist die Frage der zeitlichen Vorschau ein großes Problem. In »Seelsorge und Okkultismus« habe ich 30 der bekanntesten Hellsehtheorien dargestellt. Gelegentlich klingt noch in der modernen parapsychologischen Literatur eine weitere Theorie auf. Im Raum des magischen Denkens spricht man von einer magisch-astralen Weltseele. Hinter diesem Begriff steht die Überzeugung von einem Weltinnenraum, in dem alle äußeren Vorgänge ihr inneres Äquivalent (Entsprechung, Gleichwertigkeit) haben. Im Bereich der Weltseele herrschen nicht unsere Begriffe von Raum und Zeit. Räumliche und zeitliche Distanzen, Vergangenheit, Gegenwart und Zukunft liegen alle auf einer Ebene. Hier herrscht Synchronizität, Gleichzeitigkeit. Wer es versteht, seine Seele mit dieser Weltseele in Verbindung zu bringen, für den liegen alle zeitlichen und räumlichen Entfernungen auf einer Projektionsebene. Die participation mystique, die mystische Vereinigung mit der Weltseele, versetzen den dazu veranlagten Menschen gleichsam in einen Zustand der höheren Intelligenz, bei der die Raumzeitgrenzen unseres Wissens aufgehoben sind. So blendend diese Hypothese auch ist, es fehlt bis jetzt der exakte Beweis für die Existenz einer ethisch neutralen Weltseele. Wenn man auch im Chokma- und Logosbegriff

(Weisheit, Sprüche 8,22f; Wort Gottes, Joh. 1) die Vorstellung einer Hypostasierung (Personwerden eines Begriffes) gefunden hat, so ist der Sprung zur Annahme einer Weltseele wohl möglich, aber nicht beweisbar. Im Neuen Testament liegen die Verhältnisse einfacher. – Wir finden darin ein pneumatisches, geistgewirktes Weissagen (Apg. 21,10) und ein dämonisches Wahrsagen (Apg. 16,16).

B 134 Eine einfache Bauersfrau empfand Schmerzen im rechten Unterarm. Diese Schmerzempfindung wurde zuerst auf Rheuma behandelt. Eines Tages machte diese Frau die interessante Entdeckung, daß beim Briefschreiben plötzlich diese Schmerzen nachließen. Wenn in den nächsten Tagen die Schmerzen sehr stark wurden, so griff sie zur Erleichterung immer nach einem Bleistift und schrieb zur Schmerzlinderung. Nach einiger Zeit stellte sie fest, daß sich bei ihr eine Art Schreibzwang entwickelte. Sie schrieb Dinge nieder, die sie mit ihrem Wachbewußtsein gar nicht schreiben wollte und konnte. Als sie ihre unbewußt niedergeschriebenen geistigen Erzeugnisse las, stellte sie mit Erstaunen fest, daß es sich um religiöse Abhandlungen handelte. Sie brachte diese biblischen Artikel ihrem Ortspfarrer zur Beurteilung. Dieser Theologe war über die geistigen Erzeugnisse dieser Frau sehr überrascht. Was bei der Frau anfänglich nur ein harmloses Spiel war, verfestigte sich zu einer ausgesprochenen Gewohnheit des *automatischen Schreibens*. Eines Tages meldete sich in ihren Niederschriften ein Geist Felix, der sich mit folgenden Worten anmeldete: »In dem Namen Jesu, unseres hochgelobten, erhöhten Herrn und Heilandes.« Dann verhieß er der Frau, sie wäre von Gott zu besonderen Offenbarungen ausersehen. Sie müßte in Zukunft als Prophetin die Menschheit mit diesen Offenbarungen beglücken. Diese schlichte Bauersfrau war also zu einem spiritistischen *Schreibmedium* geworden.

Der Parapsychologe sieht in diesem Beispiel einen psychischen Automatismus, ein Bewußtwerden von unterbewußten Inhalten. Ohne Zweifel braucht man hier keineswegs an eine Offenbarung aus dem Totenreich oder Jenseits zu denken. Wenn aber diese einfache Frau sich hinterher für eine Prophetin hält, die mit ihren Offenbarungen die Menschheit beglücken soll, so ist sie doch einem Hochmutsgeist verfallen. Es handelt sich in diesem Fall nicht um eine direkte, sondern um eine indirekte Dämonisierung.

B 135 Ein evangelischer Pfarrer nahm an einer spiritistischen Sitzung teil, um ein *Sprechmedium* zu überprüfen. Das Medium versetzte sich in Trancezustand (eine Art hypnotischen Tiefschlafes). Es erschien angeblich der Apostel Paulus, der den Anwesenden eine Predigt hielt. Der Apostel war nicht sichtbar zu sehen, sondern er sprach nur durch das Sprechmedium, das in der Trance lag. Der Pfarrer verfolgte mit der größten Aufmerksamkeit die Predigt des angeblich gegenwärtigen Apostels. Er war aber über den Inhalt maßlos enttäuscht. Diese sogenannte Pauluspredigt hatte gar nichts mit den Briefen des Apostels gemein. Die Predigt schien mehr ein Erzeugnis des Mediums zu sein und bestand in der Hauptsache aus einigen christlich frisierten moralischen Sprüchen. Der Pfarrer war also keineswegs von diesem spiritistischen Treiben überzeugt, sondern war der Meinung, daß es sich um einen unbewußten Betrug handelte.

Der Philosoph Wundt sagte einmal: »Die großen Geister müssen alle bei ihrem Übergang in die Ewigkeit schwachsinnig geworden sein, da sie ja alle so geistloses, triviales Zeug reden, wenn sie von Medien zitiert werden.« Mit dieser Äußerung wollte Wundt in ironischer Weise zum Ausdruck bringen, daß er die Reden der zitierten großen Geister für Produkte der Medien hält. Für einen biblischdenkenden Menschen ist es selbstverständlich, daß der Apostel Paulus niemals auf Zitat eines Mediums erscheint.

B 136 Ein Medium bekam eines Tages in einer spiritistischen Sitzung die Aufgabe gestellt, den Geist des verstorbenen Dichters Uhland zu rufen und zu *materialisieren*. Tatsächlich baute sich in der Sitzung ein weißes Phantom auf. Die Anwesenden verlangten von diesem Phantom als Beweis ein Gedicht. Statt nun ein Gedicht vorzutragen, griff die Hand des Phantoms nach einem Buch des Bücherschrankes und riß ein Blatt heraus. Dann griff die Geisterhand nach einer im Raum befindlichen Aktentasche und entnahm dort einen Bleistift durch das Leder hindurch, also ohne die Tasche zu öffnen. Die Hand schrieb auf dem Blatt einige Verse nieder und verschwand. Das Blatt blieb zurück und ist heute noch da. Uhlandkenner stürzten sich dann auf die Uhlandverse und suchten nach diesem Gedicht, fanden es aber nicht. Sensationell war allerdings die Untersuchung eines Graphologen, der diese Geisterhandschrift als die Handschrift Uhlands bestätigte. Es kam später in Berlin sogar zu einem Prozeß über den Besitz dieses Blattes. Das Gericht sprach dem Medium das Blatt zu. Das Medium ist heute noch im Besitz des Blattes, wie mir von einem Bekannten des Mediums mitgeteilt wurde.

Wissenschaftlich gesehen besteht keine Notwendigkeit, an einer realen Erscheinung Uhlands festzuhalten. Der Aufbau von Phantomen ist heute tiefenpsychologisch zu erklären. Es soll hier in Stichworten angedeutet werden. Das Medium sendet Energie aus und verdichtet diese Energie zu Masse. Diese Umwandlung ist heute nach den Erkenntnissen der Kernphysik möglich. Materie ist ja nichts anderes als Energieballung. Wir sehen diese Gleichsetzung auch in der Einsteinschen Formel: $E = M \times c^2$. Wenn noch ein anderer Vergleich aus der Physik genommen werden darf, so sei folgendes erwähnt. Wenn eine Röntgenröhre mit einer Million Volt betrieben wird, dann entstehen an der Kathode Teilchen und Antiteilchen. Wir haben also auch hier den Vorgang, daß Energie, elektromagnetische Wellen, Masse absetzen. Der dritte und vierte mediumistische Vorgang ist das unterbewußte Abzapfen von Wissensinhalten und die psychische Modulation, die Formung der in Masse verwandelten Energie mit dem abgezapften Material. Zuletzt wird das Phantom gesteuert, und der angeblich aus dem Totenreich erschienene Verstorbene ist fertig. Es ist also tiefenpsychologisch gesehen durchaus nicht erforderlich, daß hier Tote bemüht werden. Eine animistische Erklärung mit dem Hinweis auf unterbewußte Seelenkräfte des Menschen reicht bei dem Phänomen der Materialisation aus. Damit soll aber nicht gesagt werden, daß man mit dieser rationalen Theorie allen spiritistischen Phänomenen gerecht wird. Nein, so einfach liegt das Problem nicht. Es ist hier nicht der Raum, diese Fragen weiter wissenschaftlich auszubreiten. Seelsorgerlich gesehen beobachtete ich im Zusammenhang mit den Materialisationen viele Spaltungserscheinungen. Es tritt sowohl bei den Medien als auch bei den Teilnehmern in manchen Fällen ein Zerfall der Persönlichkeit ein. In allen Fällen aber zeigt sich bei häufiger Teilnahme an spiritistischen Sitzungen eine Immunisierung gegen den Heiligen Geist und gegen alles Göttliche. Das spiritistische Geisterunwesen stumpft ab gegen die Kräfte, die aus dem Wort Gottes fließen.

B 137 Ein Mann behauptet, die Hellsehfähigkeit zu besitzen, mit deren Hilfe er nach vermißten Soldaten sucht. Eine Frau, die zwei Söhne an der Ostfront hatte, nahm zwei Fotos der vermißten Söhne und suchte diesen Hellseher auf. Sie legte zuerst das eine Foto vor. Der Hellseher konzentrierte sich auf das Foto, versetzte sich in Trance und erklärte der wartenden Frau: »Mit diesem Sohn bekomme ich keinen Kontakt. Wahrscheinlich ist der Sohn nicht mehr am Leben.« Dann legte die Frau zur Kontrolle das Foto des zweiten Sohnes vor, der 1943 von seinem Kompaniechef als tot gemeldet worden war. Der Hellseher konzentrierte sich auch auf dieses Bild und erwiderte: »Mit diesem Sohn komme ich in Verbindung. Ich sehe ihn in einem großen Steingebäude, südöstlich von Moskau. Dieser Sohn wird Anfang 1954 aus der Gefangenschaft zurückkommen.« Die Frau schenkte den Angaben des Hellsehers keinen Glauben, da ja der Sohn seit 1943 tot gemeldet war und nie mehr ein Lebenszeichen von sich gab. Um so größer war ihre Überraschung, als dieser totgemeldete Sohn Anfang 1954 tatsächlich heimkehrte. Auch die anderen Angaben erwiesen sich als richtig. Dieser Sohn war einige Jahre in einem Gefangenenlager nicht in Baracken untergebracht, sondern in einem großen, weißen Steingebäude. Dieser Hellseher hatte die Eigenart, daß er sich auf irgendeinen Gegenstand eines vermißten Soldaten konzentrierte. Wenn der Betreffende, nach dem gesucht wird, noch am Leben ist, dann sieht er dessen Aufenthaltsort.

Parapsychologisch gesehen laufen hier zwei Linien nebeneinander. Der Hellseher arbeitet psychometrisch, das heißt, er nimmt einen Gegenstand eines Vermißten und leitet damit eine Suchaktion ein. Ferner behauptet er, seine Seele über weite Räume aussenden zu können. Diese Fähigkeit der *Exkursion der Seele* wird zum Beispiel den Lappen in Skandinavien und besonders den Tibetern nachgesagt. In Deutschland ist es die Gruppe der Rosenkreuzer, deren Mitglieder teilweise diese Fähigkeit haben und pflegen. Die Spiritisten sagen, es gibt Menschen, die aus ihrem materiellen Leib ihren Astralleib aussenden und mit besonderen Aufgaben beauftragen können.

Damit wäre der Rundgang durch die hauptsächlichsten psychischen Phänomene des Spiritismus beendet. Es schaudert einen bei diesem dunklen Urwald der menschlichen Tiefenbezirke, in denen der Spiritismus sein Unwesen treibt. Wieviel klarer, heller, lichter ist das Wort Gottes mit seiner Aufforderung: »Du sollst Gott, deinen Herrn, lieben von ganzem Herzen, von ganzer Seele, von ganzem Gemüte und allen deinen

Kräften!« Alle Bezirke unseres Lebens, alle Kräfte unserer Seele sollen auf Christus hin ausgerichtet sein.

2. Die physikalischen Phänomene

Wurden im ersten Bereich der spiritistischen Erscheinungsformen vor allem innerpsychische Phänomene berichtet, so geht es im zweiten Bereich um außerpsychische Äußerungen. In der *Telekinese, Levitation* und in den *Apporten* werden gleichsam auf unbekanntem Wege die physikalischen Gesetze überwunden. Unter Telekinese versteht man eine Fernbewegung ohne ersichtliche Ursache. Der Begriff ist aus zwei griechischen Wörtern telos und kinein zusammengesetzt. Levitation kommt vom Lateinischen und bedeutet erleichtern, emporheben. Im spiritistischen Sprachgebrauch bedeutet dieser Ausdruck ein Freischweben von Gegenständen oder Menschen. Der Begriff Apporte kommt vom Lateinischen apportare und bedeutet das Herbeiholen und Verschwindenlassen von Gegenständen, auch durch geschlossene Räume oder Behälter hindurch. Hierher gehört also auch das Phänomen von der Durchdringung der Materie. Beispiele sollen diese merkwürdigen Vorgänge deutlich machen.

B 138 In einem abgelegenen Bergdorf wurden die Gemüter durch ein Spukhaus sehr bewegt. In einem Bauernhaus flogen, wie von unsichtbarer Hand geworfen, Gegenstände durch die Luft. Ferner bewegten sich Möbelstücke in den Zimmern selbständig von ihrem Platz. Das Spukhaus wurde vom Ortspfarrer, vom Lehrer, vom Bürgermeister, von der Polizei und vielen Amtspersönlichkeiten und Neugierigen untersucht. Zu einer restlosen Klärung der Vorfälle kam es nicht. Es wurde lediglich beobachtet, daß die telekinetischen Phänomene stets in der Nähe eines 14jährigen Jungen eintraten. Der Lehrer beobachtete z.B., daß ein schwereichener Schrank des Zimmers in der Nähe des Jungen zwei Meter durch das Zimmer rutschte.

B 139 In einem Bauernhaus eines Alpentales zeigten sich verschiedene Spukphänomene. Es fing mit Klopfzeichen und Kratzgeräuschen an. Dann flogen Gegenstände durch das Zimmer ohne ersichtliche Ursache. Das Merkwürdige an diesen fliegenden Gegenständen war manchmal die rechtwinklige Wurfrichtung, ein Vorgang, der sich durch Menschenhand nicht bewerkstelligen läßt. Die Spukerscheinungen wurden immer komplizierter. Es zeigten sich Apporte, d. h. Auftauchen und Verschwinden von Gegenständen in geschlossenen Räumen und Behältern. In diesem Stadium fanden sich nun einige Interessenten ein, die nach den Ursachen der Spukphänomene suchten. Es wurde eine kleine Kommission gebildet, die sich die Aufgabe stellte, für diese Vorgänge natürliche Ursachen herauszufinden. Zu dieser Kommission gehörten ein Professor, ein Elektro-Ingenieur und ein Philologe, der mit parapsychologischen Phänomenen vertraut war. Die erste Beobachtung dieser Kommission war die Feststellung, daß der 14jährige Junge des Hauses ein starkes Medium war. Er vollbrachte in der Gegenwart dieses Dreierausschusses ganz erstaunliche telekinetische Phänomene. Das Glanzstück seiner Vorführungen war das Hochheben und Fortbewegen seines Bettes. Dieses Levitationsphänomen wurde viele Male wiederholt. Das Bett wurde auch dann hochgehoben, wenn die drei Männer mit aller Gewalt versuchten, das Bett am Boden festzuhalten.

B 140 Einer Geschäftsfrau auf dem Lande wurde das Tafelsilber gestohlen. Der Verdacht fiel auf die sehr jugendliche Hausgehilfin, die als liederliches Mädchen bekannt war. Die Meisterin rief einen Spiritisten zu Hilfe, der über außerordentliche Fähigkeiten verfügte. Dieser Mann war bekannt als Hellseher und als Medium mit der Fähigkeit der Materialisation und Dematerialisation. Dieser Spiritist stellte sich mit der bestohlenen Geschäftsfrau in den Hof des Anwesens und versetzte sich selbst in Trance. Plötzlich gab es auf dem Dach des Hauses ein merkwürdiges Geräusch. Das gestohlene Silber fiel vom Dach herunter und landete auf dem Misthaufen. Wie dieser Apport zustande kam, wußte die Geschäftsfrau nicht.

Bei diesem Beispiel muß nicht unbedingt mit einem Apport gerechnet werden, da eine natürliche Erklärung viel näher liegt. Das Tafelsilber kann ja von irgendeiner Person durch eine Dachluke in den Hof geworfen worden sein. Allerdings war die Hausgehilfin vorher schon entlassen worden, weil es sich herausstellte, daß sie mit dem Hausknecht unerlaubte Beziehungen unterhalten hatte. Aber immerhin könnte ihr Freund, dem dieser Diebstahl vielleicht doch zu gefährlich geworden war, das gestohlene Gut zurückgegeben haben. Nicht so einfach ist dann aber folgender Vorfall, der von urteilsfähigen Personen bezeugt ist.

B 141 Ein Spukfall, den ich auch mituntersuchen konnte, machte viel von sich reden. Das Haus wurde von Universitätsprofessoren, der Landespolizei, der Kriminalpolizei, einem katholischen und evangelischen Pfarrer, von einer Amtsperson und verschiedenen Neugierigen untersucht. Auf unerklärliche Weise flogen in diesem Haus im Verlauf von sechs Wochen 135 Gegenstände durch die Wohnung. Alle Vorgänge wurden genau registriert. Unter diesen fliegenden Objekten befanden sich auch einige Apporte. Als der katholische Pfarrer und noch zwei Männer in der Küche saßen, flog eine Glaskugel in den Raum herein, obwohl Türen und Fenster geschlossen waren. Die Kugel fiel zu Füßen des Pfarrers, der sie aufhob. Sie fühlte sich heiß an und war nicht beschädigt. Auf der Kugel war das Bild von Maria Einsiedel, dem katholischen Wallfahrtsort in der Schweiz. Der Hausbesitzer erklärte sofort: »Diese Kugel lag auf einem Möbelstück im Wohnzimmer.« Beim Nachsehen stellte es sich heraus, daß sie auf dem Möbelstück verschwunden war.

Bei der Untersuchung dieses Spukfalles machte ich zwei Beobachtungen, die sich bei den Spukphänomenen oft wiederholen. Die fliegenden Objekte zeigten sich stets in der Verbindung mit einem halbwüchsigen Knaben, der medial veranlagt ist. Ferner wurde in diesem Haus schon Magie betrieben. Meine erste an den Hausbesitzer gerichtete Frage war: »Haben Sie oder Ihre Vorfahren Magie oder Spiritismus getrieben?« Er bejahte sofort und berichtete, daß sein Vater Viehbesprecher und Krankheitsbanner gewesen war. Nach meiner Erfahrung zeigen sich spontane Apporte nur da, wo ein Medium in der Nähe ist und in Häusern, in denen okkulte Dinge getrieben wurden. Diese Regel fand ich bei meinen vielen untersuchten Spukfällen noch nirgends durchbrochen. – Mit diesem letzten Beispiel sind wir bereits in der Nähe der spiritistisch-magischen Phänomene.

3. Die spiritistisch-magischen Phänomene

Wer die bisherigen Berichte, vor allem die Phänomene der Materialisation, der Telekinese, der Levitation und der Apporte überdenkt, versteht, daß damit auch allerlei Schabernack und Unfug angerichtet werden kann. Eine starke mediale Kraft dieser Art kann bei minderwertigen Charakteren oder gar verbrecherischen Naturen zu Unheil führen. Schon manchmal entdeckte ich durch seelsorgerliche Aussprachen fürchterliche Zusammenhänge auf diesem Gebiet. Am unheimlichsten schien mir ein spiritistischer Zirkel von 20 Mitgliedern, die mit der schwarzen Magie arbeiten. Sie machen damit Experimente, ob es ihnen gelingt, ihnen unliebsamen Personen seelischen Schaden zuzufügen oder sie gar krank zu machen. Ein starkes

Medium aus diesem Kreis nahm zum Beispiel einen Pfarrer aufs Korn und erklärte: »Den schalte ich aus. Der wird krank.« Tatsächlich erlebte dieser Pfarrer dann einen Nervenzusammenbruch und war monatelang krank und arbeitsunfähig. Einige Beispiele sollen diesen unheimlichen Sachverhalt der spiritistisch-magischen Verfolgung und Abwehr deutlich machen.

B 142 Eine junge Frau berichtete, daß sie jahrelang nachts durch ein Spukbild geängstigt wurde. Gewöhnlich zwischen 12 und 1 Uhr in der Nacht sah sie eine Nachbarin in ihrem Schlafzimmer. Die junge Frau wachte bei diesen Erscheinungen immer auf und hatte eine entsetzliche Angst. Dieser Spuk war also kein Traumbild, sondern ein Wachbild. Die betreffende Nachbarin galt im Dorf als eine böse Frau, die mit schwarzer Magie arbeitete und die Menschen plagte. Nach dem Tod dieser Magierin hörten bei der Berichterstatterin die Spukphänomene auf.

B 143 Ein junger, kräftiger Bauer erlebte nachts seltsame Prügelszenen. Er wurde blutig geschlagen, ohne daß er jemand beobachten konnte. Das ganze Dorf beobachtete ihn immer wieder mit blauen und roten Striemen.

B 144 Eine Frau kam zur seelsorgerlichen Aussprache und klagte über nächtliche Belästigungen. Es würde nachts immer eine schwarze Katze in ihr Zimmer kommen, die sie kratzt und beißt. Meine Frage, ob sie unter Kreislaufstörungen, Hautekzemen, Hautjucken oder an Altersbeschwerden, etwa Arteriosklerose leide, verneinte sie. Sie erzählte, daß einmal ein solcher Katerbiß nach der Stellung der Zähne 14 Tage lang zu sehen gewesen wäre. Einmal hatte ihr Fuß nicht die üblichen Kratz- und Bißwunden der Katze aufgezeigt, sondern eine rote drei. Es sah aus, als ob diese Zahl mit einer feinen Nadel auf dem Bein tätowiert worden wäre.

Bei den spiritistisch-magischen Fällen müssen zunächst die

unechten Phänomene ausgeschaltet werden. Wir kennen genug psychiatrische Krankheitsbilder, bei denen das Beziehungsdenken eine Rolle spielt. Viele Schizophrene z. B. sagen, sie würden unter Einfluß stehen oder magisch verfolgt werden. In Wirklichkeit handelt es sich nur um ein Symptom ihres psychotischen Krankheitsprozesses. Im Raum der spiritistischen Magie gibt es aber auch echte Phänomene. Ein umfangreiches Beispielmaterial aus erster Quelle steht mir zum Studium zur Verfügung. Häufig findet sich eigentlich in diesem Zusammenhang das Geschlagenwerden, ohne daß ein Urheber wahrgenommen werden kann. Man kommt hier in den meisten Fällen nicht mit der psychiatrischen Erklärung durch, es handle sich um schwere Hysteriefälle oder um onerogene Störungen oder um psychogen verursachte Dermographismen. Das Hauptargument gegen diese psychiatrische Erklärung ist die Beobachtung, daß diese unheimlichen Belästigungen sofort aufhören, wenn der Betroffene sein Leben Christus übergibt und sich unter den Schutz des Blutes Jesu stellt. Ich habe ein solches Beispiel in meinem Büchlein »Jesus lebt« geschildert.

Rein parapsychologisch gesehen ist die *magische Verfolgung* ein mediales Problem im Raum der Materialisationen. Wie starke Medien Energie aussenden und damit menschliche Phantome aufbauen können, so vermögen auch Medien die ausgesandte Energie in Tierphantome umzubilden. Ich habe in dieser Richtung viele Fälle von Materialisationen in Hunde, Katzen, Frösche, Schlangen oder Menschenleiber mit Tierköpfen gesammelt. Daß es sich zunächst um das Phänomen der Materialisation handelt, geht aus folgender Beobachtung hervor. Man stellte in spiritistischen Sitzungen fest, daß alle Verletzungen, die man einem Phantom zufügt, auf das Medium zurückschlagen. August Winnig hat diese Beobachtung in seinem Erzählbändchen »In der Höhle« als Motiv verarbeitet.

Wer die Spielregeln der Mediumität kennt, der weiß von dieser Tatsache. Es ist nun eine aufschlußreiche Beobachtung, daß die Verletzungen, die einem Tierphantom zugefügt werden, ebenfalls auf das Medium zurückschlagen. Darum ist der Schluß berechtigt, daß es sich bei den magischen Verfolgungen zunächst um ein Materialisationsphänomen handelt. Auf dieser Tatsache fußen darum die im Volk zahlreich kursierenden magischen Abwehrbräuche. Wenn es dem Geplagten gelingt, ein ihn belästigendes Phantom zu verletzen, dann hat er den Kampf gewonnen. Es gibt also *spiritistische Angriffsmagie und Abwehrmagie* auf der Basis der Materialisationen. Dazu ein Beispiel:

B 145 In einer Gegend, in der viel mit schwarzer Magie gearbeitet wird, wurde mir folgendes berichtet. Bei der Geburt eines Kindes strich eine große, schwarze Katze um das Haus. Das Tier war hartnäckig. Es ließ sich nicht verjagen. Schließlich warf man ein Beil nach ihr. Das Tier wurde am Fuß verletzt. Am nächsten Tag stellte man fest, daß eine alte Frau aus der Nachbarschaft eine Fußverletzung hatte. Diese Frau war im Dorf bekannt als Beherrscherin der schwarzen Kunst. Einige Tage nach dem Vorfall rächte sich diese Besprecherin. Sie besuchte die Wöchnerin und strich dem Kind murmelnd über den Kopf. Von dieser Zeit an schrie das Kind unablässig und war nicht zu beruhigen. Später stellte es sich heraus, daß das Kind an einer ausgesprochenen Gedächtnisschwäche litt.

In meiner Kartei habe ich etwa vierzig solcher Katzenbeispiele, die fast alle die gleiche Problemlage aufzeigen. Es handelt sich bei den meisten Fällen um die Verursachung eines persongebundenen Hausspuks und um Stallspuk. Das sind alles Dinge, von denen man auf unseren immer noch im Banne des Rationalismus stehenden Universitäten wenig oder gar nichts weiß. Das Volk ist über das magische Brauchtum viel besser orientiert als unsere Akademiker, die vielfach noch Jünger der alles nivellierenden Humbug- und Schwindeltheorie sind.

In der Seelsorge geht es hier um die Tatsache, daß der magisch angefochtene Mensch sein Leben unter den Schutz Christi stellt. Das ist die für Christen einzig mögliche und wirksame Hilfe. Eine Abwehrmagie darf der Christ nicht anwenden. Die Waffen unserer Ritterschaft sind geistlich und nicht fleischlich, sagt der Apostel Paulus.

Wir wenden uns nun einer weiteren Form des spiritistischen Kataloges zu, die in der Frage der Deutung und Erklärung viel komplizierter ist als die bisher berichteten Phänomene.

4. Die metaphysischen Phänomene

In dieser Gruppe soll ein Teil des *Wiedergängerproblems* und des *objektiven Spuks* im Zusammenhang mit dem Spiritismus behandelt werden. Das Wiedergängerphänomen ist sehr vielgestaltig. Es gibt hier wie bei allen okkulten Erscheinungen echte und unechte Phänomene. Zu den unechten Formen gehört die Außenprojektion der Eidetiker. Selbstverständlich rubrizieren hier natürlich alle durch Krankheit bedingten Halluzinationen, die mit Wiedergängerschau gekoppelt sind. Ferner liegt in dieser Richtung die Wiedergängerschau als Folge der Fähigkeit des zweiten Gesichts. Zu den echten Wiedergängerphänomenen gehören die objektiv und durch mehrere Generationen hindurch feststellbaren Fälle. Ein Beispiel dieser Art soll den Sachverhalt deutlich machen.

B 146 Ein Akademiker, Sohn eines evangelischen Pfarrers, berichtete mir folgendes Erlebnis aus seinem Elternhaus. Der Vater wurde eines Tages in eine Kleinstadt versetzt. Nach dem Umzug in die neue Wohnung stellte die Familie eines Nachts Spukphänomene fest. Sie hörten Schritte vom Keller in den

Speicher und umgekehrt und auch vom Flur in ein Zimmer. Bei der ersten Beobachtung hielt man diese Schritte für einen Einbrecher. Einmal wurde auch die Polizei zu Hilfe gerufen. Außer diesen Schritten wurden manchmal die Gashähne geöffnet und die Lichter des ganzen Hauses eingeschaltet. Alle sorgfältigen Nachforschungen ergaben keinen Anhaltspunkt für die Ursache dieser Spukereignisse. Als die ältesten Söhne aus diesem Pfarrhaus schon Studenten waren, dachten sie sich einen Plan aus, mit diesem nächtlichen Ruhestörer in Verbindung zu kommen. Die Studenten setzten sich mit ihren Eltern nachts um einen Tisch, bildeten mit den Händen eine Kette und versuchten durch das Tischrücken mit diesem Spukgeist in Verbindung zu kommen. Sie stellten zunächst die Frage: »Bist du ein Geist, der nicht zur Ruhe kommt?« Die Frage wurde sofort durch heftiges Klopfen des Tisches beantwortet. Darauf setzte ein interessantes Frage- und Antwortspiel ein. Der Unsichtbare, mit dem sie verkehrten, gab an, er wäre katholischer Pfarrer gewesen und hätte in diesem Haus vor 200 Jahren gewohnt. Er hätte seine Haushälterin ermordet und im Keller verscharrt. Seit dieser Zeit müßte er an den Ort seiner Untat zurückkehren. Auf die Frage, in welchem Zimmer er die Haushälterin ermordet hätte, setzte ein merkwürdiges Phänomen ein. Der Tisch rutschte durch das Zimmer bis zur Tür und schlug so heftig an die Tür, daß davon ein Schaden am Holz zurückblieb. Als einer der Studenten die Tür öffnete, sauste der Tisch in das anstoßende Zimmer und fuhr in eine Ecke. Der Tisch schlug dort gegen ein eichenes Bettgestell, das von den Schlägen tiefe Macken erhielt, die nie mehr verschwanden. Auf die Frage, ob sie etwas für ihn tun könnten antwortete er: »Ja, beten!« Als die Pfarrfrau für den unruhigen Geist gebetet hatte, hatte das Spukhaus einige Jahre Ruhe. Einer der Söhne, Dr. X., mein Berichterstatter, erklärte mir, er hätte Nachforschungen angestellt und folgendes herausgebracht. Vor 200

Jahren hatte in dem Pfarrhaus tatsächlich ein katholischer Pfarrer gewohnt. Der Wiedergängerspuk wurde schon viele Generationen beobachtet. Die ausziehenden Pfarrfamilien schwiegen aber jeweils über ihre Erlebnisse in diesem Haus, um die neu einziehende Pfarrfamilie nicht zu ängstigen. Interessant ist, daß nach dem Auszug seiner Familie der Spuk beim Nachfolger wieder einsetzte.

Für das Wiedergängerphänomen gibt es verschiedene Deutungen. Martensen Larsen meint, der Mensch würde seine Wohnung geistig imprägnieren. Diese Imprägnierung würde gleichsam als psychischer Restbestand eine selbständige Sonderexistenz weiterführen. Prof. Gatterer glaubt, daß der Mensch nicht nur seinen materiellen Leib, sondern auch eine geistige Larve zurückläßt. Prof. Bender will nur von einem Wirbel sprechen, der von dem abscheidenden Menschen ausgelöst wird. Die Spiritualisten meinen, daß der Mensch nicht nur seinen Leib auf dieser Erde zurückläßt, sondern auch einen geistigen Komplex, der in der Astralwelt selbständig weiterexistiert und sich manchmal erst nach Jahrhunderten auflöst. Dieser geistige Komplex verursache die Phänomene der Wiedergänger und des ortsgebundenen, objektiven Spuks. Aus dem christlichen Raum kommt die Meinung, daß wir uns das Totenreich nicht räumlich, sondern nur als einen Zustand, als eine Seinsweise vorstellen dürfen. Es gibt nun Augenblicke, in denen dieses uns umgebende Totenreich durchscheinend wird, etwa beim Sterben oder bei medial veranlagten Menschen. Von der christlichen Theosophie Hahns und Oetingers her kommt auch die Vorstellung, daß der triebhafte, erdgebundene Mensch nach seinem Tode so lange sich noch in der irdischen Sphäre bewegen muß, bis er von den betreffenden Bindungen gelöst ist. Dieser Vorstellung entspricht die landläufige Volksmeinung, daß Übeltäter oder Verbrecher am Ort ihrer Untat umgehen müssen, bis sie nach dem Prinzip der Höherentwicklung oder Abwärtsentwicklung dieser Sphäre entnommen werden. Bei allen diesen Theorien bleiben wir in großer Unsicherheit; denn eine eindeutige Bibelstelle zur Erklärung der Wiedergänger haben wir nicht. Zur Vermeidung von Mißverständnissen darf hier die Aussage nicht vergessen werden, daß es natürlich nicht nur im spiritistischen Bereich Wiedergängerphänomene gibt. Das Problem wurde hier nur um des berichteten Beispiels 146 angeschnitten, weil hier mit Hilfe des spiritistischen Tischrückens die Verbindung mit dem Wiedergänger aufgenommen wurde.

B 147 Bei der Versetzung eines Predigers an eine andere Station beobachtete sowohl seine Frau als auch er selbst in dem Wohnhaus seltsame Spukphänomene. Immer wieder hörten sie nachts Schritte durch das Haus. Von Ostersamstag auf Ostersonntag hörten sie Lärmen und Poltern, als ob die ganzen Möbel zusammengeschlagen würden. Sie meinten, es wären Einbrecher und sahen nach. Es hatte sich aber in den Zimmern nichts verändert. Später wurden noch immer Klopfzeichen wahrgenommen. Die Spukphänomene wurden auch von Gästen beobachtet, die nicht eingeweiht waren. Mehrmals wurden Fremde sowohl bei Nacht als auch bei Tag belästigt. Der Prediger und seine Frau pflegten anhaltendes Gebet, um dieser Erscheinungen Herr zu werden. Schließlich wagte er es, im Namen Jesu den unsichtbaren Störenfrieden zu gebieten. An einem Morgen in der Dämmerung hörten sie, daß alle Ziegel angeschlagen wurden. Hinterher war dann ein Geräusch, wie wenn Hunderte von Tauben davonfliegen würden. Die Predigersfamilie hatte den Eindruck, als ob jetzt der Spuk zu Ende wäre. So war es auch. Das Haus blieb von diesem Zeitpunkt an frei. Bei der Nachforschung nach den möglichen Ursachen erfuhr der Prediger, daß vorher jahrelang ein Spiritist in diesem Haus gewohnt hatte. Ferner wurde in dem Haus einige Jahre vor dem Einzug des Predigers ein Selbstmord verübt.

Wenn ich bei objektiven Spukfällen schon oft um Rat und Hilfe gebeten wurde, machte ich stets zwei Beobachtungen, die sich laufend wiederholen. Objektiver Spuk hat seine Ursache in der okkulten Betätigung der Vorfahren. Der objektive Spuk ist in seiner Erscheinung hartnäckiger als der persongebundene Spuk, aber auch er weicht augenblicklich, wenn die Bewohner sich restlos Christus ausliefern und sich unter seinen Schutz stellen. Das ist ein Zeichen dafür, daß sich hier keine wissenschaftlich deutbaren Vorgänge abspielen, sondern metaphysische Hintergründe vorliegen.

5. Die kultischen Phänomene

Man kann bei der Darstellung der grob sinnfälligen Experimente des Spiritismus folgenden Vorwurf bekommen: »Mit so niederen Formen spiritistischer Erscheinungen befassen wir uns nicht. Uns geht es um ein geistiges, edles Geschehen, um den *Spiritualismus.*« Ein jahrelanger Spiritualist erklärte mir sogar einmal, er selbst halte den Spiritismus für ein Verbrechen.

Wie steht es nun in dieser Frage? In der Tat ist die spiritistische Bewegung von einer mehr geistlichen, höheren Form des Spiritismus, dem Spiritualismus, abgelöst. Während es dem Spiritismus älterer Art mehr um massive Experimente geht, wünscht der Spiritualismus eine geistliche und religiöse Ausweitung seiner Anschauung. Ohne Zweifel hat der Spiritualismus ein intellektuell und ethisch viel höheres Niveau als der Spiritismus älterer Art. Ausgeprägte Formen des Spiritualismus finden wir z. B. in der Schweiz, in der geistigen Loge in Zürich. Dort finden im Rahmen der geistigen Loge jeden Sonntag Gottesdienste statt mit Lied, Gebet und Predigt. Die Predigt wird angeblich von einem jenseitigen Geist gehalten, der durch das Medium spricht. Die Predigten werden mitstenografiert und jede Woche veröffentlicht. Ich habe mehrere dieser Predigten gelesen. Sie enthalten idealistisches, moralisches und christliches Gedankengut. In ihrer Kernbotschaft stehen sie nicht auf der Höhe des Neuen Testaments. Gerade das Zentrum der christlichen Botschaft, daß der Mensch vor Gott ein elender, verlorener Sünder ist und die Erlösung durch Jesus Christus braucht, kommt in diesen spiritualistischen Predigten eindeutig zu kurz. Außer dieser kritischen Beobachtung wäre hinzuzufügen, daß die Spiritualisten die Ereignisse im Neuen Testament umdeuten. Die Auferstehungsgeschichten, auch die Auferstehung Jesu und das Erscheinen von Mose und Elia auf dem Berg der Verklärung, werden spiritistisch verstanden. Ferner drückt man sich durch eine Gewaltexegese um die Bibelworte herum, die den Totenverkehr verbieten. Als ich einmal einem Anhänger der spiritistischen Bewegung die Stelle 5. Mose 18, 10-12 zitierte mit dem Hinweis, daß das Totenfragen Gott ein Greuel ist, da erklärte er mir: »Wir rufen ja nicht die Toten, sondern die lebendigen Geister aus dem Totenreich.« Der ganze Spiritualismus ist für Menschen, die keinen klaren Blick haben, durch das christliche Beiwerk irreführend.

Der fromm frisierte Spiritismus ist vorwiegend in der englisch sprechenden Welt zu Hause. England und Schottland haben über hundert spiritualistische Kirchen. Mir vermittelten etwa 90 Vorträge und Diskussionen in Kirchen, Bibelschulen und an Universitäten in England Einblicke in die geistliche Situation dieses Volkes. Nach einem Vortrag in der »All Saints Hall« in London kam ich in Kontakt mit einem ehemaligen Spiritisten. Er berichtete mir aus seinem Leben und gab mir Veröffentlichungsrecht. Seine Erfahrungen sind es wert, festgehalten zu werden. Sie führen deutlicher als alle Theorien in die Sachlage ein.

B 148 Alfred Millen war Schauspieler am Garrick-Theater in London. Eines Abends saß er im Ankleideraum und dachte über den Sinn seines Lebens nach. Da betrat ein anderer Schauspieler den Raum. Millen redete ihn an: »Du, Kenneth, kannst du mir sagen, was Spiritualismus ist. Ich wurde in eine spiritualistische Gruppe eingeladen und weiß nicht, was das ist.« Kenneth antwortete dem erstaunten Fragesteller: »Ich bin selbst Spiritualist.« Millen nahm dann an den Gottesdiensten der spritualistischen Kirche seines Wohnbezirkes teil. Die Gestaltung war dem christlichen Gottesdienst ähnlich. Es wurden christliche Lieder gesungen und Abschnitte aus der Bibel gelesen. Anstelle der Predigt betätigte sich eine Frau als Wahrsagerin und Prophetin. Gleich beim ersten Besuch zeigte diese »Prophetin« auf Millen und erklärte: »Wissen Sie, daß Sie große Fähigkeiten haben?« Millen war erstaunt und gab keine Antwort. Dann fing diese Frau an, ihm seine Vergangenheit und Gegenwart zu deuten. Millen erschrak. Dieses Medium wußte seine innersten Geheimnisse. Sie konnte ihm die Erlebnisse auf den verschiedenen Kriegsschauplätzen berichten. Als sie die erstaunten Augen Millens wahrnahm, erklärte sie: »Sie haben die gleichen Fähigkeiten wie ich. Sie wissen es nur nicht. Mir ging es genauso. Ich wußte auch nicht, daß ich ein Medium sein konnte, bis mir ein anderes Medium das offenbarte.«

Nach dem Gottesdienst blieb Millen zu einem persönlichen Gespräch mit dem Medium zurück. Er bat es um Auskunft, wie man ein Medium werden könnte. Die Frau antwortete: »Besuchen Sie einen guten spiritistischen Zirkel, dann ergibt sich alles andere von selbst.« Auf die Frage Millens, wo ein solcher zu finden sei, erhielt er die Auskunft: »Bleiben Sie gleich hier, nach jedem Gottesdienst findet hier ein solcher Zirkel statt.«

Als Neuling wurde Miller in diese spiritistische Sitzung eingeführt und erlebte dort die zweite Überraschung. Man sagte ihm, er solle sich auf weiße und blasse Farben konzentrieren und versuchen, an nichts zu denken. Millen war nun Adept, Jünger einer okkulten Bewegung, geworden. Sein Atem ging schwerer und schwerer. Er bekam das Gefühl, als wollte seine Seele den Körper verlassen. Gleichzeitig spürte er eine ihm fremde Macht auf sich zukommen. Es wurde ihm unheimlich dabei, darum rief er plötzlich aus: »Stop, ich mache nicht mehr mit.« Sofort wurde sein Geist wieder klar. Er hatte wieder Gewalt über sein Denken und Fühlen. Er hörte, wie andere Zirkelteilnehmer sagten: »Schade, das hätte ein guter Erfolg werden können.« In diesem Augenblick hörte Millen, wie andere Medien in fremden Sprachen redeten, die keiner verstand und dolmetschen konnte.

Nach diesem für Millen ereignisreichen Sonntag konnte er es kaum erwarten, seinem Kameraden wieder zu begegnen. Dazu hatte er Mühe, tagsüber die Trance abzuwehren. Er mußte immer wieder in die frische Luft gehen, um die beginnende Atemnot und das Einsetzen der Trancespaltung zu überwinden. Da ihm dieses Erlebnis Not bereitete, suchte er zusammen mit Kenneth den Sekretär der Spiritualistischen Kirche auf. Dieser Spiritist beruhigte ihn und machte ihm klar, daß das ganz normale Vorgänge seien.

In den folgenden Wochen lebte Millen sich in die medialen Praktiken ein. Er entwickelte in der Trance und Halbtrance folgende Fähigkeiten:

Er konnte in der Halbtrance fremde Sprachen sprechen, ähnlich dem Zungenreden. Es war aber kein Ausleger da, der die Sprachen deuten konnte.

Ferner konnte er in der Halbtrance jede Krankheit ohne medizinische Kenntnisse sofort erkennen und heilend beeinflussen. Stellte sich ein Kranker vor ihn hin, dann legte er die Hände auf die kranke Körperstelle. Der Patient fühlte dann eine wohltuende Wärme. Er hatte ein Gefühl, als würde ein elektrischer Strom den Körper durchfließen. Die Diagnosen waren ohne vorheriges Befragen der Kranken hundertprozentig treffsicher.

In der Volltrance bewältigte Millen die sogenannte Exkursion der Seele. Das ist ein Spaltungsvorgang, bei dem die Seele oder ein Teil des Bewußtseins den Körper zu verlassen scheint. Der Exkursionist kann dabei verborgene und entfernt liegende Dinge erforschen. Er schaut gleichsam durch die Materie hindurch. Die Engländer nennen das auch extrasensory perception. Die Franzosen bezeichnen diesen Vorgang clairvoyance, die Deutschen Hellsehen. Allerdings ist die Exkursion der Seele nur ein Teil des Hellsehens.

Die stärkste mediale Fähigkeit, die Millen in der Volltrance entwickelte, war die sogenannte Transfiguration. Man versteht darunter, daß ein Medium sich mit dem Gesichtsausdruck in eine andere Person verwandelt. Millen fühlte bei dieser Umwandlung eine Schrumpfung der eigenen Person. Es war ihm, als würde er sich wie eine Schnecke in die innere Schale einziehen. Die umstehenden Zirkelteilnehmer beobachteten dann auf seinem Stuhl nicht mehr ihn, sondern eine verstorbene Person. So hat z. B. eine Frau ihre verstorbene Großmutter verlangt und hat sie nach der Transfiguration sofort erkannt und umarmt. Die Zirkelteilnehmer erklärten, beide Frauen, die lebende und die verstorbene, hätten dabei geweint.

Das waren die vier wesentlichsten medialen Fähigkeiten, die Millen als begehrtes Medium in der spiritualistischen Kirche Londons entwickelte.

Wie kam es nun, das Millen aller medialen Tätigkeit entsagte und ein Jünger Jesu wurde? Wie es oft in der Geschichte der Kinder Gottes zu finden ist, benützte Gott indirekt die Frau Millens. Bei einer Evangelisation war sie zum Glauben an Jesus gekommen. Bei dieser Umkehr sagte sie sich auch von allem Spiritismus ihres Mannes los. Sie gewann einige Freunde und bildete einen Gebetskreis, der sich besonders für ihren Mann einsetzte. Sie beteten etwa ein Jahr für ihn. Da setzten in seinem Leben schwere Nöte ein. Es war ein Kampf in der unsichtbaren Welt entbrannt. Die Geister des Abgrundes, denen Millen diente, wehrten sich gegen die Macht des Gebetes. Und doch zogen sie den kürzeren. Das ist ja die wunderbare Erfahrung, die wir als Christen haben. Satan und sein Herr haben zu fliehen, wenn wir unsere Stellung unter dem Kreuz beziehen.

Die Beter empfanden die beginnende Auseinandersetzung und beteten noch treuer. Millen suchte eines Tages einen Arzt auf, weil er an den Beinen Ekzeme hatte. Er, der vielen hatte helfen dürfen, konnte sich selbst nicht helfen. Das ist eine häufige Beobachtung und auch ein alltägliches Bekenntnis der Medien, daß sie sich selbst nicht helfen können. Millen war mit seiner Hauterkrankung an die rechte Adresse geraten. Der Arzt war ein gläubiger Christ. Als erfahrener Dermatologe wußte er, das viele Hauterkrankungen allergisch sind und auch oft Querverbindungen zu seelischen Erkrankungen darstellen. So fragte eines Tages der Arzt seinen Patient: »Wie stehen Sie zu Christus? Haben Sie schon einmal um Ihre Heilung gebetet?« Millen erschrak. Wo war er nur hingeraten? Doch der Arzt ließ nicht locker. Schließlich antwortete der Hautkranke: »Ich kann nur ein Gebet, das ich in der Schule einmal gelernt habe.« Der Arzt ließ es sich vorsagen. Nachdem Millen geendet hatte, bat der Arzt: »Jetzt noch einmal, aber mit mehr Konzentration! Dazu denken Sie dabei an Christus.« Millen gehorchte wie ein Schüler.

In diesem Augenblick geschah es. Die Damaskusstunde war für ihn gekommen. Millen erkannte seine furchtbare Sünde. Er konnte kaum erwarten, bis er daheim war. Er warf sich zu Hause auf die Knie und schrie zu Gott. Seine ganze Vergangenheit stand vor ihm, sein Sündenleben und der verheerende Dämonenkult in der spiritualistischen Kirche. Nichts hielt mehr vor den Feueraugen Gottes stand. Er flehte um Vergebung und Gnade. Und der Herr neigte sich zu ihm. Die Beterschar hinter seinem Rücken, von der Millen bis dahin nichts gewußt hatte, frohlockte und gab Gott die Ehre. Ein mit tausend Stricken gefesselter Spiritist und zugleich Spiritualist war durch den Sieger von Golgatha frei geworden.

Sofort löste Millen alle Verbindungen zum Spiritismus. In einer einzigen Stunde hatte er mit erschreckender Deutlichkeit erkannt, daß die spiritualistischen Kirchen von den Dämonen kontrolliert und beherrscht sind. Er fing an, in seinem ganzen Bekanntenkreis vor den spiritualistischen Kirchen zu warnen. Dann war es ihm auch ein Anliegen, alle die zu erreichen, denen er früher als spritistischer Heiler hatte helfen können. Er veröffentlichte seine Erfahrungen als Medium und warnte vor allen Formen des profanen und religiösen Spiritismus, obwohl er mit scharfen Gegenangriffen rechnen mußte. In dem Bewußtsein, unter dem Schutz Jesu zu stehen, machte er sich nichts aus allen Anfeindungen und Drohungen. Millen meinte: »Wer unter der Furcht Gottes steht, hat Menschen nicht mehr zu fürchten. Wer Satan so lange gedient hat und durch Christus frei geworden ist, hat alle Kraft daran zu wenden, Jesus überall zur Verfügung zu stehen.« Jesus sagt in Lukas 10,19: »Sehet, ich habe euch Macht gegeben über alle Gewalt des Feindes und nichts wird euch beschädigen.«

Außerordentlich verhängnisvoll ist es, daß selbst in manchen gläubigen Kreisen das spiritistische Unwesen nicht erkannt wird. Ein anderes Beispiel soll das zeigen.

B 149 Eine gläubige Frau, Glied einer landeskirchlichen Gemeinschaft, verlor sehr früh ihren Mann. Sie konnte sich mit dem Tod ihres Mannes nicht recht abfinden. Da geschah etwas Merkwürdiges. Ihr verstorbener Mann erschien ihr des Nachts und erklärte, er dürfte ihr in Zukunft erscheinen, um sie zu trösten. Diese Ehe wurde also in geistiger Form durch Erscheinen des Toten weitergeführt. Die Frau erklärte, diese Erscheinungen des Gatten wären für sie eine Quelle der Kraft und eine Hilfe für den schwierigen Alltag. In allen ihren Anliegen empfängt sie von dem verstorbenen Gatten Unterweisung und Rat. Ein bekannter Seelsorger riet, den Umgang mit dem Verstorbenen abzulehnen. Die Frau ließ sich aber von der Verwerflichkeit ihres Treibens nicht überzeugen. Merkwürdig ist, daß sich im Verlauf dieses Totenverkehrs seelische Störungen einstellten und ihre Gesundheit langsam zerrüttet wurde.

Es ist ein betrübliches Zeichen mangelnder Geisterunterscheidung, daß selbst in christlichen und sogar gläubigen Kreisen Pneumatisches und Spiritistisches, also Geistliches und Seelisches oder gar Dämonisches nicht unterschieden werden kann. Der Hinweis, daß sogar große Männer Geistererscheinungen erlebten, ist kein biblisches Argument. Für uns gilt nicht, was große Männer tun, sondern das Wort Gottes. Als der reiche Mann um eine Totenerscheinung bat (Lukas. 16), da wurde ihm gesagt: »Sie haben das Wort Gottes!« Markus Hauser, der Geister sah, erklärte, daß für ihn die Geisterseherei keine Gabe, sondern eine Plage wäre. Und Oberlin war in seiner Geisterseherei von Swedenborg beeinflußt, der nachweislich in der Periode seiner Geistervisionen geisteskrank war. Wir brauchen nicht die Irrlichter unkontrollierbarer Geister, sondern allein das Wort Gottes, das Träger des Heiligen Geistes ist. Wir brauchen auch nicht die religiösen Ergüsse und Produkte spiritistischer Schreibmedien, wie zum Beispiel eines Jakob Lorber, einer Madam Marguerite und anderer, sondern wir brauchen allein den Geist der Wahrheit, der in das Wort Gottes hineinführt. Die Ausweitung des Spiritismus zu einem religiösen Kult ist vielleicht die gefährlichste Form dieser Bewegung, weil sich naive Gemüter durch das christliche Beiwerk blenden und irreführen lassen. Damit stehen wir vor dem Problem der Beurteilung der spiritistischen Phänomene.

6. Die Beurteilung der spiritistischen Phänomene

Lassen wir zunächst die neutrale Wissenschaft sprechen. In der *Medizin*, vor allem in der *Psychiatrie*, weiß man von Spaltungserscheinungen, die bei langer aktiver Betätigung mit medialen Kräften entstehen. Es wurde dafür der Begriff mediumistische Psychose geprägt. Auch in der *Psychologie* ist man sich über die Beurteilung der mediumistischen Experimente im Klaren. Es soll hier die Warnung eines Psychologen folgen. Prof. Bender von der Freiburger Universität schreibt in seinem Büchlein ›Parapsychologie – Ihre Ergebnisse und Probleme‹: »Tausende von Menschen setzen Hoffnungen auf die trügerischen Verkündigungen der spiritistischen Praktiken, lassen sich Ratschläge aus dem Jenseits geben und werden davon abhängig. Ich habe eine ganze Reihe von Patienten gesehen, die durch den Mißbrauch solcher Praktiken schwere seelische Störungen erlitten. Sie wurden gespaltene Persönlichkeiten. Die Geister, die sie riefen, verwirrten sie. Wer die Verheißung des Jenseits im Aberglauben zu ergründen sucht, ist in der Gefahr, der dunklen Seite seiner Psyche anheimzufallen.«

Die *biblische* Einordnung des Spiritismus ist mit einigen klaren Hinweisen der Heiligen Schrift gegeben. In 3. Mose 20, 27 heißt es nach der Übersetzung von Kautzsch: »Wenn in einem Mann oder einer Frau ein Wahrsagegeist oder ein Totengeist ist, die sollen des Todes sterben. Man soll sie steinigen.« Vor dem Einzug in das Land Kanaan erhielt das Volk Israel die

Warnung Gottes: »Wenn du in das Land kommst, das der Herr, dein Gott, dir geben wird, so sollst du nicht lernen tun die Greuel dieser Völker, daß nicht jemand unter dir gefunden werde, der sei ein Weissager oder ein Tagewähler oder ein Zauberer oder Beschwörer oder Wahrsager oder Zeichendeuter oder der die Toten frage. Denn wer solches tut, der ist dem Herrn ein Greuel« (5. Mose 18,10-12). Was in der mosaischen Zeit galt, blieb auch in der Königszeit bestehen. Saul hatte alle Wahrsagerei und den Spiritismus verboten, bis er nach seinem Abfall vom lebendigen Gott selbst sich spiritistischen Dingen hingab (1. Samuel 28). Er holte sich bei dem spiritistischen Medium in Endor sein Todesurteil. Die Propheten urteilten nicht anders als die mosaische Epoche und die Königszeit. Jesaja wehrte sich (8,19) gegen die Wahrsager und Zeichendeuter mit der Aufforderung: »Soll nicht ein Volk seinen Gott fragen, oder soll man etwa die Toten für die Lebendigen fragen?« Der Spiritismus ist ein Majestätsverbrechen gegen die Autorität Gottes, eine Übertretung des ersten Gebotes. Die Spiritisten verlassen den lebendigen Gott und rennen Irrlichtern und schillernden Geistern nach, die sie doch in die Irre führen. Ein ganz tragisches Beispiel soll das zeigen.

B 150 Ein evangelischer Pfarrer war jahrelang Mitglied eines spiritistischen Zirkels. Auch sein 16jähriger Sohn nahm regelmäßig an den spiritistischen Sitzungen teil. Als der Sohn in der Schule nicht mehr mitkam, wurde er als Buchhalter auf dem Büro der spiritistischen Gesellschaft angestellt. Im sonntäglichen Gottesdienst floß häufig spiritistisches Gedankengut in die Predigt ein. Der Pfarrer konnte z. B. sagen: »Der Heilige Geist, das ist die gute Eigenschaft in uns.« In der Frage der Geistesleitung vertrat er ganz die spiritistische Linie. Er sagte seiner Gemeinde, daß es gute jenseitige Geister gebe, die im Alltagsleben direkten Einfluß auf uns nehmen und uns leiten können. Er machte seiner Gemeinde gegenüber auch keinen Hehl daraus, daß er sich von diesen Geistern dirigieren und lenken lassen würde. Eines Tages erlebte er aber in dieser Hinsicht einen bösen Reinfall und wurde im Dorf zum Gespött. Er bestellte sich in seinem abgelegenen Dorf ein Fuhrwerk, das ihn zum Wohnort seiner Mutter bringen sollte. Die guten Geister hatten ihm berichtet, seine Mutter wäre schwer erkrankt, er müßte sich beeilen, wenn er sie noch lebend antreffen wollte. Mit Windeseile verbreitete sich im Dorf die Nachricht, die Mutter vom Herrn Pfarrer läge im Sterben. Der Zufall wollte es, daß eine Stunde nach der Abfahrt der Kutsche der Postbote einen Brief von der Mutter brachte, der die Nachricht enthielt, daß sie sich bester Gesundheit erfreue. Die Pfarrfrau sandte daraufhin sofort der Kutsche einen Boten nach, um den Gatten zu verständigen. Die Kutsche kehrte um. Das ganze Dorf bespöttelte diesen Vorfall. In Zukunft fand der Pfarrherr mit seiner Geistertheorie wenig Glauben bei seinen Gemeindegliedern. Der Pfarrer erlebte dann eines Tages ein tragisches Ende. Er fuhr in seinem Urlaub mit seiner Frau an die See. Beim Baden erklärte er seiner Frau: »Ich schwimme jetzt hinaus und komme nicht mehr zurück.« Er tat es, und es geschah, wie er vorausgesagt hatte.

Dieses erschütternde Beispiel zeigt deutlich die durch den Spiritismus entstandene Verwirrung. Der Pfarrer verflüchtigte den Heiligen Geist, die dritte Person der Trinität, in ein paar moralische Eigenschaften. Er löste die Person und Wirksamkeit des Heiligen Geistes auf in ein paar unverbindliche menschliche Qualitäten und hob dafür seine spiritistischen Geister auf den Thron. Diese »guten Geister« besorgten ihm dann die gründliche Blamage vor der ganzen Gemeinde und sind höchstwahrscheinlich auch verantwortlich für seinen Selbstmord.

In der *seelsorgerlichen* Arbeit muß klar zwischen den wissenschaftlichen Erklärungen der spiritistischen Phänomene und den geistigen Bezogenheiten unterschieden werden. Das spiritistische Problem ist wie jedes andere okkulte Problem zweischichtig. Im Materialprinzip der Untersuchung dieser Phänomene geht es um die wissenschaftliche Erhellung. Im Formalprinzip der Untersuchung geht es um die Einordnung dieser Erscheinungen in das geistliche Spannungsfeld der Heiligen Schrift. Die ethische und biblische Beurteilung der spiritistischen Phänomene ist von der wissenschaftlichen Deutung völlig unabhängig. Auch wenn es sich herausstellen sollte, daß alle spiritistischen Phänomene animistisch, das heißt mit einer Aktion unterbewußter, seelischer Kräfte zu erklären sind, dann bleibt das geistlich seelsorgerliche Problem davon unberührt. Die fortschreitende tiefenpsychologische Forschung kann also hier die Seelsorge nicht in den Rückzug drängen, da der geistliche Bereich dieser Fragen in einer anderen Dimension liegt.

In *biblischer, geistlicher* Beziehung zeigt sich nun in der Seelsorge eindeutig, daß spiritistisches Treiben eine Einbruchstelle finsterer Mächte ist. Ich sage eine Einbruchstelle; denn es gibt derer viele auch auf anderen Gebieten. Hier gewinnt die Warnung des Apostels Paulus besonderes Gewicht: »Wir haben nicht mit Fleisch und Blut zu kämpfen, sondern mit Fürsten und Gewaltigen, nämlich mit den Herren der Welt, die in der Finsternis dieser Welt herrschen, mit den bösen Geistern unter dem Himmel« (Eph. 6,12). Dieser Einbruch finsterer Gewalten ist in der Seelsorge manchmal fast mit Händen zu greifen.

Es gibt Fälle, in denen schon die regelmäßige Lektüre spiritistischer Schriften genügt, daß Störungen des seelischen und religiösen Lebens eintreten. Ein Beispiel dazu:

B 151 Eine gläubige, junge Frau erhielt von einer Bekannten Predigten und empfohlene Literatur eines spiritualistischen Zirkels. Sie hielt die Schriften für christliche Literatur und las sie regelmäßig. Ohne um die Zusammenhänge zu wissen, erlebte sie in Verbindung mit dieser Lektüre schwere Anfechtungen und Schwermutsanfälle. Ahnungslos las sie die Schriften immer weiter. Da beobachtete sie eines Nachts einen Mann mit roten Haaren und glühendem Gesicht in ihrem Zimmer. Es stellten sich bei ihr auch Zwangsantriebe ein mit Zerstörungswut. Sie verspürte einen inneren Impuls, ihr eigenes Kind zu töten, obwohl sich ihr Bewußtsein heftig dagegen sträubte. In der Seelsorge riet ich ihr, sofort die spiritistische Literatur zu verbrennen und einen Psychiater zu konsultieren.

Der Psychiater wird natürlich sagen, das Symptom der Zwangsantriebe mit abwegigen Impulshandlungen im Zustand des klaren oder getrübten Bewußtseins ist ein bekanntes psychiatrisches Krankheitsbild. Auch die Halluzination weist auf dieses Krankheitsbild hin. Diese psychiatrische Diagnose wird selbstverständlich angenommen. Merkwürdig ist allerdings, daß diese Erkrankung oft im Gefolge spiritistischen Treibens auftaucht. Wenn auch nicht behauptet werden soll, daß der Spiritismus die bewirkende Ursache ist, so kommt er aber nach häufigen Beobachtungen als auslösende Ursache in Frage. Also nicht causa efficiens, aber causa exsolvens. Im Blick auf die Halluzination des rothaarigen Mannes möchte ich noch erwähnen, daß bei der Lektüre spiritistischer Literatur gern spiritistische Visionen auftauchen. Naive Menschen halten solche Halluzinationen dann manchmal noch für ein religiöses Geschehen. Soweit geht die Verwirrung und Verstellung der Satansgeister in Engel des Lichtes.

Die Beobachtung der Seelsorge erhärtet die Tatsache, daß spiritistische Betätigung das christliche Glaubensleben schwer schädigt. Der Glaube an Buddha oder an Mohammed oder an sonst eine religionsgeschichtliche Größe wird durch spiritistische Betätigung nicht beeinträchtigt. Auch das läßt Hintergründe erkennen. Der Spiritismus macht immun gegen das Pneuma, das heißt, er stumpft ab gegen die Wirksamkeit des Heiligen Geistes. Das darf nicht falsch verstanden werden. Das allgemein religiöse Leben schädigt er nicht, im Gegenteil, der Spiritismus ist ja selbst zum großen Teil eine »religiöse« Bewegung. Ganz grob gesagt heißt das: der Teufel nimmt uns nicht unsere »Religiosität«, aber er will unter allen Umständen verhindern, daß wir Jünger Jesu werden. Wenn also Menschen aus den spiritualistischen Kreisen mir entgegenhalten, sie seien gerade durch den Spiritualismus in ihrer Andacht und Religiosität gefördert worden, so gebe ich das sofort zu. Die Jüngerschaft Jesu und eine Wiedergeburt durch den Heiligen Geist ist aber etwas total anderes als Religiosität. Und es gibt nun leider auch in unseren christlichen Kreisen mehr »religiöse« als gläubige Menschen. Für den scharfen Kontrast zwischen Spiritismus und Heiligem Geist habe ich schon manchmal treffende Beispiele in der Seelsorge bekommen. Ein Fall sei wiedergegeben.

B 152 Ein gläubiger Mann geriet ohne sein Wissen in eine spiritistische Sitzung. Da es ihm unheimlich wurde, fing er innerlich zu beten an. Die anwesende Gruppe versuchte das Tischrücken durchzuführen. Es wollte einfach nicht gelingen. Als der gläubige Mann den Raum verlassen hatte, funktionierte das Tischrücken wieder.

Die weitere Beobachtung der Seelsorge, daß in enorm vielen Fällen sich aus der spiritistischen Betätigung seelische Störungen entwickeln, braucht nicht weiter besprochen zu werden. Mein Buch »Seelsorge und Okkultismus« behandelt diese Häufigkeitsbeziehungen ganz ausführlich. Ich will nun die Schilderung des Spiritismus aus der Sicht der Seelsorge abschließen. Manche speziellen Abarten des Spiritismus konnten in diesen Ausführungen nicht zur Darstellung kommen. Die hauptsächlichsten Erscheinungsformen sind aber besprochen worden. Um dem Reichgottesarbeiter für die Seelsorge noch einige Richtlinien zu geben, soll in Form einer Skizze die seelsorgerliche Behandlung der spiritistisch Behafteten gezeigt werden.

Eine *Befreiung* aus dem Banne des Spiritismus oder Spiritualismus ist nur durch Christus möglich. Jede medizinische oder psychologische Hilfe wird dem geistlichen Charakter dieses Phänomens nicht gerecht. Durch die Tat Christi am Kreuz und am Ostermorgen ist die Seelsorge an okkult Belasteten eine sieghafte Seelsorge ohne Furcht. Satan und alle seine Trabanten sind ein geschlagenes Heer. Alle okkulten Mächte sind durch Jesus entmächtigt. Das ist der Triumphgesang des Neuen Testaments: »Christus hat die Fürstentümer und die Gewalten völlig entwaffnet und hat sie öffentlich zur Schau gestellt und hat einen Triumph aus ihnen gemacht durch sich selbst« (Kol. 2,15). Was die alttestamentliche Gemeinde sang: »Die Rechte des Herrn behält den Sieg« (Psalm 118,15), erfüllte sich in Christus. Der Apostel Paulus jubiliert: »Gott sei Dank, der uns den Sieg gegeben hat durch unseren Herrn Jesus Christus« (l. Kor. 15,57). Die Erlösung und der Sieg Jesu ist der Hintergrund einer hoffnungsvollen Seelsorge und Hilfe für den okkult Gebannten. Im einzelnen muß bei dieser seelsorgerlichen Beratung auf folgende Punkte geachtet werden:

a) Wer frei werden will, muß sich rückhaltslos *Jesus ausliefern*. Hier gibt es keine Zwischenlösung und halbe Entscheidungen. Man kann nicht zwei Herren dienen.

b) In fast allen Fällen zeigt sich, daß der Belastete ohne eine *Generalbeichte* nicht durchkommt. Die Beichte ist sonst im Neuen Testament eine freiwillige Sache. Ich erlebte es aber bei weit über tausend okkulten Fällen noch nicht, daß einer ohne gründliche seelsorgerliche Aussprache frei wurde. Jakobus mußte wohl seine Erfahrungen gemacht haben, weil er riet: »Bekenne einer dem andern seine Sünden!« (Jak. 5,16).

c) Es gibt schwierige Sonderfälle, bei denen ein *Lossagegebet* erforderlich ist. Okkulte Betätigung ist ja immer ein oft unbewußter Vertragsschluß mit der Finsternis. Dieser Vertrag wird in Gegenwart des Seelsorgers, der an dieser Stelle Zeuge ist, durch das Lossagegebet gekündigt. Diese Kündigung ist einmalig. Sie wird nicht wiederholt. Dieses Lossagen kann etwa in die Worte gefaßt werden: »Im Namen Jesu Christi sage ich mich von dir, Satan, los und verschreibe mich Jesus als meinem Herrn.« Auf den Wortlaut kommt es natürlich nicht an. In der Seelsorge gibt es keine magischen Formeln.

d) Unter Umständen kommt von seiten des Seelsorgers auch das *Gebieten im Namen Jesu* in Frage. Es ist aber meistens große Sachkenntnis und die Gabe der Geisterunterscheidung nötig, daß hier mit dem Gebieten kein Unfug getrieben wird. Es wäre verfehlt, bei einem Gemütskranken oder Geisteskranken, also bei einem medizinischen Sachverhalt, zu gebieten. Hier können in der Seelsorge verhängnisvolle Fehler gemacht werden. Lieber große Zurückhaltung üben als in unklaren Fällen zu gebieten. Wer gebietet, muß ein Jünger Jesu sein und sich im Glauben bewußt unter den Schutz Jesu stellen. Es kann ihm sonst passieren, daß er schwere Anfechtungen erlebt. Bei okkult Belasteten wird im allgemeinen nicht unter Handauflegung gebetet. Jesus hat nur Kranken die Hände aufgelegt, bei Besessenen hat er geboten.

e) Der Befreite muß fleißig die Gnadenmittel gebrauchen: *Wort Gottes, Gemeinschaft der Gläubigen, Brotbrechen, Gebet* (Apg. 2,42). Wenn Anfechtungen nach der seelsorgerlichen Betreuung wiederkommen, muß der Befreite sich täglich und stündlich unter den Schutz des Blutes Jesu stellen. Das ist keine gefühlsselige Blutsmystik, sondern biblische Realität. Mit Gefühlsduselei läßt sich kein Kampf gegen die Finsternis führen. Lassen die Anfechtungen nicht nach, dann darf der Befreite selbst auch im Namen Jesu gebieten. Das Gebieten von Weltleuten ist völlig sinnlos, unter Umständen sogar gefährlich, wie z. B. Apg. 19,13 zeigt. Das Gebieten von Christen mit mangelnder Hingabe an Jesus hat keine Kraft. Da die vertriebenen Geister und Mächte gern in ihre alte Behausung zurückkehren (Luk. 11,24-26), muß der Befreite wachsam sein. Zur Abwehr ist die geistliche Waffenrüstung (Eph. 6,10-18) erforderlich. Die wichtigste Waffe ist der Schild des Glaubens und das Schwert des Geistes, welches ist das Wort Gottes. Wer vom Spiritismus herkommt, hat Grund, vor allen Erlebnissen und Gesichten auf der Hut zu sein. Die zurückkehrenden Geister schleichen sich nur in fromm getarnter Form ein. Sie werden in ihrer religiösen Verstellung oft nicht sofort erkannt und durchschaut.

f) Es gibt schwierige Fälle, bei denen die Seelsorge nicht sofort zu einer ganzen Befreiung führt. Es gibt da zwei Möglichkeiten besonderer Hilfe. Meistens muß ein kleiner *Gebetskreis* von zwei oder drei Gläubigen gebildet werden, die wöchentlich mindestens zweimal zum Gebet und zur Fürbitte zusammenkommen. Der Belastete wird in diesen Kreis hineingenommen. Die Fürbitte wird solange fortgesetzt, bis eine Befreiung eintritt. Ein kleiner Gebetskreis hat eine größere geistliche Vollmacht als der Einzelseelsorger. Ihm gilt die Verheißung: »Wo zwei unter euch eins werden auf Erden, warum es ist, daß sie bitten wollen, das soll ihnen widerfahren von meinem Vater im Himmel« (Mt. 18,19). Die zweite Form spezieller Hilfe ist das *Beten und Fasten.* Jesus sagt in Mt. 17,21: »Diese Art fährt nicht aus denn durch Beten und Fasten.« Es können also von dem kleinen Gebetskreis zusammen mit dem Belasteten oder in diesem Fall auch ohne ihn Gebets- und Fasttage durchgeführt werden. Es darf sich hier aber nicht ein Verdienst- oder pharisäischer Leistungsgedanke bei den Betenden einschleichen. Wer so im Nahkampf an der Front gegen Finsternismächte steht, muß selbst gegen listige Angriffe des Feindes gewappnet sein.

Schon mancher Beter und mancher Reichgottesarbeiter ist in solchem Kampf zu Fall gekommen. Über den Weg des geistlichen Hochmutes führt es manchmal zu einer groben Sündengeschichte.

g) Es muß beachtet werden, daß bei psychiatrischen Krankheitssymptomen auch der *Facharzt* zu Rate gezogen wird. Der Seelsorger auf diesem Gebiet darf nicht zum psychiatrischen Kurpfuscher werden.

Nach den vielen Berichten spiritistischer Verkettung sollen drei Beispiele der Befreiung den Schluß bilden.

B 153 Ein junger Spiritist hatte nach den Anweisungen der »13 Bücher Mose« Experimente gemacht. Er wollte alle Formeln ausprobieren, um festzustellen, ob sie funktionierten. Vieles traf ein, anderes wieder nicht. Eines Tages traf er nach den Anweisungen der Zauberbücher die Anordnung, um den Geldgeist zu rufen. Er zog einen magischen Kreis, zeichnete die magischen Symbole ein, trat in die Mitte des Kreises und gebrauchte dreimal die Anrufungsformel für den Geldgeist. Es kam zwar kein Geldgeist, er brach aber nach der Anrufung im magischen Kreis zusammen und war längere Zeit bewußtlos. Wochenlang war er wie gelähmt und besaß keine körperliche und seelische Kraft mehr. Auch alle Freude am Leben war erloschen. In diesem Zustand wandte er sich an Christus. Nach vielen seelsorgerlichen Beratungen und der Unterstützung durch einen Gebetskreis wurde er durch Christus frei. Er ist heute ein treuer Jünger Jesu.

B 154 Eine junge Frau folgte der Einladung einer Freundin in einen spiritistischen Kreis. Anfänglich gab dieser Zirkel ihr Befriedigung, bis sie zunehmend an sich seelische Veränderungen beobachtete. Es stellten sich Depressionen ein, die sie zum Besuch eines Nervenarztes veranlaßten. Im Verlauf der Behandlung wurde sie in eine Nervenheilanstalt eingewiesen. Durch die Beschränkung ihrer Freizeit konnte die Patientin nicht mehr die spiritistischen Sitzungen besuchen. Ihr Befinden besserte sich. Vollends trug die seelsorgerliche Betreuung durch den Anstaltsgeistlichen zur Genesung bei. Die Frau öffnete sich dem Einfluß des Wortes Gottes. Sie lernte an Christus glauben und entschloß sich zur Nachfolge. Nach einigen Monaten konnte sie als geheilt entlassen werden. Die Heilung hielt an.

B 155 Während meinen vielen Evangelisationsreisen in der Schweiz verfolgte ich den inneren Werdegang einer Frau, die fast sämtliche Formen des Spiritismus und der Magie getrieben hatte. Schon im Mutterleibe war sie von ihrer Mutter magisch besprochen und später als Kind bei Erkrankungen auch magisch geheilt worden. Die Eltern wiesen die heranwachsende Tochter auch in die magischen Praktiken ein. Alle bekannten Zaubereiformen wie schwarze Magie, weiße Magie, magische Verfolgung, magische Abwehr, Wahrsagen, Kartenlegen, Handlinienlesen, Totenbefragung usw. wurden mit Experimenten erprobt. Nach ihrer Heirat setzte die junge Frau diese schwarzen Künste fort, bis sie eines Tages in ihrem Treiben gestört wurde. Bei einer nächtlichen Geisterbefragung hörte sie plötzlich Kettengerassel, Poltern und Klopfen. Sie spürte auch wiederholt, daß ihr Bett hochgehoben wurde. Sie fragte sich selbst, ob das Anzeichen einer Geisteskrankheit oder die Folgen der schwarzen Magie wären. In dieser Zeit der

Anfechtung fing sie das Bibellesen und Beten an. Bei diesen Versuchen setzten aber jedesmal harte Anfechtungen ein. Das brachte sie auf den Gedanken, daß sie es wohl mit finsteren Mächten zu tun hätte. Sie zog eine ihr bekannte Christin ins Vertrauen. Ein kleiner Gebetskreis setzte sich daraufhin in der Fürbitte für sie ein. Monate schweren Ringens folgten. Es ging in der inneren Entwicklung dieser angefochtenen Frau auf und ab. Sie wurde zwischen Glauben und Zweifel hin und her gerissen. Sie sehnte sich nach Frieden mit Gott und brachte doch ihre unheimlichen Angstgefühle nicht los. Zwei Jahre lang dauerte ein furchtbarer Kampf. Schließlich sah sie eine Vision. Eine Schale mit Blut wurde ihr vom Himmel herabgereicht. Sie dachte sofort: »Das ist das Blut Jesu Christi, das auch für mich geflossen ist.« Von diesem Zeitpunkt an konnte sie dem Wort Gottes glauben. Ihre Anfechtungen ließen nach. Durch Christus erlebte sie eine vollständige Befreiung. Es ist dieser Frau heute ein großes Bedürfnis, das Blut Jesu Christi als das Zeichen ihrer Errettung täglich zu rühmen.

Diese Darstellung der spiritistischen Gefahren soll ausklingen mit der Frohbotschaft: das Evangelium ist die große Siegesnachricht vom erfolgreichsten Kampf der Weltgeschichte. Das Kreuz von Golgatha ist das große Mahnmal des Sieges und der Befreiung von allen Mächten der Finsternis. Wer zum Kreuz kommt, hat teil an diesem Sieg Jesu Christi.

IV.

OKKULTE LITERATUR

SEELSORGERLICHE ERFAHRUNGEN MIT DEM 6./7. BUCH MOSE

1. Historisches

Es wurden mir in den letzten zwanzig Jahren von Beichtenden viele Exemplare dieses Buches ausgehändigt. Die älteste mir ausgelieferte Ausgabe stammte aus dem Jahr 1503. Im Vorwort stand, daß das Original im Vatikan in Rom liege und daß der Druck dieses Buches unter dem Protektorat eines Papstes erfolgt sei. Diese zweifelhaften Angaben wären erst noch auf den Wahrheitsgehalt nachzuprüfen. Eine andere Auflage des berüchtigten Zauberbuches enthält im Vorwort die Notiz, daß ein Erfurter Mönch diese magischen Sprüche gesammelt habe. Die einzelnen Auflagen der letzten 400 Jahre weichen im Inhalt stark voneinander ab.

Im 19. Jahrhundert wurde das 6./7. Buch Mose mit Teilen eines französischen Zauberbuches »Der feurige Drache« vermischt. Dieses französische Buch soll Ende des 17. Jahrhunderts nach einer Handschrift aus dem Jahr 1522 gedruckt worden sein. Nach der französischen Revolution 1789, die Gott entthronen und die Göttin der Vernunft inthronisieren wollte, wurde der »Feurige Drache« die unheimliche Ersatzbibel der magischen Zirkel in Frankreich. Wir haben hier die häufige religionsgeschichtliche Erscheinung: Wer den lebendigen Gott verwirft, verfällt dem Teufel. Der Gottesglaube wurde abgelöst durch einen gräßlichen Teufelsdienst. Nach der bruchstückhaften Verschmelzung dieser beiden magischen Bücher kam das Doppelbuch teils unter dem Namen »Der feurige Drache« oder »6./7. Buch Mose«, teils unter dem Sammeltitel »Magisch-sympathetischer Hausschatz« heraus.

Der Titel »6./7. Buch Mose« ist ein Pseudonym, ein lügnerischer Deckname. Mose hat mit diesen Zaubersprüchen nichts zu tun. Die Zauberer haben lediglich Mose seit seinem siegreichen Kampf mit den ägyptischen Magiern (2. Mose 6-8) zu ihrem Schutzherrn und Meister erklärt. Das ist eine teuflische Verkennung der prophetischen Ausrüstung dieses alttestamentlichen Gottesmannes. Das 6./7. Buch Mose wurde in den letzten Jahren wieder neu aufgelegt. Vor allem hat ein Braunschweiger Verlag den traurigen Ruhm, dieses schreckliche Zauberbuch verbreitet zu haben. Es sind mir Exemplare, die in Form und Aufmachung dem Neuen Testament ähnlich sind, ausgehändigt worden.

2. Die Verbreitung des Buches

In den letzten Jahren habe ich Aufklärungsvorträge über die Gefahren des Okkultismus im ganzen deutschsprachigen Raum gehalten, also in Deutschland, in der Schweiz, in Österreich, im Elsaß und Saargebiet. Ferner war ich in deutschen Auslandsgemeinden in Spanien, Italien, auf dem Balkan, in England und in den skandinavischen Ländern. In allen Ländern Europas ist eine mannigfaltige okkulte Literatur zu finden. Das 6./7. Buch Mose existiert in allen deutschsprachigen Teilen unseres Kontinents. Besondere Verbreitungsgebiete fand ich bei etwa siebzig Vortragswochen in der Schweiz in den Kantonen Appenzell und St. Gallen (Toggenburg), ferner in Graubünden. Darüber hinaus findet sich dieses Zauberbuch in geringerer Verbreitung in fast allen übrigen Teilen der Schweiz. Das 6./7. Buch Mose findet sich dann weiter in großer Zahl in den österreichischen Alpentälern, ferner im Elsaß und in Lothringen. In Deutschland sind die Hauptgebiete der Hochschwarzwald, die Schwäbische Alb, die bayerischen Alpentäler, die deutschen Mittelgebirge, die Lüneburger Heide, Mecklenburg und Schleswig-Holstein. Genau wie in der Schweiz findet sich das Buch in geringer Verbreitung in allen übrigen deutschen Gebieten. In neuen Industriesiedlungen wird das Buch selten angetroffen. Die volksdeutschen Siedlungen auf dem Balkan waren mit dem Buch total verseucht. Die in Deutschland zugewanderten Siedler pflegen heute noch dieses magische Brauchtum.

3. Inhalt

Ausführliche Inhaltsangaben sind hier nicht erforderlich und auch nicht ratsam. In dem Buch werden Anweisungen gegeben, wie der Mensch mit dem Teufel in Verbindung kommen könnte. Es finden sich Sprüche über magische Verfolgung und magische Abwehr, es finden sich Formen des Rachezaubers, Krankheitszaubers, Todeszaubers, Fruchtbarkeitszaubers, Liebeszaubers und anderes mehr. Viele Sprüche haben auch zur Tarnung religiöses Beiwerk. Denen, die studienhalber das Buch lesen und aufbewahren wollen, sei gesagt, daß im Buch 6, Kap. 6 den Lesern und Besitzern des Buches der besondere Schutz Satans verheißen ist.

4. Beispiele

Es folgen hier einige Beispiele aus meiner Kartei. Sie sind beliebig herausgegriffen und können noch um viele vermehrt werden.

B 156 Ein Mann arbeitete jahrelang mit dem 6./7. Buch Mose. Auch die Frau beteiligte sich an der okkulten Praxis. Die Nachkommen dieser Familie haben nervöse und seelische Störungen. Eine Tochter hat das Gefühl, als ob zwischen Gott und ihr eine Mauer sei. Sie wandte sich Christus zu, erlebte aber keine völlige Befreiung aus ihren seelischen Nöten. Eine Enkelin aus dieser Familienreihe wurde Diakonisse. Auch sie empfand eine Wand zwischen Gott und sich und wurde gemütskrank. Der Chefarzt einer psychiatrischen Klinik erklärte dieser Diakonisse: »Ihre Krankheit paßt nicht in die psychiatrischen Krankheitsbilder.«

B 157 Eine Mutter besaß einige kräftige Sprüche zur Beseitigung von Warzen und Hautkrankheiten. Sie wandte ihre Kunst bei den eigenen Kindern an. Ihre Kinder sind belastet. Eine Tochter wurde schizophren, die Mutter selbst leidet unter Lästergedanken und Schwermut. Bei der Frage, wo sie ihre okkulten Künste gelernt habe, gab sie zur Antwort, ihr Mann hätte das 6./7. Buch Mose mit in die Ehe gebracht. Von dieser Zeit an hätten sich in ihrem Leben Dinge gezeigt, von denen sie vorher nichts gewußt hätte. Die Frau ließ sich den Weg zu Christus zeigen und wurde tatsächlich frei. Am Tag nach ihrer Bekehrung war in ihrer Wohnung ein ungeheurer Rumor. Es krachte und klopfte, als ob das ganze Haus voll böser Geister wäre. Die Mutter selbst ist nun durch die Gnade Gottes frei geworden. Ihre Kinder sind aber noch mit diesen okkulten Mächten behaftet.

B 158 Ein Mann erlernte mit Hilfe des 6./7. Buches Mose die schwarze Magie. Er betrieb sowohl magische Verfolgung als auch magische Abwehr. Seine magischen Praktiken unterstützte er durch Symbolhandlungen. Gegen Verfolgungen meinte er sich dadurch schützen zu können, daß er ein offenes Messer in einen Tisch schlug. Seine Feinde versuchte er dadurch zu plagen, daß er Urin in einer Flasche verschloß und dabei einen magischen Spruch murmelte. Seine Feinde sollten dadurch kein Wasser mehr lassen können.

B 159 Ein Mann betrieb jahrelang mit dem 6./7. Buch Mose die schwarze Kunst. Kurz vor seinem Tode übergab er seinem ältesten Sohn dieses Buch und unterwies ihn in den magischen Spielregeln. Der Sohn führte das dunkle Gewerbe seines Vaters weiter. Von der dritten Generation an waren alle Nachkommen mit Schwermut behaftet. Die beiden Töchter des Schwarzmagiers und alle Enkel waren depressiv veranlagt.

B 160 Ein Mann beschäftigte sich jahrelang mit dem 6./7. Buch Mose und machte Experimente auf dem Gebiet der schwarzen Magie. Die Auswirkungen dieser schwarzen Kunst sind im Haus und an den Nachkommen offensichtlich. Viele Jahre lang wurden in dem Haus von allen Bewohnern Klopfzeichen gehört. Nachts rumorte und krachte es, so daß es denen unheimlich wurde, die in diesem Haus nächtigen mußten. Die Nachkommen dieses okkulten Praktikers sind charakterlich anormale Menschen. Der Sohn war ein brutaler, jähzorniger Mann, der seine erste Frau zu Tode drangsalierte. Auch die zweite Frau plagte er jahrelang ganz unmenschlich. Er ist ein rabiater Tyrann, der auch mit den Kindern unheimlich grob und handgreiflich umgeht. Die Kinder haben alle vor ihrem zwanzigsten Lebensjahr wegen ihres Vaters das Haus verlassen. Die fleißige, brave Frau macht unter diesem Mann ein Martyrium durch.

B 161 Ein Mann beschäftigte sich sein ganzes Leben lang mit dem 6./7. Buch Mose und trieb damit schwarze Magie. Die Wohnung und die Familie dieses Mannes sind eine Stätte der Unruhe und des Unfriedens. Der okkulte Praktiker starb einen fürchterlichen Tod unter schrecklichen Schmerzen und Verbreitung eines durchdringenden Gestankes. Seine Frau vergiftete sich und starb ebenfalls unter gräßlichen Schmerzen. Der eine Sohn starb in jungen Jahren. Die Tochter ist in schweren seelischen Nöten. Sie ist als Erwachsene noch Bettnässerin, leidet hartnäckig unter sexuellen Nöten und ist in ihrem Seelenleben zerrüttet. Das Haus dieser Familie ist heimgesucht von Spukphänomenen. Es lassen sich im Haus Klopfzeichen und Klappergeräusche hören. Auch zeigen sich nachts Wiedergänger.

B 162 Eine Frau wollte auf dem Sterbebett dem ältesten Sohn das 6./7. Buch Mose geben. Der Sohn lehnte ab. In der Nachkommenschaft dieser Frau, die sich jahrelang mit der schwarzen Magie befaßt hatte, fanden sich viele psychisch anormale Familienmitglieder. Schwermut, Streitsucht, Jähzorn und andere extreme Veranlagungen gehören zum seelischen und charakterlichen Bild der Nachkommenschaft.

B 163 In einer Bauernfamilie besaß der Großvater das 6./7. Buch Mose und trieb damit seine magischen Künste. Sämtliche Nachkommen von ihm sind anormal. Zwei Töchter laufen dauernd zu den Wahrsagern und haben beide seelische Störungen. Als der alte Schwarzmagier starb, zeigten sich im Hause Spukphänomene. Es wurde im Haus immer wieder ein Mann ohne Kopf beobachtet. Auch in der Enkelreihe zeigten sich verschiedene Störungen. Ein Enkel fiel nachts immer aus dem Bett. Man ließ sich einen magischen Abwehrzauber geben, und das Kind blieb von dieser Zeit an in seinem Bett. Andere Enkel des Magiers sind kleptomanisch und sexuell verwildert. Ein Urenkel des Besprechers hat jetzt schon, im Alter von vierzehn Jahren, nervöse Störungen.

B 164 In einem Haus wurde jahrelang das 6./7. Buch Mose aufbewahrt und gebraucht. Die Kinder aus diesem Haus sind alle nicht normal. Eine Tochter ist depressiv. Ein Sohn ist Trinker und ein sexuell zügelloser Mensch.

B 165 Ich kenne vier Pfarrer, die das Zauberbuch 6./7. Buch Mose aufbewahren, ferner einen Gemeinschaftsprediger und einen Adventistenprediger, die ebenfalls zu ihrer Orientierung dieses Buch im Bücherschrank stehen haben. Merkwürdig ist die Beobachtung, daß Reichgottesarbeiter, die derartige Literatur im Bücherschrank aufbewahren, gewöhnlich eine geistlich tote Gemeinde haben.

B 166 Der Prediger einer Gemeinschaft arbeitet mit großer Mühe. Er ist dafür bekannt, daß er eine ganz lahme und geistlich tote Gemeinschaft betreut. Nach einem Aufklärungsvortrag über das okkulte Gebiet bekannte dieser Prediger, daß er sich seit Jahren mit der okkulten Literatur beschäftige und alle Zauberbücher, auch das 6./7. Buch Mose, aufbewahre.

B 167 Eine Kindergottesdiensthelferin pflegte jahrelang das Tischrücken. Ferner beschäftigte sie sich mit dem 6./7. Buch Mose und besprach Krankheiten. Durch die Seelsorge erfuhr ich, daß viele Menschen aus ihrem Bekanntenkreis von ihr okkult belastet wurden.

B 168 Ein junger Bauer übernahm 1946 den väterlichen Hof. Im Herbst des gleichen Jahres gingen alle seine Schweine zugrunde. Da vom Tierarzt keine Todesursache festgestellt werden konnte, schickte der Bauer ein ganzes Schwein zur Untersuchung an das tierbiologische Institut in Zürich. An dem toten Tier wurden sämtliche Giftproben, die es gibt, vorgenommen. Das Institut erzielte kein Ergebnis. Die Todesursache der Tiere blieb ungeklärt. Als im darauffolgenden Jahr wieder schlagartig im Herbst die Tiere eingingen, machte der Bauer noch größere Anstrengungen, die Todesursache zu klären. Die Ställe wurden überprüft, das Futter wurde untersucht, die toten Schweine wurden wieder untersucht. Alle Bemühungen blieben erfolglos. Daraufhin ließ er den Schweinestall abbrechen und an einem anderen Ort mit neuem Holz wieder aufbauen. Im dritten Jahr gingen die Schweine in der gleichen Weise ein. Die Tiere schrien plötzlich auf und fielen dann um. Alle Untersuchungen wiederholten sich. Der Bruder des geschädigten Bauern verfütterte das übriggebliebene Futter, ohne daß seine Schweine daran eingegangen wären. Man machte von verschiedenen Seiten den Bauern darauf aufmerksam: »Du mußt einen Feind haben, der deine Tiere magisch plagt und umbringt.« Der geschädigte Bauer lehnte diesen Hinweis zunächst als baren Unsinn ab. Er ließ sich vom Tierarzt beraten, der bei dieser Häufung der Unfälle keine Hilfe mehr wußte. In der Frage der Magie wandte sich der Geschädigte an den Ortspfarrer, der ihn glatt auslachte mit der Bemerkung: »Das gibt es nicht.« Einige Dorfgenossen wiesen den Bauern darauf hin, daß es im Kanton Toggenburg Schwarzkünstler gäbe, die ebenfalls Schweine, Rinder und Pferde auf magische Weise töten könnten. So ging das Jahr um Jahr. Der Bauer sicherte seine Ställe durch doppelte Schlösser. Er spannte nachts einen schwarzen Faden um das Haus, um zu sehen, ob sich irgend jemand einen Zutritt zum Haus verschaffte. Die Ställe waren hygienisch vorbildlich eingerichtet. Das Futter wurde sorgfältig kontrolliert, die Tierrassen zur Aufzucht wurden immer wieder gewechselt. Alles Bemühen hatte stets den gleichen Erfolg. Im Herbst, ferner vor hohen Festtagen wie Weihnachten und Ostern, gingen jedesmal die Schweine schlagartig ein.

Eines Tages nahm diese mysteriöse Angelegenheit eine seltsame Wendung. Der Ortspfarrer suchte den Bauern auf und bat ihn, er möchte zu einer Unterredung zu ihm kommen. Sein Nachbar, der im Dorf einen schlechten Ruf hatte, habe ihm etwas gebeichtet und wolle nun in Gegenwart des Bauern die Beichte wiederholen und ihn um Verzeihung bitten. Die drei Männer saßen in der Studierstube des Pfarrers zusammen. Da beichtete der übelbeleumundete Nachbar des Bauern, daß er mit Hilfe der schwarzen Magie die Schweine des Bauern jedes Jahr getötet habe. Inzwischen waren es zweiunddreißig Schweine, die auf diese seltsame Weise umgekommen waren. Der Bauer war darüber empört und fragte ihn, warum er denn das getan hätte. Der Nachbar erklärte: »Ich habe mich immer geärgert über deine Kinder, die in der Nähe meines Hauses solchen Lärm machen.« Der Pfarrer fragte noch den Beichtenden, wie er denn das eigentlich bewerkstellige. Auf diese Frage berichtete der Übeltäter folgendes. Als junger Mensch hatte er sich verschiedene Zauberbücher, vor allem das 6./7. Buch Mose beschafft. Er studierte diese okkulte Literatur eifrig und erfuhr daraus von den sogenannten Teufelsbündnissen oder Teufelsverschreibungen. Schließlich trug er sich mit dem Wunsch, dieses merkwürdige Experiment einmal auszuprobieren. Er begab sich in einer Freitagnacht zwischen zwölf und ein Uhr an eine Kreuzstraße und verschrieb sich mit seinem eigenen Blut dem Teufel. Er erklärte, es wäre zwischen ihm und Satan ein regelrechter Vertrag abgeschlossen worden. Bei dieser Begebenheit hätte er den Teufel leibhaftig gesehen, aber nicht in der mittelalterlichen Vorstellung mit Hörnern, Schwanz und Bockfüßen, sondern als schwarzgelockte Gestalt mit blutroten Augen und einer kleinen Schnauze. Im übrigen aber wäre er elegant schwarz in altertümlichem Stil gekleidet gewesen. Von diesem Tag an besaß der gelehrige Schüler des 6./7. Buches Mose als Vertragspartner des Teufels okkulte Fähigkeiten, die er bei der Tötung der zweiunddreißig Schweine angewandt hätte. Der Pfarrer fragte dann den Beichtenden noch, warum er denn jetzt sein Gewissen entlastet habe. Er erhielt zur Antwort, der Nachbar hätte ihm jahrelang so viel Gutes getan, daß er darüber beschämt wäre. Er versprach dann auch, in Zukunft den Bauern mit diesem Stallspuk zu verschonen. Von einer Anzeige stand der Bauer ab, da es ja ohnehin zu einer derartigen Verhandlung keine juristischen Anhaltspunkte gibt. Von der Zeit der Beichte an ging dieser magisch befähigte Nachbar ein halbes Jahr in die Kirche. Während dieser Zeit gingen dem Bauern keine Schweine mehr ein. Nach einem halben Jahr wurde der Beichtende wieder rückfällig, fing wieder an zu trinken und mied die Kirche. Vor dem Buß- und Bettag gingen dann dem Bauern wieder zwei Schweine ein in der gleichen Art wie früher. Im Dorf ist bekannt, daß dieser magisch arbeitende Mann, der noch im Besitz von Zauberbüchern ist, mit denen er die schwarze Magie betreibt, nicht nur die Fähigkeit der magischen Verfolgung besitzt, sondern auch die Fähigkeit, sich auf magischem Wege durch spiritistische Apporte Geld zu verschaffen. Zur Überprüfung dieses Falles sei vermerkt, daß die Bescheinigung für die Untersuchung der Schweine im tierbiologischen Institut Zürich vorliegt. Ferner bestätigten die beiden Ortspfarrer, in deren Gegenwart die Beichte geschah, diesen Vorfall. Auch der Tierarzt gab im persönlichen Gespräch zu, daß er mehrmals solche Schweine auf die Todesursache untersucht, aber nichts gefunden hätte. Er vermutete ebenfalls magische Zusammenhänge. Ich selbst besitze den Bericht des geschädigten Bauern, der meinen seelsorgerlichen Rat suchte.

Inzwischen habe ich den Bauern noch einmal besucht. In Gegenwart des jetzigen Ortspfarrers erklärte der Bauer, daß er meinen vor zwei Jahren gegebenen Rat befolgt hätte. Sowohl seine Frau als auch er selbst haben sich mit der ganzen Familie zur Nachfolge Jesu entschlossen. In dem Haus wurde ein Gebetskreis eingerichtet, der seit zwei Jahren regelmäßig zusammenkam. Seit dieser Zeit hörte das Schweinesterben auf. So hat also auch hier Christus den Sieg über die dunklen Mächte davongetragen.

5. Probleme und Hinweise

Die Ausbeute dieser Beispiele ergibt eine Fülle von Hinweisen, die nur in Form einer Skizze angedeutet werden können.

Psychologisches. Der abergläubische und magisch arbeitende Mensch, der an seine okkulten Praktiken glaubt, erliegt einem Erfüllungszwang. Unbewußt erfüllt er selbst, was er mit seinen magischen Manipulationen erzwingen will. Er ist das Opfer einer Autosuggestion, wenn man keine weiteren Zusammenhänge anerkennen will. Zumindest hat also das okkulte Brauchtum einen verderblichen, suggestiven Charakter.

Parapsychologisches. Die Beispiele weisen aber auch auf einen objektiv feststellbaren Tatbestand hin: daß mit der schwarzen und weißen Magie, wie sie im Zusammenhang mit dem 6./7. Buch Mose geübt wird, auch Beeinflussungen anderer Menschen erreicht werden, die mit dem suggestiven Weg nicht mehr erklärt werden können. In diesem Zusammenhang sei darauf hingewiesen, daß die Humbugtheorie, die von vielen Rationalisten wie z. B. Dr. Gubisch und an manchen Stellen auch von Lehrer Kruse vertreten wird, nach meiner Kenntnis der Dinge nicht haltbar ist. So einfach liegen die Probleme nicht.

Psychiatrisches. In Familien, die mit dem 6./7. Buch Mose experimentieren, treten in einer enormen Häufung Geisteskrankheiten, Gemütserkrankungen und andere seelische und nervöse Störungen auf. Die Psychiater sind gewöhnlich der Meinung, daß hier Ursache und Wirkung verwechselt werden. Ursache sei die krankhafte seelische Konstitution des Menschen, Folge sei das magische Experimentieren. Die Seelsorge an Tausenden von okkult arbeitenden Menschen zeigt aber auch die umgekehrte Reihenfolge. In vielen Fällen läßt sich die Magie als Ursache oder wenigstens als auslösendes Moment für seelische Störungen nachweisen. Dieser Tatbestand wird auch von einigen christlich gläubigen Psychiatern anerkannt, z. B. von Dr. Lechler, dem Chefarzt der Kuranstalt Hohe Mark. Auch Prof. Dr. Bender in Freiburg kennt die sogenannte mediumistische Psychose.

Christlich Religiöses. Die Magie schafft eine Abwehr gegen alles Biblische, die sogenannte Resistenz. Auch die weiße Magie zeigt keinen anderen Tatbestand. Im Grunde genommen ist magisches Experimentieren und die daraus entstehende okkulte Belastung ein religiöses Phänomen. Psychologische und psychiatrische Kategorien werden diesem religiösen Erscheinungsbild nicht gerecht. Nach biblischer Auffassung stehen hinter der Anwendung der Magie – ganz gleich, ob sie unter der schwarzen, weißen oder neutralen Flagge segelt – dämonische Kräfte. Dieser Tatbestand ist nicht beweisbar, so wenig wie sich die Existenz Gottes oder des Teufels mathematisch beweisen läßt. Es liegen aber für den dämonischen Sachverhalt der Magie sehr ausgeprägte Merkmale und Hinweise vor.

Juristisches. Im Bereich der Magie ereignen sich viele Vergehen und Verbrechen. Die Beichte offenbarte mir schon oft grauenvolle Dinge. Leider sind solche Tatbestände juristisch kaum zu erfassen, da man in metaphysischen Dingen mit naturwissenschaftlichen Beweisführungen nicht zum Ziel kommt. Man ist vielfach auf die in der Magie sich zeigenden Häufigkeitsbeziehungen und auf die drastischen Hinweise angewiesen. Das Prinzip der einfachen Kausalität (Ursächlichkeit) liegt fast nirgends juristisch erfaßbar vor.

Psychohygienisches. Im Interesse der seelischen Gesundheit unseres Volkes wäre es wünschenswert, daß in unserem Volk die magische Literatur verschwindet. Das ist allerdings kaum durchführbar, da viele Bauernfamilien handgeschriebene okkulte Bücher besitzen. Viele magische Besprechungsformeln werden sogar nur mündlich von Generation zu Generation weitervererbt. Auf jeden Fall wäre damit ein Anfang zu machen, daß Neudrucke, wie sie in Braunschweig und Pfullingen und an anderen Plätzen geschehen, nicht mehr möglich sind. Ferner müßten auch Berufsgruppen, die sich besonders mit der Magie befassen, besser überwacht werden. Dazu gehören viele Heilpraktiker, Magnetopathen, Magnetiseure, Naturärzte, Hellseher, Wahrsager, Pendler und andere. Nach den Erfahrungen bekannter Seelsorger arbeiten diese Berufsgruppen zu

90 % auf okkulte, magische Art. Die seelische Schädigung unseres Volkes durch die Magie ist unübersehbar.

Gegenüber der okkulten Verseuchung unseres Volkes und der europäischen Länder mit dem 6./7. Buch Mose erwächst der christlichen Seelsorge eine doppelte Aufgabe. Es geht um sachgemäße Aufklärung und um vollmächtige seelsorgerliche Hilfe und Wegweisung. Die Zeit der alttestamentlichen Steinigung der Magier ist vorbei. Unsere Aufgabe ist nicht Gewaltanwendung, sondern der Aufklärungskampf mit geistlichen Waffen. Dieser Wächterdienst darf aber nicht durch eine schreiende Unkenntnis der Magie unterhöhlt und damit von vornherein entkräftet sein. Magische Zusammenhänge lassen sich mit den Funktionen unserer fünf Sinne nicht erfassen, weil hier übersinnliche, metaphysische und religiöse Sachverhalte zugrunde liegen. Außer dem sachgemäßen Warndienst fällt dem Seelsorger die Aufgabe der seelischen Betreuung bereits Belasteter zu. Weil die okkulte Belastung einen religiösen Tatbestand darstellt, ist eine psychiatrische oder psychotherapeutische Behandlung nicht zuständig. Die okkult Belasteten sind Objekt und Zielscheibe dämonischer Einflüsse geworden. Hier helfen keine Mediziner, aber auch keine Theologen, sondern allein Christus. Es gibt nur eine Stelle, wo Belastete entlastet werden: am Kreuz von Golgatha. Das Kreuz ist das Mahnmal der Befreiung und Erlösung. Der menschlichen Vernunft ist das ein Skandalon (Ärgernis). Bei der Lösung von Belastungen geht es ja auch nicht um »Vernünftiges«, sondern um speziell neutestamentliche Vorgänge. Die Macht der Dämonen endet am Christusglauben. Christus steht als das Licht der Welt über der Finsternis einer satanischen Brandung. Er ist dazu erschienen, die Macht des Teufels zu brechen. Und Christus hat diese Finsternismacht gebrochen am Kreuz.

V.

WUNDERHEILUNGEN HEUTE

HEILBEWEGUNGEN UND AUSSER-MEDIZINISCHE HEILMETHODEN AUS DER SICHT DER SEELSORGE

1. Die biblischen Heilungen

Die Frage der Glaubensheilung wird heute nicht nur von Weltmenschen, sondern auch von vielen Christen abgelehnt. Sie entkräften damit alle Verheißungen der Bibel zu ihrem eigenen Schaden. Sie leben in einer geistlichen Dürre und Wüste.

Wer nun die Frage der Glaubens- und Gebetsheilung an Gottes Wort heranträgt, erhält von dort die fundamentale Antwort, daß sie nicht das erste seelsorgerliche Anliegen ist. Wichtiger und zentraler als die Heilung ist die Botschaft von der Rettung des Menschen. Das Heil der Seele geht über die Heilung des Leibes. Das erste Problem unseres Lebens ist, daß Jesus unser Herr ist. Die Erfüllung seines Willens ist beherrschender als die Erfüllung unserer Wünsche.

Die außermedizinische Heilung ist ein vielschichtiges Problem. Zur Vermeidung von Mißverständnissen will ich erwähnen, daß ich die medizinische Wissenschaft voll anerkenne, glaube aber zugleich auch an die Möglichkeit einer Heilung durch Glauben und Gebet. Den Extremismus, daß ein gläubiger Christ keinen Arzt und keine Medizin in Anspruch nehmen dürfe, lehne ich ab. Gott hat uns den Verstand gegeben, daß wir ihn gebrauchen.

Es herrscht auf dem Gebiet der außermedizinischen Heilung ein großes Chaos. Dämonische Heilungen werden oft als göttliche Heilungen ausgegeben. Der Teufel heilt manchmal einen körperlichen Schaden um den Preis der Seele.

Es gibt auch Heilungen auf menschlicher Ebene, z. B. suggestive Heilungen, religiöse Suggestionen, die trotz des religiösen Beiwerks keine biblischen Heilungen sind.

Zum Glück hat unser Gott das Helfen und Heilen nicht verlernt. In der Bibel haben wir verschiedene Formen göttlicher Heilungen:

Die Geistesgabe der Heilung (1.Kor.12,9).

Handauflegung, Salbung und Gebet durch die Ältesten der Gemeinde (Jakobus 5,14).

Das Gebet aufgrund der Verheißungen Gottes.

Die Wirkung des Wortes Gottes. – »Er sandte sein Wort und machte sie gesund« (Psalm 107,20).

Theologisch ist die Frage der Glaubensheilung durch zwei entgegengesetzte extreme Anschauungen flankiert. Die strengen Dispensationalisten sind der Meinung, daß einige Geistesgaben nur zeitlichen Charakter haben und am Ende der apostolischen Zeit aufgehört hätten.

Die heißblütigen Extremisten der anderen Seite erklären, daß wir alle Geistesgaben in unserer Zeit in gleicher Stärke und Intensität haben müßten wie im ersten Jahrhundert.

Was beiden entgegengesetzten Lagern zu denken geben muß, sind die Erfahrungen bei den großen Erweckungen. Hier wiederholt sich im Kleinen, was bei der größten aller Erweckungen am ersten Pfingstfest in Jerusalem geschehen ist.

In Erweckungsgebieten kommt es manchmal vor, daß Gott alle Formen der Heilungen schenkt. Ich kam mit allen großen Erweckungen dieses Jahrhunderts in Berührung. Die Erweckung von Wales (1906-1910) wurde mir lebendig durch alte Veteranen wie Dr. Evans und Lindsey Glegg, die Wales miterlebten und mir persönlich berichteten. Durch wiederholte Besuche und Aufenthalte von Wochen lernte ich die Erweckungen von Indonesien kennen, von Korea, Uganda, Äthiopien, Nordthailand, Taiwan, Südindien und dann vor allem die Erweckung in Südafrika. Auf allen meinen Reisen in die Erweckungsgebiete habe ich beobachten können, daß dort die ursprünglichen Segnungen und Gaben wieder zum Vorschein kommen, die in der Bibel berichtet sind. Besonders die indonesische Erweckung war von außergewöhnlichen Wundern begleitet. Die gleiche Beobachtung mache ich jetzt in der südafrikanischen Erweckungsbewegung von Kwa Sizabantu.

Erweckungen unter den zivilisierten Völkern, welche die Bibel haben, sind gewöhnlich nicht von den großen Wundertaten begleitet. Sie haben das Wort Gottes und haben Ärzte für die Kranken. Natürlich gibt es auch hier Gebetserhörungen wie überall bei gläubigen Christen.

Erweckungen unter den primitiven Völkern, die keine Bibel haben und auch nicht lesen können, sind gewöhnlich von großen Machttaten des Herrn begleitet. Ein gutes Beispiel dafür ist die Erweckung auf Timor. Sie ist ein Schulbeispiel aus der Planung Gottes. Die Dschungelbewohner haben keine Schulen, außer in den größeren Siedlungen. Es gibt Hunderttausende von Timoresen, die nicht lesen und schreiben können. Diesen Analphabeten hat sich Gott in der großen indonesischen Erweckung ab 1965 durch außergewöhnliche Wunder geoffenbart. Als die Analphabeten aber lesen gelernt und dann Tausende von Testamenten und Bibeln erhalten hatten, gingen die Wunder rasch zurück.

Wir haben also hier das gleiche Problem wie in der apostolischen Zeit. Jesus wirkte viele Wunder als Zeichen seiner Messianität. Die Apostel hatten Wunderkräfte und Gaben des Heiligen Geistes als Erweis ihres apostolischen Auftrages. Und nicht nur als göttlicher Ausweis, sondern auch, weil der Jammer des umgebenden Volkes ihnen ans Herz griff.

Von dem Zeitpunkt an, da das vollständige Neue Testament vorlag, traten die Wunderkräfte zugunsten des inspirierten Wortes Gottes zurück. Dieser Rückgang der Geistesgaben kann bereits in der apostolischen Zeit beobachtet werden. Von der Gabe des Zungenredens hören wir zuletzt im Korintherbrief. In den späteren Briefen des Paulus und Johannes hören wir nichts mehr davon. Mit der Heilungsgabe ist es ähnlich. In Apostelgeschichte 19 heißt es: »Und Gott wirkte ungewöhnliche Wunder durch die Hände des Paulus.« 14 Jahre später aber konnte Paulus seinen Mitarbeiter nicht mehr heilen. Wir hören das in Phil. 2,27: »Und Epaphroditus war todkrank.« Und in 2.Tim. 4,20: »Trophimus aber ließ ich krank in Milet zurück.«

Die Wunder als Vorläufer, bis das inspirierte, geschriebene, gedruckte Wort Gottes da ist. Das ist jederzeit eine gesunde Entwicklung, wenn die Gläubigen es lernen, sich auf Gottes Wort und nicht auf ihre Erfahrungen zu verlassen.

Die Geistesgabe der Krankenheilung. Das Neue Testament berichtet uns zunächst von dieser Gabe in 1.Korinther 12. Es ist das Charisma iamatou, das wir in vollmächtiger Weise bei Jesus und seinen Jüngern finden. In der Kirchengeschichte ist diese Gabe eher selten. Wir beobachten sie zum Beispiel bei Franz von Assisi, bei Samuel Zeller, bei Jungfer Trudel, bei Johannes Seitz und anderen und vor allem bei Pfarrer Johann Christoph Blumhardt. Einigen solcher Gabenträger durfte ich begegnen.

Zu den gesegneten Begegnungen mit Männern Gottes gehört mein Zusammentreffen mit Baron Üxküll. Sein Leben ist die Erfüllung der Verheißung Jesu: »Wer an mich glaubt, wie die Schrift sagt, von des Leibe werden Ströme lebendigen Wassers fließen« (Joh. 7,38). Wo Baron Üxküll das Wort Gottes verkündigte, beglaubigte der Geist Gottes seine Botschaft durch mitfolgende Zeichen. Die Zuhörer wurden von Christus ergriffen und erlebten das Wunder des Neuwerdens. Blinde wurden sehend, Lahme gehend, geistlich Tote standen auf und erlebten eine Wiedergeburt. Die Kräfte der ewigen Welt wurden offenbar. Als Beispiel sei folgendes angeführt:

B 169 Ein junges Mädchen im schwersten Stadium der Lungentuberkulose kam zu ihm. Sie wollte heiraten. Der Arzt hatte es ihr verboten und gesagt: »Das kommt für Sie nicht in Frage.« Das Mädchen war ganz verzweifelt. Sie wollte unbedingt gesund werden, aber ihr Leben nicht Christus ausliefern. Unter diesen Umständen verweigerte Üxküll die bisher nach Mk. 16,18 geübte Handauflegung. Enttäuscht ging die Kranke weg. In ihrer Abwesenheit wurde viel für sie gebetet. Da kam sie wieder zu den Evangelisationsversammlungen. Sie wurde innerlich von ihrer Gewissensnot und ihrer Krankheitsnot umgetrieben. An einem Abend blieb sie zur seelsorgerlichen Aussprache zurück, und lieferte sich Christus aus. Da geschah das Unerwartete. Noch ehe Üxküll um das Gebet mit Handauflegung angehalten wurde, stand das Mädchen auf und sagte: »Ich bin geheilt.« Es war keine Einbildung. Sie ließ sich von ihrem Arzt untersuchen, der sich sehr aufregte und fragte: »Was ist mit Ihnen geschehen? Sie sind ja gesund!« Das Mädchen heiratete und ist heute noch gesund.

Die Vollmachtsfrage wird mir am Leben dieses Baron Üxküll deutlich. Das Neue Testament gibt Jesus das Zeugnis, daß er predigte und heilte als einer, der Vollmacht hatte (Mt. 7,29; Mk. 1,41). Diese Gnadengabe der geistesmächtigen Predigt und der vollmächtigen Heilung gab Jesus seinen Jüngern. In den Abschiedsreden verhieß der Herr den Seinen: »Wer an mich glaubt, der wird diese Werke auch tun« (Joh. 14,12). Derartige Verheißungen wurden in der glaubensarmen Christenheit einfach nicht ernst genommen. Hin und wieder erweckte sich daher der Herr Zeugen, an denen seine lebendige Heilandsmacht wieder sichtbar wurde.

Zu den Zeugen mit apostolischer Vollmacht gehörte auch Vater Daniel in Madras. Die Begegnung mit ihm wurde mir sehr zum Segen. Er war ein Mann des Gebetes. Schon als sechzehnjähriger Schüler zog er sich oft eine ganze Nacht ins Gebet zurück. Dieses Weilen in der Gegenwart Gottes verlieh seinem Zeugnis Vollmacht.

B 170 Eines Tages erkrankte die Frau des Schuldirektors. Sie lag bewußtlos im Krankenhaus. Man rechnete mit ihrem Tod. Da hörte Daniel die Stimme des Herrn: »Gehe ins Hospital und bete mit ihr!« Der Direktor, der neben dem Bett seiner Frau saß, ließ den jungen Schüler ein. Daniel kniete neben dem Bett nieder und rang um das Leben der Bewußtlosen. Der Herr erhörte ihn. Die Kranke durfte genesen. Diese Heilung sprach sich in der Schule herum. Die Herzen waren nun weit offen für die Botschaft von Jesus.

Auch in der eigenen Familie sah man, daß der Herr den jungen Daniel beglaubigte. Als einmal seine Mutter stürzte und eine Rippe brach, bat sie ihren Sohn: »Bete mit mir!« Der Junge blieb über Nacht im Gebet, und der Herr rührte die Patientin an und heilte sie.

Daniel wurde Direktor einer Schule in seiner Heimatstadt Kakinada an der Ostküste Indiens. Mitten in seiner Karriere traf ihn der Ruf des Herrn: »Gehe nach Madras!« Daniel folgte dem Ruf, der ihn in Schwierigkeiten, Anfechtungen und Enttäuschungen führte. Hier in Madras war Daniel ein unbekannter, ein unbeachteter Mann. Dies war ein Sterbensweg für ihn. Daniel betete viel über dieser Not. Der Herr gab ihm folgende Antwort: »Wenn das Weizenkorn nicht in die Erde fällt und erstirbt, bleibt es allein; wenn es aber erstirbt, bringt es viel Frucht.«

Der geprüfte Gottesstreiter sollte das erfahren dürfen. Nach vier Jahren treuer, unerschrockener Arbeit öffneten sich die Türen. Der Herr gab einen geistlichen Aufbruch, der sich auf die benachbarten Städte und Dörfer ausbreitete. Es erfüllte sich, was in Matth. 11,5 gesagt ist: »Die Blinden sehen und die Lahmen gehen, die Aussätzigen werden rein und die Tauben hören, die Toten stehen auf und den Armen wird das Evangelium gepredigt. Und selig ist, wer sich nicht an mir ärgert.«

Tage wie in der Urgemeinde brachen an. Es war ein Geistesfrühling, den nur der kennt, dem die Apostelgeschichte und das Wirken des Heiligen Geistes eine Wirklichkeit ist. Vater Daniel und seine Mitarbeiter trafen keine Entscheidung, ohne nach dem Willen des Herrn zu fragen. Jeder Fortschritt der Bewegung wurde auf den Knien vorangetragen. Die Erweckung erreichte sowohl die Kreise der Gebildeten wie der Ungebildeten, die Kreise der Religiösen wie die der Verbrecher.

B 171 Die Arbeit unter den Räubern begann mit einem Mann namens Stuart Purem aus einem Verbrecherdorf in Südindien. Er kam nach Madras, um dort eine gefährliche Augenerkrankung behandeln zu lassen. Bei diesem Besuch schleppte ihn ein Arzt in die Versammlung von Vater Daniel. Die zum ersten Mal in seinem Leben gehörte Botschaft erfaßte diesen Mann so stark, daß er die kommende Nacht nicht schlafen konnte. Er faltete die Hände und betete, um seiner Not Herr zu werden. Da offenbarte sich ihm Christus und machte ihm klar, daß er mit seiner Sünde fertig würde. Dieser einsame Kämpfer in der Nacht, der so oft ein Wegelagerer und Bandit gewesen war, bekehrte sich und wurde ein besonderes Rüstzeug seines Herrn unter den Räubern. Sein Augenleiden heilte in kurzer Zeit. Er kehrte in sein Dorf zurück und fing an, den Namen des Herrn zu verkündigen.

In dem dämonisierten Verbrecherdorf brach eine Zeit der Erweckung an. Unter der Verkündigung von John – das ist der

Taufname des bekehrten Mannes – brachen die Räuber zusammen. Viele von ihnen stürzten während der Verkündigung des Evangeliums zu Boden. Andere waren drei Tage blind wie Paulus vor Damaskus. Kranke wurden geheilt und finstere Gesichter wurden hell von dem Licht des Wortes Gottes. Menschen, die nicht lesen konnten, baten den Herrn: »Hilf uns, daß wir dein Wort lesen können.« Und der Herr tat ein Wunder an ihnen, daß sie in kürzester Zeit lesen konnten. Ein Hindumädchen, das sich bekehrt hatte, hörte auf ihr Gebet hin oft Worte: »Schlage folgende Stelle auf!« Als man sie darüber befragte, wie sie dazu komme, antwortete sie: »Warum sollte der Herr Jesus nicht das auch können, was die Dämonen beherrschen?« Es ist hier Bezug genommen auf die spiritistischen Praktiken des fernen Ostens, die uns im Westen nicht in der gleichen Stärke geläufig sind.

Etliche Bekehrte kamen unter die direkten Angriffe der Dämonen, die ja Jahrhunderte das Dorf beherrscht hatten. Es starben in ungewöhnlicher Weise kleine Kinder. Die Macht der Finsternis greift nach allem, was uns lieb ist, wenn wir uns für den Herrn Jesus entschieden haben.

Gottes Wunderwirken, wie es auf Timor und in Madras geschah, ereignet sich ab 1966 in Südafrika. Die Erweckung in Kwa Sizabantu ist die Zeit der Zulus. Gott hat seine Barmherzigkeit diesem Volk zugewandt. Das Werkzeug Gottes in der Erweckung ist der deutschstämmige Pastor Erlo Stegen. Nachdem seine Missionsarbeit unter den kriegerischen Zulus nahezu fruchtlos war, fragte der bekümmerte Seelsorger den Herrn: »Soll es weiterhin so geistlos und kraftlos zugehen? Nicht ein Sieg nach dem anderen, sondern oft eine Niederlage nach der anderen?« Die Zeit der Wende, des göttlichen Neuanfangs kam. Im Herbst 1966 begann Pastor Stegen mit seiner Gemeinde in Mapumulo (Kwa Zulu) ein Bibelstudium, um zu prüfen, ob ihr Glaubensleben mit der Heiligen Schrift übereinstimmt. Der erhöhte Herr hatte in den Bibelstunden einen Reinigungsprozeß mit seinen Kindern begonnen. Die Gebetsstunden wurden mehr und mehr zu Stunden der Buße und des Weinens über aller Unreinheit. Nach einigen Wochen erlebte die Beterschar ein unbeschreibliches Ereignis. Der Geist Gottes kam über sie. Es kam eine große Sündenerkenntnis über die Beter und zugleich eine unaussprechliche Gewißheit der Gegenwart Gottes. Damit begann eine neue Ära im Dienst Erlo Stegens und seiner Mannschaft. Das geistliche Ereignis in Mapumulo zeitigte sofort segensreiche Folgen. Diese Früchte lassen sich mit dem Wort aus Lukas 9,1-2 beschreiben. Eine dreifache Vollmacht wurde sichtbar:

Verkündigung – Heilung – Befreiung.

B 172 Bei meinem ersten Besuch auf der Missionsstation Kwa Sizabantu im März 1976 bat Erlo Stegen mich um einen Dienst. Ich hielt einen Vortrag über die Zauberei, da alle heidnischen Zulus von Geburt an in der Zauberei stecken. Nach dem Vortrag rief Erlo in die tausendköpfige Menge hinein: »Wer seine Zaubereisünden noch nicht gebeichtet und in Ordnung gebracht hat, kann zur Aussprache zurückbleiben.« Es blieben zwischen 400 und 500 Menschen zurück. In Deutschland ist man froh, wenn vier oder fünf zurückbleiben. Es war also nicht die Frucht meiner Verkündigung, sondern die Atmosphäre der Erweckung.

Die vielen Heilungen und Befreiungen, die der lebendige Herr unter den Zulus gewirkt hat, können nicht alle berichtet werden. Einige sind in meinen Büchern über die Erweckung festgehalten, vor allem in dem Buch »Gott unter den Zulus«.

Im Blick auf Glaubensheilungen gibt es in der Zuluerweckung kein System. Heilungen geschehen durch das Wirken des

Herrn. Ohne Übergabe des Lebens an Christus gibt es keine Heilungen. Manche werden nach der Beichte bei einem einmaligen Gebet plötzlich geheilt. Bei anderen geht es stufenweise in einigen Tagen, Wochen oder gar Monaten. Manche werden auch enttäuscht, wenn sie nur um jeden Preis geheilt werden wollen, ohne den Willen Gottes über sich anzuerkennen. Andere bringen nicht die Zeit auf, geduldig auf Gottes Stunde zu warten.

Unter den Zulus gibt es viele Kranke, da sie von Kind auf gewöhnt sind, zum Zauberer zu gehen. Dort finden sie aber keine sachgemäße medizinische Hilfe, sondern werden durch die Zauberei nur noch mehr belastet. So schenkt es Gott in seiner großen Barmherzigkeit, daß viele Kranke bei ihrer Bekehrung zugleich auch gesund werden.

Viele wurden während der Verkündigung geheilt, ohne daß der Prediger es wußte. Die Geheilten haben dann anschließend eine seelsorgerliche Aussprache verlangt und ihr Leben in Ordnung gebracht. Hier erfüllt sich Psalm 107,20: »Er sandte sein Wort und machte sie gesund.«

Wort Gottes und Heilung sind hier nebeneinandergesetzt. Zwei Erlebnisse, die ich teilweise miterlebt habe:

B 173 Am 29. 3. 76 habe ich Erlo Stegen nach Mahambeni in der Transkei begleitet. Nach dem Vortrag saßen wir mit dem Stammeshäuptling in einem kleinen Zelt. Da kam ein junger Mann, etwa 22 Jahre alt, zu Erlo und berichtete: »Vor fünf Wochen waren Sie hier. Während der Predigt spürte ich plötzlich, daß an mir etwas geschehen war. Ich war Epileptiker. Seit diesem Erlebnis bin ich gesund. Ich bin gekommen, Ihnen zu danken.« Erlo erwiderte: »Du mußt dem Herrn Jesus danken. Er hat es getan. Folge nun auch Jesus nach.«

Das zweite Beispiel, ebenfalls von Mahambeni, hat mich noch mehr bewegt. Ein Mann kam auf einem Pferd geritten. Er hielt vor Erlo. Ich stand dabei. Der Reiter erklärte: »Ich war blind. Als Sie vor fünf Wochen hier waren, bekam ich während der Verkündigung mein Augenlicht. Nun bin ich gekommen, Ihnen zu danken. Ich will Jesus nachfolgen.« Da Erlo sehr in Anspruch genommen war, beichtete der geheilte Blinde bei einem Mitarbeiter.

B 174 Blindenheilungen erlebte ich in vielen Erweckungsgebieten. Bei einem meiner Besuche auf der Missionsstation Kwa Sizabantu wurde einer blinden Frau in der Seelsorge von Erlo Stegen das Augenlicht geschenkt. Nachdem die Frau ihre Sünden bekannt und Jesus als ihren Herrn angenommen hatte, wurde mit ihr unter Handauflegung gebetet. In diesem Augenblick schrie die Frau vor Freuden auf: »Ich sehe, Gott sei Dank, ich sehe.« Kurz danach sprach ich mit der Frau und stellte ihr einige Fragen: »Hatten Sie vorher keinen Schimmer, wenn Sie ihr Gesicht der Sonne zuwandten?« Sie antwortete: »Nein, ich hatte nur ein Wärmegefühl. Es war alles dunkel vor meinen Augen.«

Blindenheilungen erinnern uns an Lukas 4,18: »Der Geist des Herrn ist bei mir. Er hat mich gesandt, zu predigen den Gefangenen, daß sie los sein sollen und den Blinden, daß sie sehend werden.« Den Blinden, daß sie sehend werden – steht in dieser Aufzählung. Damit ist nicht nur angedeutet, daß uns der Herr Jesus die geistlichen Augen öffnet. Nein, die Evangelisten berichten auch, daß Jesus mehr als 20 Blinden das Augenlicht schenkte. Unter ihnen war auch einer, der blind geboren war (Joh. 9,1). Seit Jahrzehnten beobachte ich auf meinen Reisen in die Erweckungsgebiete, daß dort die ursprünglichen Segnungen und Gaben wieder zum Vorschein kommen, die in der Bibel berichtet werden.

Während die Geistesgabe der Krankenheilung selten ist, finden sich viele Männer des Glaubens, die mit den *Kranken beten aufgrund der Verheißungen Gottes.* Ich selbst bin in meinem vielfältigen seelsorgerlichen Dienst auch dazu geführt worden.

B 175 In Panambi in Brasilien hatte ich eine Evangelisation. Eine kranke Frau kam zu mir in die Seelsorge. Sie beichtete und lieferte ihr Leben Jesus aus. Plötzlich stand ich unter dem Eindruck, daß der Herr noch mehr an ihr tun will. Ich sprach mit ihr darüber und rief dann einen zweiten Bruder zum Gebet hinzu. Es war der Pfarrer Karl Gustav Braun, der mich in seine Gemeinde eingeladen hatte. Wir beteten mit der Frau unter Handauflegung. Am nächsten Tag kam sie wieder und brachte ihre Tochter, die ein »Schlotterknie« hatte und dauernd beim Gehen einknickte. Nach einem seelsorgerlichen Gespräch betete ich mit dem Mädchen, aber ohne Handauflegung. Noch immer war es nicht genug. Die Mutter bat noch um einen Besuch in ihrem Haus, damit ich auch mit der anderen Tochter redete und betete. Sie hatte eine vereiterte Niere und war schon lange in ärztlicher Behandlung.

Nach meiner Abreise aus Brasilien verlor ich das alles aus meinem Gedächtnis, denn neue Evangelisationen standen bevor. Nach einigen Jahren kam ich zum dritten Mal nach Panambi. Gleich zu Beginn der Vortragswoche tauchte diese Frau wieder auf und fragte: »Kennen Sie mich noch? Sie haben bei Ihrem letzten Besuch mit mir und meinen Töchtern gebetet.« Der Vorfall kam schnell in mein Gedächtnis zurück. Dann hörte ich einen wunderbaren Bericht. Diese Frau Bender, eine Deutschstämmige, erzählte: »Ich war seit meiner Beichte und Übergabe meines Lebens an Jesus gesund. Meine Tochter mit dem Schlotterknie fand einen geschickten Chirurgen, der ihr durch eine Operation das Knie stabilisierte. Die vereiterte Niere der zweiten Tochter wurde ebenfalls gesund.«

B 176 Folgende Heilung wurde mir berichtet: Ein Gerichtsarzt lag mit einer Knochen-Tb (Osteomyelitis) im Krankenhaus. Das rechte Bein lag bis zur Hälfte in Gips. Für den

Patienten war diese Krankheitszeit eine Schule des Glaubens und des Gebetes. Als gläubiger Christ besprach er die ganze Not seines Leidens mit seinem Herrn. Er rang sich durch zu der Haltung, die Führung Gottes zu bejahen. Während seines mehrwöchigen Krankenlagers erhielt er allerlei Besuche. Unter den verschiedenen Besuchern wurde ihm eine gläubige, schlichte Frau zu einem besonderen Erlebnis. Sie ermunterte ihn mit den Verheißungen der Heiligen Schrift und wies ihn darauf hin, daß Christus heute noch Wunder tun könnte. Der Besuch dieser Christin stärkte seinen Glauben. Nach einer unruhigen Nacht, in der er stundenlang im Gebet rang, kam ihm am Morgen die Gewißheit, daß Christus sich an ihm verherrlichen wollte. Als im Laufe des Vormittags die Visite kam, erklärte er dem Oberarzt: »Christus hat mich gesund gemacht.« Der Oberarzt geriet ganz aus der Fassung. Er glaubte, einen religiös Wahnsinnigen vor sich zu haben und konnte sich über die Aussage des kranken Kollegen kaum beruhigen. Der Patient wurde in seinem Glauben nicht mehr wankend. Er war tatsächlich von diesem Tag an geheilt und konnte entlassen werden. Die Osteomyelitis ist seit dieser Glaubensheilung nie mehr aufgetreten.

Nach dieser Erfahrung ist der Gerichtsarzt ein lebendiger Zeuge für Christus und scheut sich nicht, auch unter seinen Kollegen von dieser wunderbaren Krankenheilung zu berichten. Er ist durch sein lebendiges Gottvertrauen seither vielen Menschen zum Segen geworden.

Eine vierte Form der Krankenheilung verbindet das Neue Testament mit *Handauflegung, Salbung und Gebet durch die Ältesten der Gemeinde*. Diese Verheißung ist unabhängig von den Erweckungen mit ihren außergewöhnlichen Zeichen und Wundern. Sie ist ein Wort des erhöhten Herrn an seine Gemeinde zu allen Zeiten an allen Orten. Jesus erwähnt diese Glaubenshilfe in Markus 16,17f. Der Apostel Jakobus berichtet von der Handauflegung in Verbindung mit einer Ölsalbung in Jakobus 5,14-16:

> »Ist jemand krank, der rufe zu sich die Ältesten von der Gemeinde, daß sie über ihm beten und ihn salben mit Öl in dem Namen des Herrn.
> Und das Gebet des Glaubens wird dem Kranken helfen, und der Herr wird ihn aufrichten; und so er Sünden getan hat, werden sie ihm vergeben sein.
> Bekenne einer dem andern seine Sünden und betet füreinander, daß ihr gesund werdet.«

B 177 Ein evangelischer Pfarrer erzählte mir, daß er eines Tages von einem Kranken seiner Gemeinde gebeten wurde, er möchte doch zusammen mit einem Kirchenältesten ihm die Hände auflegen und mit ihm beten. Der Pfarrer wandte sich an verschiedene Älteste, überall erhielt er Absagen. Keiner hatte vorher so etwas getan. Keiner traute sich das zu. Jedem war diese Handlung fremd.

Warum ist diese biblische Handauflegung in der westlichen Christenheit so wenig bekannt? Warum haben auch die Christen bei uns, welche die Stellen von der Glaubensheilung kennen, gewöhnlich nicht den Mut, sie anzuwenden? Warum überläßt die Christenheit diese Stellen den Sekten, den Irrlehrern und schwarmgeistigen Gruppen? Gelten diese Verheißungen der Heiligen Schrift nur den extremen Richtungen? Will sich die Kirche Christi das Armutszeugnis ausstellen, daß sie nicht mehr im Verheißungsgut der Bibel lebt? Das sind alles Fragen, die in der Gegenwart sehr aktuell sind. Betrachten wir einmal dieses Problem an Hand der Jakobusstelle.

Um nicht von vornherein auch auf einen Irrweg zu geraten wie so viele sektiererische Gruppen, müssen wir zunächst die religionsgeschichtlichen Wurzeln der Stelle Jak. 5,14 untersuchen. Es war in der jüdischen Gemeinde Sitte, daß Kranke die Ältesten zu sich baten. Es wurde von ihrem Gebet besondere Hilfe erwartet. Dieser schöne Brauch wurde von der christlichen Gemeinde übernommen. Bei der jüdischen Sitte liegt noch im Hintergrund, daß man meinte, der Kranke wäre ein besonderer Sünder, ein von Gott heimgesuchter Mensch. Von dieser negativen Einstellung ist glücklicherweise bei der christlichen Handauflegung nichts mehr zu spüren. Einer Erklärung bedarf die Ölsalbung. Das Alte Testament kennt die Salbung des Priesters und des Königs. Ferner war die Salbung Ausdruck festlicher Freude. Denken wir nur etwa an Psalm 23: »Du salbest mein Haupt mit Öl und schenkst mir voll ein.« Von großer Bedeutung in unserem Textzusammenhang ist die Feststellung, daß das Öl in der ärztlichen Kunst als bestes medizinisches Heilmittel galt. Wir haben damit den Hinweis, daß trotz der Fürbitte der Ältesten die Hilfe der ärztlichen Heilkunst nicht abgelehnt wird. Das Öl war in der Zeit des Alten Bundes nicht nur liturgisches Mittel, sondern auch ärztliches Medikament. Wir müssen alle diese Tatsachen festhalten. Den Schwarmgeistern, die meinen, auf Grund der Jakobusstelle den Arzt ablehnen zu müssen, kann entgegengehalten werden, daß gerade in dieser Stelle der Hinweis zur ärztlichen Hilfe nicht fehlt. Selbstverständlich geht es natürlich an dieser Stelle in erster Linie um die Glaubens- und Gebetsheilung. Auch soll nichts dagegen gesagt werden, wenn ein gläubiger Christ glaubt, auf den Arzt verzichten zu können, um allein die Hilfe des Herrn zu erwarten. Eine solche Glaubenshaltung darf aber nicht zum Gesetz für andere gemacht werden. Es liegen mir viele ungute Erlebnisse auf diesem Gebiet vor. Der Mißbrauch hebt aber den rechten Gebrauch nicht auf.

Der schwerwiegendste religionsgeschichtliche Punkt, den die Schriftausleger allgemein nennen, ist der Gegensatz der Jakobusstelle zu den im Altertum geübten magischen Heilungen.

Man dachte sich in der Alten Welt die Krankheit durch Dämonen verursacht. Heilung war darum gleichbedeutend mit der Austreibung der bösen Geister. Die Krankenheilung bestand darin, daß der Exorzist, der magische Beschwörer, den Namen des betreffenden Geistes nannte oder auch den Namen eines stärkeren Gottes anrief. Wir kennen einen solchen Austreibungsakt in Apg. 19,13-16. Umherziehende Juden versuchten die Austreibung im Namen Jesu, ohne Jesus selbst nachzufolgen. Diese mißglückte Austreibung ist ihnen aber böse bekommen. Wir könnten nun diese magischen Heilungen als eine überholte, religionsgeschichtliche Tatsache abtun, wenn nicht diese magischen Heilungen auch heute noch in einem ungeheuren Ausmaß erfolgen würden. Damit kommen wir zu dem zweiten Teil unseres Themas.

2. Die mediale Heilkunst

Fast alle kranken Menschen sind von der Frage bewegt: Wie werde ich gesund? Diese Frage ist berechtigt. Zunächst wird der Arzt zu Rate gezogen. Bringt die ärztliche Kunst nicht die erhoffte Hilfe, dann nehmen manche Menschen okkulte Heilmethoden in Anspruch. Sie suchen Menschen auf, die über mediale Kräfte verfügen, die »besprechen«, »segnen«, »büßen«, »etwas dafür tun« können. Diese magischen Heilungen erfolgen im 20. Jahrhundert in der gleichen Weise, wie sie im Altertum seit Jahrtausenden vollzogen wurden. Der magische Heiler, der Krankheitsbanner, der Besprecher ruft den Namen eines mächtigen Geistes an, um ihn zur Hilfe zu bewegen. Eine Menge von solchen Heilungen aller Art lernte ich in der Seelsorge kennen. Einige der wichtigsten will ich hier skizzieren:

Die Spruchheilungen

Am leichtesten zu beurteilen sind die Heilungen auf dem Gebiet der *schwarzen Magie*. Hier weiß man doch sofort, mit was und mit wem man es zu tun hat. Ein Beispiel aus dieser Heilungsmethode.

B 178 Eine Frau mit seelischen Störungen kam zur seelsorgerlichen Aussprache. Bei der Unterredung wurde ein Amulett entdeckt. Die Frau weigerte sich zunächst, das Amulett herauszugeben, da sie sonst innerhalb von drei Tagen sterben würde. So hatte ihr nämlich die magische Besprecherin gesagt. Schließlich gab sie es heraus und war entsetzt, als sie nach der Öffnung ein Zettelchen vorfand, auf dem der Spruch stand: »Meine Seele gehört dem Teufel.« Es stellte sich heraus, daß die Frau vorher lungenkrank war und durch eine magische Besprecherin unter Anrufung in drei Teufelsnamen geheilt worden war. Nach Auslieferung des Amuletts wurde sie wieder lungenkrank. Sie fand aber den Weg zu Christus und legte ihr Los getrost in die Hände ihres Herrn.

Nicht so einfach wie die schwarze Magie ist die Beurteilung der weißen Magie. Die Formen der *weißen Magie* finden sich im Volk fast noch mehr als die der schwarzen Magie. Das hängt damit zusammen, daß die weiße Magie religiös getarnt ist. Man erfaßt nicht sofort den Hintergrund wie bei der schwarzen Kunst. Das religiöse Beiwerk ist irreführend. Ein Beispiel soll das zeigen.

B 179 Einer Frau eröffneten die Ärzte einer chirurgischen Station, sie müßten ihr das kranke Bein amputieren. Die bekümmerte Patientin wollte vor der Abnahme des Beines zuerst alles versuchen und ließ ohne Wissen der Ärzte einen Besprecher kommen. Der magische Heiler erklärte der Kranken: »Sie müssen an mich glauben!« Dann gebrauchte er einen magischen Spruch und betete drei Vaterunser. Sofort nach dem Besprechen wichen die Schmerzen. Das Bein mußte nicht abgenommen werden. Den Ärzten war diese Wendung ein Rätsel. Die geheilte Frau war von dem Zeitpunkt des magischen Besprechens an allerdings mit starken seelischen Störungen behaftet. Auch ihre Familie wurde hinterher mit vielen Unglücksfällen heimgesucht.

Die Heilungen der weißen Magie erfolgen unter religiösen Symbolen wie: Die drei höchsten Namen, drei Vaterunser, drei Bibelworte, drei Psalmen, drei Kreuze und dergleichen. Dadurch wird der naive Mensch – manchmal auch der theologisch Gebildete – getäuscht. Man hält eine solche Heilmethode für christlich. In Wirklichkeit gehört ein solches Heilen unter das zweite Gebot: »Du sollst den Namen des Herrn, deines Gottes, nicht mißbrauchen, denn der Herr wird den nicht ungestraft lassen, der seinen Namen mißbraucht.« Unser Gott läßt sich vom Menschen nicht zwingen. Er ist nicht unser Handlanger, der zu gehorchen hat, wenn der magische Besprecher kommandiert. Die Bibel verweist alle Beschwörungsformeln und die zu leeren Formeln erstarrten Bibelworte in das Gebiet der Zauberei (5. Mose 18,10-12). Weiße Magie ist vielfach nur christlich getarnte schwarze Magie. Hier erfüllt sich 2. Kor. 11,14: »Satan verstellt sich zum Engel des Lichts.« Die magische Gebetszwängerei der weißen Magie ist etwas total anderes als die Glaubens- und Gebetshaltung des Christen: Herr, dein Wille geschehe.

Die Gesundbeter

In die gleiche Linie der religiös getarnten weißen Magie gehört die gewerbsmäßige Gesundbeterei. Ein Beispiel dazu.

B 180 Ein Geschäftsmann mit einem organischen Leiden suchte einen Gesundbeter auf und zahlte ihm ein anständiges Honorar für seinen gewerbsmäßigen Gebetsdienst. Einige Tage spater besuchte der Kranke eine befreundete Familie und klagte: »Ich kann nicht mehr beten. Ich habe das Gefühl, als ob dunkle Mächte mich umringen würden.« Krampfhaft bemühte er sich, täglich sein Neues Testament zu lesen. Es wollte ihm nicht mehr gelingen. Er wandte sich in seiner Not wieder an seine Freunde und bat sie: »Helft mir! Finstere Gewalten, wie ich sie nie in meinem Leben gekannt habe, plagen mich.« Dieser Kampf dauerte noch einige Monate. Das organische Leiden war ganz verschwunden, dafür aber bedrängten ihn seelische Nöte und Anfechtungen. Schließlich endete dieser seltsame Kampf mit einer Verzweiflungstat. Der Geschäftsmann, Vater von vier Kindern, nahm sich das Leben. Wenn das nur ein Einzelfall wäre, hätte er keine Beweiskraft. Ich besitze eine Sammlung von über tausend solcher seelsorgerlichen Fälle, die eine Beurteilung der medialen Heilmethoden ermöglichen.

Die geistigen Heiler

Die vier mir bekanntesten geistigen Heiler sind Harry Edwards, Bruno Gröning, Dr. Trampler und Johannes Bolte. Die Auswirkungen ihrer Heilertätigkeit sind mir immer wieder in der Seelsorge begegnet.

Bei meinen Vortragstouren in England hatte ich in den Aussprachen viel mit Harry Edwards zu tun, der zu den gefährlichsten Heilern der westlichen Welt zählt. Aufschlußreich waren mir zwei kleine Begebenheiten.

B 181 Harry Edwards erklärte, er könne nur heilen, wenn seine geistigen Helfer anwesend seien. Er meinte damit außermenschliche Wesen. Gelegentlich nannte er sie auch seine Engel.

B 182 Harry verdiente mit seinen Heilungen viel Geld. Er verkaufte sein ursprüngliches Haus an ein gläubiges christliches Ehepaar. Diese Familie hielt es nicht lange in diesem Haus aus. Mann und Frau kamen zu mir in die Seelsorge und berichteten, daß es in diesem Haus spuke. Sie hätten keine

Nacht Ruhe. Der Rumor war so stark, daß sie beschlossen, das Haus wieder zu verkaufen. Es stellte sich für den Hauskauf ein Interessent ein, der durch das Haus ging und entzückt ausrief: »O wie wunderbar. Hier wohnen ja die Himmlischen.« Der Käufer, ein Spiritist, hatte sofort gemerkt, daß in dem Haus »Jenseitige« gegenwärtig waren, in deren Gemeinschaft er sich wohlfühlte.

Edwards ist bekannt geworden durch sein Buch »Spiritual Healing«. Dort gibt er uns auch Einblicke in seinen Werdegang als Heiler und in seine Heilerpraxis. Als 41jähriger besuchte er mit seiner Frau einen spiritualistischen Gottesdienst, die es ja in England reichlich gibt. Bei den Séancen wurde ihm von einem Medium gesagt, daß einige jenseitige Geist-Führer mit ihm in Verbindung treten wollten. Zunächst verhielt er sich passiv. In einer der Sitzungen wurde er aber von einer inneren Macht erfüllt. Nach den Worten des Buches wurde bei diesem Vorgang seine Medialität entwickelt und eine »spirit possession«, eine Geisterbesessenheit, vollzogen.

Von diesem Augenblick an war dieser Mann unter der Kontrolle der Geister. Er gab in den spiritualistischen Gottesdiensten eine Reihe von Trance-Botschaften. In dieser Zeit setzte plötzlich die Fähigkeit ein, abwesende Kranke zu heilen. Wenn ihm der Name oder der Wohnort eines Kranken gesagt wurde, sah er plötzlich den Raum, in dem sich der Patient befand, und er vermochte ihn durch geistige Beeinflussung zu heilen.

Zum Heilungsvorgang selbst sagt das Buch folgendes aus: »Er suchte die Trance, die dafür Voraussetzung war, daß eine Verbindung mit dem Geistfreund einsetzte. Dann wurde durch Betasten des Patienten der Krankheitsherd lokalisiert. Danach strömten durch die Hände des Heilmediums Kräfte auf den Patienten über, die als Wärmegefühl empfunden wurden.«

Alle Menschen, die auf diese Weise geheilt worden sind, stehen unter einem spiritistischen Bann. Harry Edwards hat dem englischen Volk einen furchtbaren Dienst erwiesen: Tausende, Abertausende von Menschen sind von diesem Propheten der spiritistischen Geister belastet worden. Und Englands Christen schweigen dazu.

Dr. Trampler aus München, dessen Heilmethode der Praxis von Bruno Gröning ähnlich ist, erlebte fast täglich an seinen Patienten erstaunliche Heilungen. Auch chronische, organische Leiden wurden oft ungeheuer rasch behoben. Um welche Kräfte und Prinzipien handelte es sich bei diesem Heiler? Es sollen hier nur Stichworte gegeben werden. Dr. Trampler spricht von einer planbeseelten Kraft, die durch ihn hindurchströmt und dann auf seine Patienten überfließt. Zum besseren Empfang dieser kosmischen Kräfte aus dem All können die Fingerspitzen in die Höhe gehalten oder auch Aluminiumfolie benützt werden. Es wird geraten, die Folie auch unter das Kopfkissen zu legen oder auf dem Körper zu tragen. In religiöser Hinsicht fließen bei diesem Heiler viele Ströme zusammen. Er spricht von Gott und Christus, anerkennt aber auch andere Kulturreligionen als Offenbarungsquelle. Die Lehre dieses Heilers ist eine Mischung aus pantheistischen, mystischen, naturreligiösen und christlichen Elementen. Eine gefährliche, irreführende Vermengung. In der Seelsorge wurde mir über die Art und Weise seiner Heiltätigkeit berichtet. Er stellt sich vor seine Patienten und konzentriert sich einige Sekunden auf ihr Leiden und kann dann treffsichere Diagnosen geben. Dann setzt er seine geistigen Kräfte ein und beeinflußt die Patienten. Er fragt sie dann: »Spüren Sie ein Wärmegefühl?« Bei diesem Vorgang haben wir einmal die hellfühlende Diagnose und zum anderen die geistig-mediale Beeinflussung. Daß es sich nicht um göttliche Kräfte handelt, sondern um mediale, zeigt das folgende Beispiel.

B 183 Eine Frau aus einer pietistischen Gemeinschaft reiste zu Dr. Trampler, um Hilfe gegen ein organisches Leiden zu finden. Sie saß inbrünstig betend im Wartezimmer mit vielen anderen Patienten zusammen. Der Heiler kam, schritt durch die Reihen und befaßte sich mit jedem Hilfesuchenden. Als er vor der betenden Frau stand, erklärte er kurz: »Ihnen kann ich nicht helfen. Gehen Sie wieder heim.« Dann ging er weiter. Ich habe in meiner Kartei einige solcher Beispiele.

Eine Begegnung mit Bruno Gröning hörte ich von einem Mitglied des Missionstrupps »Frohe Botschaft« von Wolfgang Heiner. Später erhielt ich das Zeugnis schriftlich.

B 184 »Als junges Mädchen war ich jahrelang krank. Ich ging von einem Arzt zum anderen, aber keiner konnte mir helfen. Eines Tages hörte mein Vater von dem bekannten Wunderdoktor Bruno Gröning. Mein Vater setzte alle Hoffnung auf diesen Mann. Im Vorraum des Behandlungszimmers befanden sich viele Menschen. Sie alle warteten auf Gröning. Mein Vater und ich saßen unter ihnen. Ich betete leise. Was ich damals zu Gott gefleht habe, weiß ich nicht mehr, aber meine Gedanken beschäftigten sich mit Jesus. Plötzlich öffnete sich die Tür, und ein Mann mit hoher Stirn betrat den Raum. Es war Bruno Gröning. Je mehr er auf mich zukam, desto mehr fühlte ich eine innere Beklemmung. Ich wurde unruhig. Er sprach mit jedem. Auch mir stellte er die Frage, ob ich glaube, daß er mich gesund machen könne. Ich erwiderte: ›Wenn Gott Ihnen die Kraft dazu gibt, ja!‹ Ich wußte, daß Gröning von sich sagte, er würde in der Vollmacht Gottes heilen. Doch plötzlich merkte ich einen Widerspruch. Gröning sagte: ›In Ihnen ist eine Macht, die meiner Kraft widersteht.‹ Ich schwieg, denn ich wußte, daß es die Kraft Jesu war.

Gröning aber gab mich nicht auf. Er versicherte mir, ich würde noch an ihn glauben. Er gab mir eine Stanniolkugel, die ich in die Hand nehmen mußte und ein Stanniolblatt, das ich nachts unter das Kopfkissen legen sollte. Außerdem kaufte mein Vater von ihm ein Buch, das eine Fotografie Grönings enthielt. Auf dieses Bild sollte ich meine Hand legen und an Gröning denken. Wenn ich dieses alles tun würde und daran glaubte, würde ich gesund.

Doch ich wurde nicht gesund. Im Gegenteil, in mir vermehrte sich seitdem eine furchtbare Angst. Ich wurde gequält. Eines Tages hielt ich es nicht mehr aus und verbrannte das Stanniolpapier. Danach wurde ich stiller in meinem Herzen. Als ich wenig später in meinem Urlaub zum Missionstrupp ›Frohe Botschaft‹ ging, da sagte ich einem Seelsorger die Sache mit Gröning. Man betete mit mir, legte mir die Hände auf, und ich sagte mich durch das Lossagegebet von dieser finsteren Macht los. Seitdem ist aller Druck von mir gewichen, alle Angst ist weg. Jesus Christus hat mich frei gemacht, dafür will ich ihm danken.«

Pfarrer Johannes Bolte gehört zu den Geistheilern, die mir in der Seelsorge am meisten Not bereiteten. Er besitzt hochgradige mediale Fähigkeiten und gilt als ein erfahrener Pendler. In Mitteldeutschland hatte er große Heilerfolge. Eines Tages schickte er mir seine Broschüre »Von der Pendelforschung zur Wunderheilung« zu. Diese Schrift enthält aufschlußreiche Aussagen aus seiner langjährigen Pendelpraxis und ist der Ausgangspunkt für die folgenden Erläuterungen.

Aufschlußreich für den Charakter der Pendelforschung sind die Querverbindungen, denen ein ganzes Kapitel gewidmet ist. Die medialen Bereiche haben alle untereinander »Metastasen« wie der fortgeschrittene Krebs. So schreibt Bolte auf Seite 9: »In dem kommenden geistigen Zeitalter wird es auch eine neue Medizin geben! Eine Medizin, die aus diesem Geisteserlebnis geboren wird. Pendelforschung und Heilmagnetismus werden dann im Kreise der Ärzte große Bedeutung bekommen.« Auf Seite 11 stellt der Autor fest: »Die Pendelkunde ist überhaupt erst der Schlüssel zu der ungemein komplizierten Homöopathie.« – Pendelforschung – Heilmagnetismus – Homöopathie ist die Querverbindung auf medialer Basis.

Der Ausgangspunkt der Pendelpraxis Boltes ist die Annahme einer Strahlung, die von organischen und anorganischen Stoffen ausgeht. Diese fiktive Strahlung, die jenseits physikalischer Meßbarkeit liegt, wurde von Freiherr von Reichenbach Od genannt. Die Chinesen nannten es Chi, das bei der Akupunktur eine Rolle spielt. In fast allen östlichen Religionen ist ja die Ausstrahlung einer elementaren Energie als ein Grundkonzept vertreten. Aus dieser angenommenen Emanation aller Stoffe hat sich die Praxis aller Radiästheten entwickelt.

Bolte schreibt dazu S. 27: »Die Pendelkunde ist zunächst Erforschung der geheimen, unbekannten Strahlen. Das sind in erster Linie Od-Strahlen, biologische Strahlen, die der heutigen Physik und Medizin dummerweise noch nicht bekannt sind, obwohl sie in der gesamten Natur eine geradezu ausschlaggebende Rolle spielen, vielleicht noch mehr als die Elektrizität. – Das Pendel zeigt einem das Wesen der Krankheit, das, wo sie hergekommen ist: sie kam aus den gestörten Strahlungsverhältnissen.«

Eigentlich muß man Pfarrer Bolte dankbar sein, daß er ausführlich über seine Pendelforschung spricht. Dadurch macht er es dem Beurteiler leicht, das Wesen der Pendelreaktionen zu erkennen.

Auf Seite 29 schreibt Bolte: »Eine zweite Tatsache ist das Vorhandensein einer jenseitigen Welt. Jenseitige können das Pendel auch beeinflussen. Denn Od ist eine Zwischenmaterie zwischen der Materiewelt und der Astralwelt, in der die Jenseitigen der Zwischenstufen leben. Mit dem Od spielen sich auch alle die Phänomene des Spiritismus ab, Tischklopfen, mediales Schreiben, Materialisationen und anderes. Somit ist also das Pendel in gewisser Weise auch ein gefährliches Instrument. Der Pendler muß also die Gesetze und Gefahren des Mediumismus kennen. Er könnte sonst unter Umständen sogar verrückt werden.«

Ich bin Bolte dankbar für diese offene Sprache. Er nimmt mir die Arbeit ab, solche Nachweise zu bringen, wenn er als hochqualifizierter Pendler und Heiler selbst die Zusammenhänge mit dem Spiritismus aufzeigt.

Eigentlich könnte man hier dieses Kapitel abschließen. Aber es ist wichtig, daß wir auch in die Praxis des Pendlers hineinschauen.

Bolte sagt S. 7: »Mit dem Pendel konnte ich die Kupfervorkommen auf der bloßen Landkarte nach Lage, Tiefe und Mächtigkeit regelrecht ablesen.« Ebenso kann auf einem Foto der Charakter, ja sogar alle Lebensdaten der dargestellten Person festgestellt werden. Mit dem Pendel kann man auf einem anatomischen Atlas die Krankheiten eines Patienten erkennen, wenn man mit der rechten Hand das Pendel führt und die linke auf den Kranken legt. So kann der geübte Pendler nicht nur Strahlen fühlen, nachweisen, messen und deuten, sondern auch Strahlen aussenden und damit heilen. – Das ist das Problem der geistigen Heilung. Es gibt Fernmutungen und Fernheilungen, also den aktiven und den passiven Vorgang auf Distanz.

Immer wieder stieß ich in Boltes Buch auf Aussagen, die mir aus der Seelsorge geläufig sind. So schreibt er auf Seite 38: »Man soll nicht mit dem Pendel nach Dingen fragen, zu denen unser Geist gar keinen Kontakt haben kann. Was ist die Folge? Es schalten sich sofort niedere Jenseitige ein, die uns ständig umgeben in dieser Welt der Verführungen und Prüfungen. Wenn sie sehen, daß jemand medial ist und seine Medialität anwenden will, dann sind sie da und versuchen aus dem Betreffenden ihr Medium zu machen, also diesen Betreffenden zu mißbrauchen.« – Abgesehen davon, daß ich die ganze Pendelpraxis total ablehne, stehen hier Sätze, die meiner eigenen Beobachtung entsprechen. Wer seine Medialität erkennt und anwenden will, wird Operationsbasis böser Geister. Das sagt also nicht ein Pietist oder Evangelikaler, sondern ein erfahrener Pendler.

Heilung durch das Gemüt

Eine andere Heilbewegung ist in gewissem Sinne auch die Christliche Wissenschaft. Ich kann hier keine ausführliche Darstellung dieser Bewegung geben. Kurt Hutten hat das in seinem Sektenbuch »Seher, Grübler, Enthusiasten« getan.

Zu meiner Information über *mind-healing*, der Heilungspraxis der Christian Science, stehen mir folgende Quellen zur Verfügung. Die beiden Hauptwerke der Amerikanerin Mary Baker Eddy, der Gründerin dieser Bewegung. Die Titel lauten »Science and Health = Wissenschaft und Gesundheit«, ferner »Vermischte Schriften«, die Jahre 1883-1896 umfassend. Dazu hatte ich Gelegenheit, die Zentrale der Bewegung in Boston (USA) zu besuchen. Es ist ein Hochhaus mit 27 Stockwerken. Das meiste Material erhielt ich aus der Seelsorge und durch die Begegnung und Diskussionen mit Anhängern dieser okkulten Bewegung.

Entstehung und Auswirkungen der Heilmethode mind-healing zeigen deutlich, daß es sich hier nicht um biblisches Geschehen handelt. Der Anfang wird markiert durch eine okkulte Heilung. Mary war schon als Kind sehr kränklich. Nachdem ihr gesundheitlicher Zustand immer schlechter wurde, suchte sie in ihrer verzweifelten Bedrängnis als letzte Rettung den Heilpraktiker P.P. Quimby auf. Dieser kam vom Mesmerismus her und verwendete Heilkräfte suggestiver und magnetischer Art. Binnen acht Tagen war sie geheilt. Fortan verehrte sie ihn, und die Wissenschaft des geistigen Heilens zu lernen und zu praktizieren, wurde nun der Inhalt ihres Lebens.

Quimby selbst hatte durch einen umherreisenden Hypnotiseur die Macht der Suggestion kennengelernt, als dieser einen jungen Burschen in Tiefschlaf versetzte und steif wie ein Brett machte. Quimby war beeindruckt und hielt die medialen hypnotischen Kräfte für Seelenkräfte. Daraufhin experimentierte er sieben Jahre mit seinen »Seelenkräften« und entwickelte eine neue Heilmethode. Dieser legte er die Auffassung zu Grunde, daß Krankheit vor allem das Ergebnis einer auf Furcht, Sorgen und anderen negativen Gemütsbewegungen beruhenden falschen Denkweise sei, die auf mentalem Wege überwunden werden muß. Der falschen Denkweise sollte ein richtiges Denken, den negativen Gemütserregungen die Kraft positiver Gefühle entgegengesetzt werden. Da unsichtbare magnetische Strömungen von Seele zu Seele gehen, könne der Heiler den eigenen Glauben auf den Kranken übertragen. Dieser Glaube wirke Wunder. An ihm hänge es auch, ob eine Arznei helfen oder wirkungslos bleiben würde. Darum brauche der Kranke vor allem ein »neues Denken«, das jede Angst und Mutlosigkeit ausschließe. Diesen Grundgedanken hat M.B. Eddy von Quimby übernommen und weiterentwickelt.

Das Lehrsystem von M.B. Eddy ist reichlich kompliziert. Auf jeder Seite ihrer Bücher wird deutlich, daß dieses Lehrgebäude dem Gedankengang der Bibel nicht entspricht, obwohl viele Bibelworte zitiert werden. So schrieb sie in ihrem Hauptwerk »Science and Health«, daß wir in unserem mind (Geist, Gemüt) nur die richtige Einstellung aufbringen müssen, dann würden wir gesund. Das heißt also, daß unser Denken und unsere Vorstellungen sich verwirklichen. Das ist Autosuggestion und hat mit einem biblischen Geschehen nichts gemeinsam. Hier befindet sich M.B. Eddy in der Nähe des Psychotherapeuten Coué (1857-1926). Dieser entwickelte ein Heilverfahren, das sich auf die Autosuggestion gründet. Coué erklärte, daß die Einbildungskraft der Antrieb menschlichen Handelns ist. Diese Vorstellungskraft muß so gesteigert werden, daß sich das verwirklicht, was der Mensch sich vorstellt. Solche unbiblischen Gedanken sind leider auch in christlichen Kreisen zu finden, so z. B. bei dem Koreaner Dr. Yonggi Cho.

Der von M.B. Eddy hundertfach gebrauchte englische Ausdruck mind-healing bedarf einer kurzen Erklärung. Mind wird übersetzt mit Gemüt, Geist, Denkkraft, Verstand. Somit heißt mind-healing sowohl Heilung durch das Gemüt als auch Heilung durch die Kraft des Denkens oder den Geist. Manchmal verwendet M.B.Eddy auch den Ausdruck Gedankenbehandlung.

Ihre praktizierenden Schüler, die sich *Ausüber* nennen, heilen heute in allen Teilen der Welt direkt oder auch auf große Entfernungen mit der Kraft ihres »Gemütes«, mit »denkender Kraft«. Sie nennen das »beten« oder für jemand »arbeiten«. Ausüber, die nicht medial sind, haben keine Heilerfolge auf Entfernung. Die Praxis von mind-healing fällt in das Gebiet der Suggestion, Autosuggestion, religiösen Suggestion und vor allem der Mentalsuggestion (mediale Beeinflussung auf Entfernung).

Die meisten Informationen über diese okkulte Heilbewegung erhielt ich aus der Seelsorge. Das Stichwort »okkult« hat mir schwere Attacken eingebracht.

B 185 Bei einer internationalen Missionskonferenz auf Haiti erwähnte ich bei einem Vortrag die okkulte Heiltätigkeit der Christian Science. Wütend sprang ein Teilnehmer auf, unterbrach mich und erklärte, daß er und seine Schwester durch Ausüber der Christlichen Wissenschaft geheilt worden wären. In seiner Gegenwart könne niemand diese Kirche abwerten. Nach dem Vortrag kam ein Pastor aus Kalifornien zu mir und erklärte: »Nehmen Sie das nicht so tragisch. Dieser Mann ist ein Troublemaker (Unruhestifter) wo er hinkommt. Dabei ist er Prediger einer Gemeinde.« Ich erwiderte: »Mich wundert das nicht. Nach meiner Erfahrung haben alle, die bei der Christlichen Wissenschaft geheilt worden sind, sich irgendeine Belastung oder seelischen Schaden geholt.«

B 186 Einen anderen Angriff erlebte ich in Deutschland. In einem meiner Bücher hatte ich die Bemerkung gemacht, daß manchmal die Ausüber ihre mentalen Kräfte umkehren und den Menschen schaden, die sie verfolgen wollen. Mary Baker Eddy selbst hat das in ihren Schriften erwähnt. Sie nennt diese Umkehrung der heilenden Kräfte in schädigende Kräfte Malpraxis. Mein Angreifer behauptete nun, er hätte weder diese Gedanken noch dieses Wort in den Büchern von M.B. Eddy gefunden. Ich staune darüber und wieder nicht. Es gibt Christen, die ihre Bibel nicht lesen und so gibt es auch Scientisten, die die Bücher ihrer Chefin nicht lesen noch kennen. Ich habe selbst in den Büchern von Frau Eddy den Vorgang der Malpraxis rund 15mal erwähnt gefunden. In »Vermischte Schriften« schreibt sie in Kapitel III (Artikel 31): »Mentale Malpraxis ist das gerade Gegenteil der Christlichen Wissenschaft. Sie bedeutet, gedanklich so zu wirken, daß dadurch das Glück eines Mitmenschen verhängnisvoll angegriffen, daß er sittlich, körperlich oder geistig geschädigt werden kann. Dies ist nicht der Gebrauch, sondern der Mißbrauch der Gedankenbehandlung, es ist mentale Malpraxis.« Selbstverständlich heißt Frau Eddy die Malpraxis nicht gut sondern verwirft sie. Es liegen mir aber genug Beispiele vor, daß diese Grenzen von den Ausübern überschritten werden.

Auf die Ausüber mußte ich in der Seelsorge immer wieder ein besonderes Augenmerk richten. Es muß, nach den Auswirkungen zu schließen, okkult arbeitende Männer unter ihnen geben. Wie oft wurde mir gebeichtet, daß ausgetretene Scientisten von ihren Ausübern verfolgt wurden.

B 187 Ein Ausüber der Christlichen Wissenschaft erkannte seinen Irrweg und meldete seinen Austritt an. Man schrieb ihm von der Zentrale in Boston, er würde das zu bereuen haben. Kurz danach bekam er eine unerklärliche Hautkrankheit, mit der kein Dermatologe (Hautspezialist) fertig wurde. Der Patient häutete sich wie eine Schlange. Dieser Vorgang wiederholte sich mehrmals. Beim dritten Mal starb er. Der Beweis läßt sich nicht erbringen, daß diese schwere Erkrankung die vereinte Malpraxis von sechs oder zwölf stark medialen Ausübern war. Ich kann nur wahrheitsgemäß berichten, daß mir das in der Seelsorge auch bei anderen okkulten Bewegungen gebeichtet wurde. In den USA gibt es eine Strömung, die in gleichen Fällen »Soul Force« = Seelenkraft anwendet, um ein »irrendes Schaf« zurückzuholen. – Mir sind solche Vorgänge auch aus der Magie bekannt. Wie die Besprecher und Magier Krankheiten heilen können, so vermögen sie auch Krankheiten anzuhängen.

B 188 Ein Akademiker war lange Zeit Mitglied der Christlichen Wissenschaft. Nach und nach erkannte er den Ungeist dieser Bewegung und entschloß sich auszutreten. Der Ausüber drohte ihm darauf: »Das werden Sie zu bereuen haben.« Trotzdem vollzog der Akademiker die Trennung. Es stellten sich aber hinterher viele Störungen ein. Er litt unter furchtbaren Kopfschmerzen, Schlaflosigkeit, hatte oft ein Flimmern vor den Augen und Bewußtseinstrübungen. Auch im Geschäft erlebte er viel Unglück. Die Drohung hatte sich also erfüllt.

Die Heilungen der Scientisten haben mit den biblischen Heilungen nichts gemeinsam. Wenn ein Christ für einen Kranken betet, so geschieht das in der Haltung: Herr, dein Wille geschehe. Bei der biblischen Heilung geht die heilende Kraft von Christus aus. Bei mind-healing ist die Ursache der mental-arbeitende Ausüber. Die häufig gebrauchten Bibelworte, das ganze fromme Beiwerk ist nur Tarnung.

Wir stehen bei der Christian Science vor einer okkulten Bewegung, vor der die Christen entschieden gewarnt werden müssen, zumal hier tausendfach in mißbräuchlicher Weise das Wort Gottes als Steigbügelhalter benützt wird. Mitunter bringen Scientisten Berichte heraus, die so wunderbar mit christlichem Gedankengut geschmückt sind, daß der schlichte Christ davon erfaßt wird. Ich darf nur das Buch »Heilendes Licht« von Agnes Sanford erwähnen. Wunderbar geschrieben, aber dennoch nicht völlig im Einklang mit dem Worte Gottes.

Tranceheilungen

Bei meinen vielen Missionsreisen habe ich noch kein Land entdeckt, das keine medialen Heiler hätte. In nichtchristlichen Ländern ist ohnehin seit Jahrtausenden die mediale Heiltätigkeit die übliche Form. Weit verbreitet ist die Form der Trancediagnose und Tranceheilung.

B 189 In Südbaden gab es die beiden Brüder Seiler, die im Volksmund »die Schläfer« heißen. Wenn ein Patient das Sprechzimmer betrat, zog der behandelnde Heiler sich für einen Augenblick in ein dunkles Kabinett zurück. Dort versetzte er sich für einige Sekunden in Trance. Danach war die Diagnose perfekt. Als Mittel gaben die beiden Brüder homöopathische Medikamente aus. Wenn unter den Wartenden im Wartezimmer ein gläubiger Christ betete, wurden beide Tranceheiler gestört. Solche Beter wurden dann mit groben Worten weggeschickt. In meiner Kartei ist ein Brief der Brüder Seiler. Es ist der älteste Brief von Besprechern, der mich je erreicht hat.

Gebrüder Seiler — Ottenheim, 5. März 1933
Heilkundige
Ottenheim – Baden

»Sehr geehrter Herr!

Bezugnehmend auf Ihr wertes Schreiben möchte ich Ihnen kurz antworten auf Ihre Fragen. Immer denke ich mit dankba-

rem Herzen an Gott, der mir diese Gabe verlieh, der Menschheit zu helfen. Ich kann nicht glauben, daß unsere Betätigung gegen Gottes Willen sein sollte, dürfen wir doch auf so viele Erfolge zurückblicken. Sollten Sie mal unsere Sprechstunde aufsuchen, so werde ich Ihnen noch mehr sagen können.
Hochachtungsvoll Seiler«

Die Auswirkungen der Seilerschen Trancediagnosen konnte ich beobachten, da auch von meinem Heimatdorf Berghausen, 110 km von Ottenheim entfernt, viele in die Sprechstunde dieser »Schläfer« gingen. Einmal wurde ich mitten in der Nacht zu einer Frau geholt, die sich hatte behandeln lassen. Es war eine Frau mit einer guten kirchlichen Einstellung. Sie wurde nicht geheilt, aber in der Nacht nach dem Behandlungstag erlitt sie einen furchtbaren Angriff. Sie meinte, ersticken und sterben zu müssen. Ihr ganzer Körper brannte. Sie sah dann ein, daß sie falsche Kräfte in Anspruch genommen hatte.

Edgar Cayce. Bei meinen Vortragsreisen durch die USA stieß ich auf das Buch »Edgar Cayce, the Sleeping Prophet.« Es handelt sich um ein Taschenbuch, das eine millionenfache Auflage erlebt hat und zum Bestseller wurde. Darüber hinaus hatte ich Seelsorge und Diskussionen im Zusammenhang mit diesem Mann.

B 190 Edgar Cayce ist der bekannteste amerikanische Tranceheiler, ausgerüstet mit medialen Kräften der Heilung und der wahrsagerischen Prophezeiungen. Sein Großvater war Farmer, der schon mediale Kräfte besaß. Er konnte mit der Rute Wasser suchen. Edgar, sein Enkel, hatte wahrscheinlich von diesem Großvater eine sukzessive Medialität, die er im Alter von sieben oder acht Jahren entdeckte. Die Eltern Cayce waren Mitglieder einer Presbyterianischen Kirche. Edgar hat in seiner

Heimatkirche die Sonntagsschule besucht. Später wurde er sogar einer der Sonntagsschullehrer.

Die Entdeckung seiner Medialität basiert auf einem interessanten Jugenderlebnis. Eines Abends sagte Cayces Vater zu seinem Sohn: »Du bleibst heute abend so lange auf, bis du deine Lektion für die Schule gelernt hast.« Gegen 23 Uhr war der kleine Knirps furchtbar müde und legte seinen Kopf auf das Buch. Da hörte er eine Stimme: »Schlafe ruhig, wir helfen dir.« Er schlief ein, wachte nach zehn Minuten wieder auf und wußte Wort für Wort die Lektion des Buches. Mir ist diese Hellseherfähigkeit einige Male in der Seelsorge begegnet.

Von seinem 24. Lebensjahr an machte Cayce Schlagzeilen. Wenn ein kranker Mensch bei ihm Rat und Hilfe suchte, versetzte sich Cayce für einige Sekunden in Trance. Nach vier oder fünf Sekunden konnte er dem Besucher seine Krankheit angeben. Er verschrieb dann ein Medikament, das der Kranke sich in der Apotheke holte. In manchen Fällen stellte er nicht nur eine Trance-Diagnose, sondern gab auch durch Mentalsuggestion einen Heilungsimpuls. In diesem Fall war ein Medikament nicht erforderlich. Wenn Cayce sich in die spiritistische Trance versetzte, konnte er jede Krankheitsursache eines Menschen finden. Im Wachzustand wußte Cayce dann nicht, was er gesagt hatte. Oft konnte er nicht einmal die medizinischen Ausdrücke richtig aussprechen, die er in der Trance fachgerecht gebraucht hatte. Einmal bat ein Italiener Cayce um eine Diagnose. In der Trance gab Cayce dann in fließendem Italienisch Antwort. Er antwortete auch in Französisch, Spanisch, Deutsch und in anderen Sprachen, die er nicht gelernt hatte, die aber mitgeschrieben wurden. Was Cayce in der Trance diagnostizierte, wird readings = Lesungen, Aussagen genannt.

Wenn ein Amerikaner Heilung oder Hilfe brauchte, schrieb er dem »Propheten« einen Brief. Cayce konzentrierte sich auf den Brief und versetzte sich in Trance. In diesem Zustand erkannte er dann exakt die Krankheit des Bittstellers und konnte ihn gleichzeitig heilend beeinflussen. Genauso konnte er verlorene Gegenstände in dieser Weise auffinden oder auch Zukunftsprognosen geben, die eintrafen.

Weil er alle seine Hilfsaktionen in der Trance durchführte, nannte man ihn den »schlafenden Propheten«. Im Grunde genommen stecken in dieser Bezeichnung zwei Fehler. Es handelt sich nicht um einen Schlaf, sondern um Trance. Der Unterschied ist schnell geklärt. Wenn er in Trance lag, konnte man ihn mit einer Nadel stechen. Er spürte es nicht. Ein Schläfer wäre durch diese Nadelstiche aufgewacht. Ferner ist er nicht ein Prophet, sondern ein Zauberer. Simon Magus und Elymas in der Apostelgeschichte waren Zauberer und keine Männer Gottes. Wir leben aber heute in einer so chaotischen Zeit, daß alle Begriffe verwechselt und dem Teufel noch Ehren erwiesen werden. Das Argument, Cayce habe vielen geholfen, stimmt nur zum Schein. Er hat viele belastet und hat dem amerikanischen Volk einen schlechten Dienst erwiesen. Natürlich werden Heilerfolge nicht geleugnet. Die Bibel weiß auch von dämonischen Wundern (Matth. 24,24; 2.Thess. 2,9).

Cayce war neben seiner okkulten Tätigkeit auch aktives Mitglied einer christlichen Kirche. Er hatte die lobenswerte Gewohnheit, jedes Jahr die ganze Bibel zu lesen. Seine medialen Kräfte hielt er für Gaben des Heiligen Geistes. Er entwickelte biblische Sonderlehren. So lehrte er die Reinkarnation, die Ansicht, daß der Mensch mehrmals geboren wird, um sich höher zu entwickeln. Cayce behauptete schließlich, er hätte schon in der biblischen Zeit vor 1900 Jahren gelebt und wäre der Neffe des Arztes Lukas gewesen. Wir stehen hier vor einem seltsamen Gemisch von Bibelstudium und Zauberei. Das ist eine Spezialität Satans, sich fromm zu tarnen. Leider werden auch viele Christen durch solche Erfolge getäuscht, weil sie nicht zwischen charismatischen und medialen Kräften unterscheiden können.

Die Filipino-Heiler

Bei meinen Vortragstouren auf den Philippinen kam ich in der Seelsorge mit Menschen in Kontakt, die sich von solchen spiritistischen Heilern hatten helfen lassen. Seit Jahren machen diese Heiler von sich reden. Sie haben ja große Wallfahrten zu den Orten ihrer Wirksamkeit, wie zum Beispiel Baguio, der sogenannten Stadt der Heiler, hervorgerufen. Von Europa und den USA kommen Gruppen von Ärzten und anderen Akademikern zu diesen Heilern. Manche glauben, es handle sich um göttliche Heilungen, weil die Heiler die Bibel, den Rosenkranz, Kruzifixe und kleine Hausaltäre in ihrer Wohnung haben und sich als gläubige Katholiken ausgeben. Nahezu alle Filipino-Heiler gehören zur Union Espiritista Christiana de Filipinas = spiritistisch christliche Vereinigung der Philippinen. Diese Kombination ist aber nicht möglich. Entweder wir sind Christen oder wir sind Spiritisten. Eine Vermengung der beiden entgegengesetzten Kraftfelder ist nicht möglich, ohne daß wir schwersten geistlichen Schaden leiden.

B 191 Auf den Philippinen nahm ich die Berichte eines »Astralchirurgen« auf. Nach dem Glauben der Spiritisten hat der Mensch nicht nur einen materiellen, sondern auch einen Astralleib. Der Filipino führt bei seinen Patienten Scheinoperationen an diesem Astralleib durch, aber alles ohne Instrumente. Er versetzt sich in Halbtrance und macht über dem Patienten Handgriffe, als würde er regulär operieren. Die geheilten Patienten behaupten, er könne auf diese Weise einen Blinddarm oder eine Gallenblase entfernen, ohne daß die Bauchdecke aufgeschnitten wird. Eine Frau, deren Gallensteine röntgenologisch erkannt worden waren, ließ sich von diesem Astralchirurgen behandeln. Hinterher zeigte das Röntgenbild, daß die Steine verschwunden waren. Wir hätten in diesem Fall eine Art spiritistischen Apports vor uns. Apporte bedeuten Auftauchen und Verschwinden in geschlossenen Räumen. Es könnte auch ein Vorgang der Dematerialisation sein. Materie wird abgebaut und löst sich auf.

Zur Tätigkeit dieses Filipino habe ich zwei Beichtgespräche gehabt. Ein Student, der sich einer solchen »Geisteroperation« unterzogen hat, kam mit schwersten Depressionen zurück. Er litt unter Selbstmordgedanken, war völlig apathisch, konnte sein Studium nicht mehr fortsetzen. Er suchte zuerst einen Psychotherapeuten auf, der nicht mit ihm klar kam. Der Therapeut schickte den Studenten zu mir. Ich versuchte, ihm den Weg zu Jesus und zur Befreiung zu zeigen. Es gelang nicht. Seine Seele war wie versteinert.

Die zweite Patientin dieses Filipino, die zu mir kam, war eine gläubige Schweizerin. Sie war seit Jahren krank und ließ sich durch die wunderbaren Heilberichte dazu verleiten, auf die Philippinen zu reisen. Sowohl sie als auch ihre Angehörigen beteten viel für diese Reise und die Behandlung. Der Filipinoheiler konnte nichts an ihr ausrichten. Das Gebet hatte ihn blockiert.

Der Trance-Chirurg

Von den Philippinen gehen wir nach Brasilien, einem Land, das ich neunmal bereist habe. Mehrere meiner Vortragstouren wurden von Kreispfarrer Braun vorbereitet. Er hat mich großenteils mit dem Wagen zu den Einsatzplätzen gefahren. Bei diesen Fahrten kamen wir auch durch Belo Horizonte, der Wirkungsstätte von Arigo, dem spiritistischen Chirurgen-Genie. Was Arigo alles vollbracht hat, ist eine Kette von Wundern – allerdings dämonischen Wundern. Die katholische Kirche selbst bezeichnete ihn als spiritistischen Heiler, obwohl Arigo zur katholischen Kirche gehört.

B 192 · In dem erwähnten Städtchen Belo Horizonte ereignete sich ein unglaubliches Operationswunder Arigos. Der Senator Lucio Bittencourt hatte eine Wahlversammlung gehalten, zu der auch Arigo und seine Freunde von Cogonhas angereist waren. Bittencourt hatte Lungenkrebs und plante, sich nach der Wahlveranstaltung in den USA operieren zu lassen.

Der Senator und Arigo übernachteten im gleichen Hotel. In der Nacht sieht Bittencourt plötzlich Arigo mit einem Rasiermesser in der Hand in seinem Zimmer. Er hört noch die Worte Arigos: »Sie befinden sich in großer Gefahr.« Dann verliert er das Bewußtsein. Als er wieder zu sich kommt, fühlt er seinen Zustand verändert. Er macht Licht und entdeckt Blutgerinnsel an seiner Pyjamajacke. Er zieht die Jacke aus und betrachtet den Oberkörper im Spiegel. Er beobachtet am Brustkorb einen feinen Schnitt. Da er um Arigos Heilkunst weiß, eilt er in das Zimmer Arigos und fragt ihn: »Hast du mich operiert?« – »Nein, Sie haben wohl zuviel getrunken.« Der Senator antwortet: »Das muß ich genau wissen. Ich nehme das nächste Flugzeug und gehe zu meinem Arzt in Rio.« Bittencourt erklärt dem Arzt nur, daß er operiert worden sei. Der Spezialist macht Röntgenaufnahmen und bestätigt: »Ja, Sie sind nach den Regeln der amerikanischen Chirurgie operiert worden. So weit sind wir hier in Brasilien noch nicht.« Erst dann erläuterte der Senator, was geschehen war. Diese Geschichte ging als große Sensation durch die Zeitungen und löste eine Flut von Besuchern in Arigos »Klinik« aus.

Amerikanische Ärzte kamen, Journalisten, Kameramänner, die alle möglichen Tests durchführten, ohne je einen Betrug zu entdecken. Arigo war zu jeder Prüfung bereit. Er »operierte« auch unter der laufenden Filmkamera. Ein amerikanischer Arzt, Dr. Puharich, ließ sich sogar ein Lipoma entfernen. Die Operation wurde mit einem rostigen Messer ohne Lokalanästhesie, ohne Desinfektionsmittel durchgeführt. Dr. Puharich empfand auch keine Schmerzen. Auch dieser Eingriff erfolgte unter laufender Filmkamera.

Welchen Charakter haben diese merkwürdigen operativen Eingriffe? Arigo, ein Hilfsarbeiter ohne jegliche medizinische Ausbildung, führt alle diese Operationen in Trance aus. Er behauptet, der Geist eines deutschen Arztes, Dr. Adolph Fritz, würde ihn »besessen« machen. Dieser Hinweis ist deshalb irreführend, weil kein deutscher Arzt solche Operationen ohne Narkose, ohne Desinfektion mit einem rostigen Messer durchführen würde und etwa damit eine Lungenoperation vornehmen könnte. Die Operationsschnitte von Arigo heilen auch ohne Naht mit großer Schnelligkeit zu. Zum andern kann kein Arzt der Welt auf Entfernungen ohne jede Untersuchung exakte Diagnosen stellen. Wenn Arigo in Trance ist, gibt er bei jedem Besucher sofort die exakte Diagnose an. Hier handelt es sich um die sogenannte hellfühlende Diagnose, wie wir sie nur bei den stärksten spiritistischen Medien finden.

Es handelt sich bei Arigo um nichts anderes als um eine dämonische Besessenheit. Dabei kann uns auch nicht die Frommtuerei hinweghelfen. Arigo hat über seiner Haustür ein Schild: »Hier in diesem Haus sind wir alle Katholiken.« Bei der Operation in seinem Haus stellt er die Patienten unter ein Jesusbild und den Spruch »Pense em Jesus« = Denke an Jesus. Bevor er morgens seine Arbeit beginnt, betet er ein Vaterunser. Diese fromme Umrahmung täuscht die Besucher. Diese Wunderheilungen werden an den Teufel mit dem Verlust des Seelenheils bezahlt.

Übrigens wurde der Senator später durch ein Flugzeugunglück getötet und Arigo durch einen Autounfall. Auch das ist eine Häufigkeitserscheinung, daß okkult Belastete oder gar dämonisierte Menschen oft in einem tödlichen Unfall enden. In meiner Kartei habe ich viele solcher Beispiele.

Die Heilungsprediger

Die schwarmgeistigen Heilbewegungen sind eine der größten Nöte der christlichen Gemeinden der Gegenwart. Hier geht es um Charismata und Pseudocharismata. Beide sind unvereinbar. Die Unterscheidung zwischen den *medialen* und den *göttlichen Wundern* ist jedoch oft nur möglich, wenn eine Gabe der Geisterunterscheidung vorliegt. Grundsätzlich ist es wichtig, den Charakter der medialen Kraftwirkungen zu erkennen. Zuvor bedarf der Ausdruck »medial« einer Erklärung.

Philologisch kommt der Ausdruck medial aus dem Lateinischen: medium = das Mittel, die Mitte, die Mittlerrolle. Diese Bezeichnung wird auch für die spiritistischen Kontaktpersonen benutzt. Ein Medium stellt die Verbindung zwischen unbekannten Kräften, Bereichen, Geistern und uns her. Die Energie, die dabei entfaltet wird, heißt medial.

Medialität kann auf dreifache Art und Weise entstehen:
durch Übertragung,
durch magische oder spiritistische Experimente,
durch Vererbung.

B 193 Ein berühmtes Beispiel für eine mediale Übertragung ist der Heilungsprediger Oral Roberts. Er ist hochmedial und sagte in Berlin 1966 in meiner Gegenwart: »Ich war als Junge krank und wurde von einem alten Indianer geheilt. Seit dieser Zeit hatte ich selbst eine Heilgabe.« Schlimm ist es dann, wenn Christen eines Tages ihre Medialität entdecken und dann annehmen, es seien charismatische Kräfte, durch den Heiligen Geist gegeben.

Medialität kann auch erworben werden. Wenn ein Mensch sich durch einen medialen Heiler heilen läßt, wird er gewöhnlich auch medial.

Die ererbte Medialität dagegen ist ein Späteffekt der Zaubereisünden der Vorfahren. Diese Form der medialen Veranlagung ist oft den Trägern unbewußt. Sie stellt auch zunächst keine Schuld dar, weil z.B. ein Enkel nicht dafür haftbar zu machen ist, was sein Großvater getrieben hat. Mediale Vererbungen gehen tatsächlich oft bis ins vierte Glied und sind damit eine Erfüllung des ersten Gebotes. Wenn sie zwar keine direkte Schuld darstellen, so sind sie doch eine Belastung. Wer diese ererbte Medialität wieder praktiziert, dem wird sie zur Schuld. Die ererbte Medialität ist auch nicht dämonisch, bedeutet aber eine offene Tür für dämonische Einflüsse. Aus diesem Grunde soll der Christ, der eine solche Vererbung entdeckt, Gott darum bitten, daß er sie wegnimmt und dafür die Kraft des Heiligen Geistes schenkt.

Die Beurteilung der Heilungsprediger gehört zum Wächteramt der Gemeinde Jesu Christi. Es sind vor allem drei Männer, deren Weg ich persönlich verfolgen konnte: *Branham, Hicks, Zaiss*. Allen drei gemeinsam ist das Abhalten von großen religiösen Massenversammlungen mit anschließenden Heilungsversammlungen. Was ich über diese drei Männer zu sagen habe, ist kein leichtfertiges Urteil gehässiger Kritik. Jahrelang habe ich sorgfältig alles erreichbare Material über diese drei Heilungsprediger gesammelt, alle Veröffentlichungen für sie und gegen sie gelesen, sie selbst gehört, ihre Heilungen überprüft und alles mit der Heiligen Schrift verglichen. Es geht mir nur um die Einhaltung des Bibelwortes: »Prüfet die Geister, ob sie von Gott sind.« Es ist unmöglich, alles Material, welches mir zur Verfügung steht, hier zu entfalten. Darum werden nur einige Hinweise gegeben.

William Branham ist ohne Zweifel der problematischste von diesen drei Männern. Es zeigen sich bei ihm wahrsagerische, heilmagnetische, magnetopathische, magische aber auch biblische Eigenschaften. Alles ist mit christlichen Worten überdeckt. Von seinen wahrsagehörigen Eltern brachte er gewisse okkulte Belastungen mit. In Karlsruhe erklärte er: »Ich bin von Geburt an visionär veranlagt.« Ich bin selbst Zeuge dieser Aussage. Hier wird ein biblischer Tatbestand mißachtet. Geistesgaben (charismata) werden nicht durch die natürliche Geburt verliehen, sondern durch die Wiedergeburt. In Zürich kam folgender typischer Fall vor.

B 194 Branham rief einen jungen Mann auf das Podium. Es entwickelte sich folgendes Gespräch: »Wir kennen uns noch nicht.« »Nein«, erwiderte der junge Mann. »Sie tragen in Ihrer Rocktasche den Brief einer jungen Dame.« »Ja.« »In dem Brief ist ein Foto von mir.« »Das stimmt.« »Zeigen Sie das Bild.« Der junge Mann holte es hervor. Daraufhin hob Branham das Foto in die Höhe und wandte sich an die Zuhörer mit der Frage: »Bin ich nicht ein Prophet Gottes?« Stürmisches Hallelujarufen war die Antwort. Wir fragen: »Soll ein Wahrsagekunststück Beweis der Prophetenschaft sein?« Hier wird Wahrsagen mit Weissagen verwechselt. Wahrsagen geschieht aus Kräften von unten (Apg.16,16). Weissagen geschieht aus einer Inspiration des Heiligen Geistes (Apg. 21,11). Warum kommt es außerdem Branham immer wieder sosehr darauf an, seine Prophetenschaft zu beweisen? Was soll außerdem der fetischistische (heidnisch, dinglich, magische) Brauch, eine Kiste voller Papierservietten zu segnen und sie an die Kranken zu verteilen? Das hat wahrhaftig nichts mit Apg. 19, 12 zu tun. Warum ist Branham nach seinen Vorträgen so erschöpft wie ein ausgepumpter Heilmagnetiseur? Jesus und seine Jünger wurden nicht torkelnd und völlig entkräftet weggeführt, wenn sie Kranke in der Vollmacht Gottes geheilt hatten. Warum wird Branham von betenden Brüdern, die sich in der Zuhörermenge befinden, in seiner Heiltätigkeit gestört? Zweimal erklärte er in solchen Fällen: »Es sind Gegenströmungen da.« Branham wußte nicht, daß wir einen Gebetskreis unter die Heilungsuchenden gemischt hatten, die den Herrn um Klarheit anriefen. Prompt war Branham jedesmal gehemmt, irgendetwas zu unternehmen. Er reagierte also genau wie die okkulten Heilpraktiker, die einen betenden Menschen in der Sprechstunde sitzen haben. Es liegen soviele Beweismittel vor – sie können hier nicht alle angeführt werden –, daß folgender Schluß gegeben ist: Branham besitzt mediale Fähigkeiten.

B 195 In Karlsruhe kam ein ehemaliges spiritistisches Medium mehrmals zur seelsorgerlichen Aussprache. Sie will Christus nachfolgen und hat sich von allem früheren spiritistischem Treiben gelöst. Leider hat sie noch mit ihrer ehemaligen medialen Veranlagung zu kämpfen. In der Aussprache erklärte sie mir: »Ich habe alle drei Wunderheiler gehört: Branham, Hicks und Zaiss. Mit allen drei hatte ich sofort medialen Kontakt, am schnellsten mit Branham.« Sie fügte noch hinzu: »Mit Ihnen bekomme ich keinen medialen Kontakt.« Ich erwiderte ihr: »Gott sei Dank, daß Sie mit mir keinen medialen Kontakt gewinnen.« – Genau das gleiche Erlebnis wiederholte sich in München. Anläßlich eines Aufklärungsvortrages kam eine Frau zur Seelsorge und berichtete mir, daß sie mit den drei großen Heilern sofort mediale Verbindung gewonnen hätte.

Branham kam in seiner Jugend zu Christus und schleppte diese dunklen, medialen Fähigkeiten, ohne es zu wissen, mit in die Nachfolge Jesu. Heute verwechselt er wie seine Anhänger diese Fähigkeiten mit Geistesgaben. Sein Dienst wirkt sich in den christlichen Kreisen spaltend, verwirrend und fanatisierend aus. Er ist der ausgesprochene Typ des Schwarmgeistes, vor dem der schriftgebundene Christ warnen muß. Schwarmgeisterei hat ja vieles mit den okkulten Bewegungen gemeinsam. Das zeigt sich an den Auswirkungen. Schwarmgeistige Handauflegungen haben oft die gleichen Nebenerscheinungen wie die okkulte Besprecherei. Bezeichnend ist, daß auch amerikanische Gottesmänner wie Billy Graham sich von Branham und seiner Bewegung distanzieren.

B 196 Eine Frau war in der Heilungsversammlung von Branham in Zürich. Branham erklärte ihr: »Ich sehe ein Licht über Ihnen. Ein Engel kommt auf Sie zu. Sie werden gesund.« Die Frau betete bei dieser Heilungshandlung durch Branham. Es ging ihr hinterher gesundheitlich nicht besser, sondern schlechter. Wochenlang hatte sie schwere Anfechtungen mit Zweifeln. Zuletzt trieb sie eine schwere Verzweiflung zu mir in die Aussprache.

B 197 Branham gab in einer Heilungsversammlung die Aufforderung: »Wer glaubt, daß ich ein Prophet Gottes bin, der antworte mit Ja.« Ein anwesender Pfarrer folgte dieser Aufforderung. Hinterher erlebte dieser Pfarrer bei der Heimfahrt eine Ohnmacht. Er erbrach sich und bekam einen Blutsturz. Im Krankenhaus fand man die Ursache für dieses merkwürdige Ergehen nicht. Der Pfarrer bekam Depressionen und wurde einige Wochen innerlich hin- und hergerissen. Seine Glaubensnöte und Anfechtungen hielten einige Monate an.

William Branham entwickelte sich schließlich zu einem starken spiritistischen Medium.

B 198 Branham sagte vor Jahren zu seinem Dolmetscher Pastor Ruff: »Wenn mein Engel nicht das Zeichen gibt, kann ich nicht heilen.« Da Ruff mehrfach spiritistische Dinge im Dienst von Branham beobachtete, verließ er ihn. Dieser sogenannte »Engel« von Branham ist ein böser Geist in Lichtgestalt. Wir stehen hier vor der Tatsache, daß der Teufel in Lichtgestalt erscheint (2. Kor. 11,14).

Arbeitete Branham in christlichem Gewand sehr stark auf medialer Basis, so liegen bei *Tommy Hicks* außer christlichen Elementen auch starke suggestive Fähigkeiten vor. Etliche seiner Heilwirkungen geschehen auf der Ebene der seelischen Schockwirkungen.

B 199 Ein psychologisch gebildeter Akademiker litt an einer chronischen Lähmung. Nach einer Behandlung durch Hicks ging die Lähmung zurück. Im Verlauf von drei Wochen kehrte die alte Erkrankung fortschreitend zurück. Der Patient bezeichnete die vorübergehende Besserung selbst als die Auswirkung einer suggestiven Stoßtherapie. Es werden die Suggestionen (seelische Beeinflussungen) von Hicks, weil sie unter christlichen Worten und Gebeten angewandt werden, genau wie bei Branham, mit Geistesgaben verwechselt. Im allgemeinen wirkt aber Hicks nach dem Urteil vieler Brüder nicht so unheimlich wie Branham. Er gehört jedoch in die Gruppe der Schwarmgeister.

B 200 Ein Schweizer Pfarrer besuchte eine Heilungsversammlung von Hicks. Dieser gab den harrenden Kranken den Auftrag: Wer jetzt glaube, daß Christus ihn anrühren könne, lege seine Hand auf die kranke Körperstelle. Es würde sie alle dann ein Strom der Heilung durchfließen. Der Pfarrer leistete der Aufforderung Folge. Drei Wochen später kam er zu mir zur Aussprache und berichtete, er hätte in diesen drei Wochen schwere Anfechtungen gehabt und vorübergehend seine Glaubensgewißheit verloren. Es wäre ihm deutlich geworden, daß das kein biblischer Vorgang gewesen wäre. Die Auswirkungen, die er selbst zu tragen hätte, hätten ihm diese merkwürdigen Heilungskräfte verdächtig gemacht.

B 201 Der Wunderheiler Hicks legte einem schielenden Kind die Hände auf. Die Eltern kamen nach dieser Heilbehandlung zu einer seelsorgerlichen Aussprache und erklärten, das Kind könnte seither nicht mehr schlafen. Es würde die ganze Nacht über mit offenen Augen im Bettchen liegen. Die Eltern bringen diese merkwürdigen Erscheinungen mit der Handauflegung durch Hicks in Verbindung.

B 202 Eine Frau mit starken Schmerzen besuchte eine Hicks-Versammlung. Sie blieb zur Krankenbehandlung zurück. Hicks forderte die Kranken auf, mit den Händen eine Kette zu bilden. Die kranke Frau, meine Berichterstatterin, folgte der Aufforderung. Sie erhielt außerdem noch eine Handauflegung durch einen Mitarbeiter von Hicks. Daraufhin mußte sie drei Wochen das Bett hüten und leidet unter einer merkwürdigen Unruhe und Depressionen. Die frühere Gewißheit des Glaubens ist völlig verschwunden.

Viele Nöte bereitet uns auch die Beurteilung der Heilungsbewegung von *Hermann Zaiss*. Es sei vorweggenommen, daß Zaiss keinesfalls auf die Stufe von Branham und Hicks zu stellen ist. Zaiss selbst äußert Bedenken gegen die Arbeitsweise dieser Männer. Seine Heilungen liegen auch nicht auf medialer sondern auf religiös-suggestiver Ebene. Auch geht Zaiss nicht völlig einig mit der Pfingstbewegung. Dennoch sind es vor allem Leute aus diesen Kreisen, die zu seinen Anhängern gehören. Die Beurteilung seiner Arbeit pendelt zwischen zwei Extremen. Seine Anhänger halten ihn für den größten deutschen Evangelisten und kämpfen zum Teil fanatisch mit allen Mitteln für seine Sache. Die anderen wollen in dieser Bewegung unbiblisches Geschehen erkennen.

In dieser Flut der Zustimmung und Ablehnung muß eine sachliche biblische Stellungnahme gefunden werden. Zur Beurteilung steht mir folgendes Material zur Verfügung: mitstenografierte Vorträge, ein selbst gehörter Vortrag und miterlebte Heilungsversammlungen, zwei Unterredungen mit H. Zaiss, die im wohltuenden brüderlichen Geist verliefen, ferner Seelsorge in vielen Städten an Menschen, deren Heilung durch Zaiss nicht anhielt. Dazu kommt das von Freunden gesammelte Material.

B 203 Ein Arzt erklärte mir: »Ich habe durch Bruder Zaiss

den Anstoß erhalten, Christus nachzufolgen.« – Ein Lehrer berichtete, daß er in einer Zaissversammlung den Anstoß zu seiner Bekehrung erhalten hätte.

Diese Zeugnisse werden ernst genommen und zeigen, daß Gott auch aus irrigen Bewegungen Menschen erretten kann. Das entspricht der Größe und Gewalt seiner Gnade, die keine Schranken hat. In der Seelsorge beobachtete ich jedoch leider, daß solche Menschen, die in der Zaissbewegung einen echten Anstoß erhalten haben, eine starke Personenbindung an Zaiss haben. Sie können kaum einem anderen Reichgottesarbeiter zuhören. Vor allem ertragen sie nicht die geringste Kritik. Es liegt in ihrem Christsein ein gewisser fanatischer Zug. Der Lehrer, von dem ich oben berichtete, durfte durch die Gnade Gottes das erkennen. Um aus dieser fanatischen Enge herauszukommen und den Zug zur biblischen Weite zu finden, sagte er sich von Zaiss los.

Es liegen in der Zaissbewegung biblische und unbiblische Elemente. Die Verkündigung erreicht Fernstehende und Außenseiter, an die Kirche und Gemeinschaften nur schwer oder gar nicht herankommen. Ferner darf der Ruf zur Heilung des ganzen Menschen ruhig einmal die christliche Gemeinde aufrütteln. Es ist weithin vergessen worden, daß euangelizesthai = evangelisieren im Neuen Testament den Doppelauftrag »retten und heilen« in sich schließt. Hier besteht ein echtes Anliegen. Allerdings ist die Art, wie dieses Anliegen in der Zaissbewegung vertreten wird, nicht mehr als biblisch anzusehen. Wieviel Sensationelles, Suggestives und Kurzschlüssiges mußte ich selbst feststellen, so daß hier eindeutig von Suggestionsheilung gesprochen werden muß. Der Heilige Geist läßt es aber nicht zu, daß dem göttlichen Wirken fremdes Feuer beigemengt wird. Wenn es doch Christus gelingen lassen möchte, daß diese Bewegung völlig in biblische Linien einmündet.

Pseudocharismatische Phänomene und Heilungen

Die Bibel spricht deutlich von einer kommenden Zeit der Verführung. Dem entspricht unsere gegenwärtige Weltsituation. Irreführung und Selbsttäuschung sind ein Merkmal unserer Zeit. Die Macht der Verführung richtet sich gegen den Menschen als ein Geschöpf mit Geist, Seele und Leib (1.Thess. 5,23).

Der intelligente Mensch erliegt der Verführung auf dem intellektuellen Gebiet. Er wird das Opfer zeitgenössischer Tagesphilosophien und irrgeistiger Strömungen. Unter diese Rubrik fällt auch die neurationalistische Theologie. Sie leugnet alles, was nicht auf die menschliche Vernunft zugeschnitten ist.

Der materialistische Mensch erliegt der Verführung auf dem Gebiet des Lebensgenusses. Sex ist sein Zauberwort.

Der fromme Mensch erliegt der Verführung auf religiösem Gebiet. Jesus selbst sagt ja voraus, daß falsche Christi auftreten, die dämonische Zeichen und Wunder tun und damit viele verführen (Mt. 24,4; 11; 24). Es gibt heute christliche Gruppen, die dem echten Verlangen nach neuen Segnungen dadurch entgegenkommen, daß sie viel von den Geistesgaben reden. Geistesgaben ja – unbedingt ja – aber es müssen echte Geistesgaben sein (1. Kor. 12,7-11) und nicht psychische oder gar dämonische Nachäffungen. Rumor der Psyche ist nicht Kraft und Gabe des Heiligen Geistes. Leider hat die sogenannte Charismatische Bewegung, die heute über die Erde hinwegfegt, nicht den Charakter einer echten charismatischen Erweckung, sondern einer psychischen Epidemie, aufgebaut auf dem Unterbewußtsein eines religiösen oder gar gläubigen Menschen. Es muß auch klar gesagt werden, daß neben allen unbiblischen Strömungen viele treue Kinder Gottes in ihr zu finden sind, denen leider die Gabe der Geisterunterscheidung fehlt, sonst würden sie dieses Lager verlassen. Im Ansatzpunkt kann man die Anhänger der Charismatischen Bewegung gut verstehen. Die kalten Kirchengemeinden mit ihrem traditionellen und geistlosen Betrieb können den geistlichen Hunger vieler Christen nicht befriedigen. Wenn dieser Hunger und dieses Suchen in biblischen Bahnen geblieben wäre, hätte diese Bewegung der Christenheit Segen gebracht. So aber mündete diese sogenannte charismatische Strömung in ein breites Becken religiös-suggestiver, hysterischer, hypnotischer und okkulter Krafterweise und Verirrungen ein. Dieser pseudocharismatische Aufbruch ist zu einer weltweiten Bedrohung und Verwirrung der echten Christen geworden. Die Pseudo-Charismatiker sind die Elite, die Avantgarde des Satans, der mit ihnen den besten Kern der Gemeinde Jesu angreifen will. – In dieser chaotischen Zeit haben wir nicht nur das Recht, sondern auch die Pflicht, alle Bewegungen an Hand der Heiligen Schrift zu prüfen: »Glaubet nicht einem jeglichen Geist, sondern prüfet die Geister, ob sie von Gott sind« (1. Joh. 4,1).

Wundersucht ist für das Glaubensleben gefährlich. Wer nur auf Höhen wandeln will, endet eines Tages im Sturz. Diamanten sind in der Natur nur unter gewaltiger Hitze und großem Druck entstanden. Der Christ braucht den Druck des Alltages, den Druck der Anfechtung, den Druck schwerer Verhältnisse, sonst verliert er den Tiefgang.

Wunder sind nicht eindeutig. Sie können von oben und von unten gewirkt sein. Nicht nur der Heilige Geist, sondern auch Satan richtet Zeichen auf und tut Wunder. Die Wunderkräfte Satans und der falschen Propheten sind erwähnt in Mt. 24,24; Mk. 13,22; 2.Thess. 2,8-9; Offbg. 13,13; Offbg. 16,14.

Moses hatte eine Wundergabe von oben. Seine Gegenspieler, die ägyptischen Zauberer hatten eine Wunderkraft von unten (2. Mose 7-8). Petrus und Johannes besaßen die Vollmacht von oben. Die Zauberer Simon Magus und Elymas, die Hexe von Endor und die Wahrsagerin in Philippi hatten Fähigkeiten und Ausrüstung von unten. Um sich im Dschungel der unechten Wunder auszukennen, brauchen wir als Ausrüstung:

Die Wiedergeburt durch den Heiligen Geist,
die Gabe der Geisterunterscheidung,
langjährige Erfahrung und
eine gute wissenschaftliche Ausbildung.

Es gibt aber auch Gläubige ohne wissenschaftliche Zurüstung, die dennoch ein feines Gespür für biblische und unbiblische Vorgänge haben.

Pseudocharismatische Phänomene. Zu diesem Thema liegt mir soviel Material vor, daß ich es nicht in einem Kapitel unterbringen kann. Ich muß mich nur auf einen Punkt beschränken, das »Rückwärtskippen« bei der sogenannten Geistestaufe. Es gibt eine Reihe von extremen Evangelisten, bei deren Handauflegen die Menschen rückwärts fallen und für einige Sekunden das Bewußtsein verlieren. Manche sprechen auch in fremden Sprachen oder sonst mit unverständlichen Lauten.

Trancehaftes Geschehen im Heidentum. Bei meinen Missionsreisen hatte ich freundschaftlichen Kontakt zur China-Inland-Mission. Ich sprach manchmal mit den Missionaren über den Boxeraufstand und über dessen Massaker an den Christen in China im Jahr 1900. Dabei erfuhr ich, daß die jugendlichen Anwärter für diese revolutionären Aufständischen in der Ausbildungszeit ein Trancestudium durchmachen mußten. Sie hatten ununterbrochen eine kurze Formel einige hundert Male zu wiederholen, ähnlich dem tibetischen Koan oder den Übungen der transzendentalen Meditation, bis sich die »Götter« ihrer bemächtigten, sie rücklings zu Boden fielen und dann einige

Minuten in der Trance dalagen. Das sollte eine psychische Aufladung mit seelischen und körperlichen Kräften bewirken, damit sie tüchtig würden zum Kampf. – Dieses Training führte zu einem Erfülltwerden mit bösen Geistern, die dann das Abschlachten der Christen befahlen. Es handelte sich also um eine Geistertaufe.

In dem Buch »Tod eines Guru« berichtet der ehemalige Guru Rabindranath R. Maharaj über seinen Weg vom Hinduismus zu Christus. Dort schreibt er: »Ich war erst dreizehn und schon verabreichte ich den unter Gurus berühmten Shakti Pat, ein Zeichen der Echtheit meiner Berufung. Shakti ist ein Name Kalis, der mordlustigen bluttrinkenden Gattin Shivas. Sie ist die Muttergöttin der Macht. Ich war begeistert, ein Kanal ihrer Macht zu sein.« Am Ende des Buches befindet sich eine Erklärung der Fachausdrücke. Dort heißt es über den Ausdruck Shakti Pat, den leichten Schlag, folgendes: »Dieses bedeutet die Berührung des Guru, gewöhnlich seiner rechten Hand an der Stirn des Anbetenden, die übernatürliche Wirkung hat. Shakti (ein Sanskrit-Wort) bedeutet wörtlich Macht, Kraft. Durch Verabreichung des Shakti Pat wird der Guru zum Kanal der Urkraft, der kosmischen Kraft, welcher das ganze Universum zugrunde liegt. Sie wird durch Kali, die Gattin Shivas, verkörpert. Die übernatürliche Wirkung des Shakti durch die Berührung des Guru kann den Anbetenden zu Boden werfen, oder er kann ein helles Licht wahrnehmen und eine innere Erleuchtung oder eine sonstige mystische oder psychische Erfahrung machen.« – Die Erfahrungen mit dem Phänomen des Shakti Pat gleichen dem des »Rückwärtskippens« der Pseudocharismatiker. Hier haben wir einen medialen Vorgang und den Einbruch der östlichen, heidnischen Religionen in das Christentum.

B 204 Rabi Maharaj ist jetzt ein Verkündiger des Evangeliums und wohnt in der Schweiz. 1983 traf ich ihn und wir hatten Gelegenheit, unsere Erfahrungen über die Geistestaufe auszutauschen. Ich fragte Rabi, so nennen ihn seine Freunde, ob er den Shakti Pat mit dem Vorgang »Slain in the Spirit« (erschlagen im Geist) in Verbindung bringe. Er bejahte diese Frage, daß er nie daran dachte, das Rückwärtskippen für eine Wirkung des Heiligen Geistes zu halten.

B 205 Vor Jahren freundete ich mich mit einem jungen Häuptling des Wongaistammes in Westaustralien an. Er berichtete mir, daß sein Stamm sechs Medizinmänner habe, die sich jederzeit in Trance versetzen und dann in unverständlichen Sprachen reden und Stammesentscheidungen vorbereiten können. Als dann dieser Häuptling Puwantjara Christ wurde und zum ersten Mal das Zungenreden von Pfingstlern hörte, verglich er das sofort mit dem Trancereden der Medizinmänner.

Tranceerfahrungen gibt es im gesamten Heidentum. In meinen Büchern sind Hunderte von Beispielen. Der Trancezustand bedeutet totale Passivität, in die finstere Mächte einströmen können. Die Bibel fordert jedoch totale Nüchternheit und Wachsamkeit als Voraussetzung für göttliches Wirken in unserem Leben.

Trancehaftes Geschehen im Christentum. Zu diesem Thema stehen mir mehr Beispiele zur Verfügung, als hier gebracht werden können.

B 206 Bei der Heilungspredigerin Kathryn Kuhlman erlebte ich 1970 in Pittsburgh (USA) einen vierstündigen Heilungsgottesdienst mit. Ich habe etwa 50-60 Personen kippen gesehen. Alle fielen rückwärts und bei keinem erkannte ich ein Zeichen der Buße. Kathryn Kuhlman will das Rückwärtskippen mit dem biblischen Vorgang auf dem Berg der Verklärung Mt. 17 erklären. Dort heißt es aber: »Als die Jünger die Stimme hörten, erschraken sie und fielen auf ihr Angesicht.« Wer von dem Geist Gottes getroffen wird, der fällt in Ehrfurcht und Buße auf das Angesicht.

B 207 Ein Erlebnis war mir sehr aufschlußreich. Bei einer persönlichen Unterredung mit Kathryn Kuhlman in Pittsburgh betete sie plötzlich mit mir. Sie hielt ihre Hände dabei etwa 15 cm über meinem Kopf. Sofort betete ich in meinem Herzen: »Herr Jesus, wenn diese Frau ihre Kräfte von dir hat, dann segne sie und mich. Hat sie die Gaben und Kräfte nicht von dir, dann schütze mich davor. Ich will nicht unter fremden Einfluß kommen.« Während Kathryn betete, stellten sich bereits zwei Gemeindehelfer hinter mir auf, um mich abzufangen. Ich spürte aber nichts und stand wie ein Fels, ohne im geringsten das Bewußtsein zu verlieren. – Seit diesem Erlebnis hielt ich Jahre hindurch meine Augen und Ohren offen, um die Wahrheit dieser riesigen Heilungsdemonstrationen zu ergründen. Wer sich ausführlich informieren will, findet mehr darüber in dem Buch »Okkultes ABC«.

B 208 Der Evangelist Rabindranath Maharaj gab mir den Bericht eines Erlebnisses, das er in London hatte. In der englischen Metropole besuchte er die Versammlung eines amerikanischen Charismatikers. Es waren etwa 2000 Menschen gegenwärtig. Nach dem Vortrag forderte der Amerikaner auf, vorzukommen, wer den Empfang des Heiligen Geistes wünsche. Es traten etwa 200 Menschen vor, unter ihnen auch Rabi, weil er diesen Vorgang prüfen wollte. Es wurde über diesen Besuchern gebetet. Alle kippten rückwärts, nur Rabi blieb stehen. Damit hatte er die gleiche Erfahrung, die ich auch bei K. Kuhlman in Pittsburgh gemacht hatte.

B 209 Ein Theologieprofessor, der an dem Kippvorgang zweifelte, suchte Kathryn Kuhlman in Pittsburgh auf. Er äußerte seine Bedenken über diesen Vorgang »Slain in the Lord«. Bei diesem Gespräch befand sich der Professor im Büro von Frau Kuhlman. Bevor er ging, bat er sie: »Können Sie nicht noch kurz mit mir beten?« Frau Kuhlman trat einen Schritt auf den Professor zu und legte ihm die Hände auf die Schulter. Noch bevor sie beten konnte, fing der Professor zu taumeln an und stürzte zu Boden.

B 210 In einer Heilungsversammlung mit Kathryn Kuhlman war ein Mann, der geheilt werden wollte. Er trat auf sie zu. Schon in einer gewissen Entfernung fing er zu taumeln an, bis er in der Gegenwart Kathryns ganz rückwärts fiel. Frau Kuhlman nennt diesen Vorgang »Going under the power« = in das Kraftfeld eintreten. Dieses »Kraftproblem« spielt bei allen Vertretern des »Kippens« eine starke Rolle.

B 211 Eine Frau kam zu dem Prediger Kenneth Hagins und wollte geheilt werden. Auf das Gebet des Heilers hin geschah nichts. Dann sagte ihr Hagins: »Ich habe einen Kraftzirkel um mich. Sie sind zu weit von mir weg. Kommen Sie näher!« Die Kranke trat näher, erhielt dann eine Handauflegung, kippte nach hinten um und wurde geheilt.

Im Frühjahr 1974 war in Jerusalem ein sogenannter charismatischer Kongreß mit dem Thema »Der Heilige Geist«. Kathryn Kuhlman und auch Corrie ten Boom wirkten mit. Monate später erhielt ich aus Jerusalem den Brief einer Mitarbeiterin der Finnischen Mission.

B 212 Jerusalem, 17.9.74.

Lieber Dr. Koch, ich schreibe Ihnen, weil ich niemand anderes kenne, der meine Fragen beantworten kann. Ich habe das Buch von K. Kuhlman »Gott kann es wieder tun« gelesen. Es beeindruckte mich. Als K. Kuhlman 1974 nach Jerusalem kam, besuchte ich mit großer Erwartung ihre Heilungsversammlung. Zuerst war ich glücklich darüber. Dann setzten aber die Zweifel ein, und ich begann zu fragen:

Wieso konnte sie auf Entfernung feststellen, daß eine Person geheilt war?

Welche Kraft steht hinter diesen Heilungen?

Warum fallen die Menschen rückwärts um, wenn sie über ihnen betet?

Ich besuchte dann eine zweite Versammlung und betete die ganze Zeit. Zugleich beobachtete ich sorgfältig die Vorgänge. Nach der Heilungsversammlung verließ Kathryn die Plattform und ging durch die Reihen. Plötzlich verspürte ich einen inneren Druck, und ich fürchtete, sie könnte mich anrühren. Ich schloß meine Augen, erhob meine Arme und betete in Jesu Namen, daß Gott mir helfen möchte. Kathryn kam vorbei, wo ich stand. Für einen kurzen Augenblick erfaßte sie stark meinen rechten Arm. Nichts passierte. Doch nach einiger Zeit spürte ich eine starke Kraft wie Elektrizität über mir, und ich bekam das Gefühl, ich müßte sterben. Meine Arme waren gelähmt, und ich konnte sie nicht sofort herunternehmen. Seit dieser Zeit habe ich Schwierigkeiten zu glauben, daß ihre Kraft von Gott ist. Dennoch las ich das andere Buch von Frau Kuhlman »Ich glaube an Wunder«. Es scheint mir gut zu sein. Ich kann nur nicht verstehen, warum ihre Person einen anderen Eindruck vermittelt als ihre Bücher. Ich werde mit meinen Zweifeln nicht fertig, und sie haben nicht aufgehört, mich geistlich zu verwirren. Wenn Sie das begreifen und mir trotz ihrer vielen Arbeit antworten können, bin ich Ihnen äußerst dankbar, Ihre...«

Die finnische Missionarin steht mit ihrer Erfahrung nicht allein da. Andere und ich selbst sahen den Unterschied zwischen den Büchern und der Person. Sehr oft wurde mir auch bezeugt, daß ununterbrochen betende Menschen eine unbiblische Atmosphäre empfinden.

B 213 Ein langer Bericht liegt mir über das Auftreten von Kathryn Kuhlman in Vancouver und Seattle vor. Er kann aus Raummangel nur mit wenigen Stichworten angedeutet werden. Dieser Beobachter schrieb: »Kathryn Kuhlman nennt sich ein Instrument des Herrn. In Wirklichkeit ist sie ein Medium des Herrn dieser Welt. Ein Mensch kann doch nicht die Wiedergeburt durch den Heiligen Geist bekommen, wenn ihm ein anderer ins Gesicht faßt und einige Worte dazu redet. Ich bekenne mich zu den Geistesgaben, den Charismata. Aber was Kathryn Kuhlman zur Schau stellt, ist nicht eine Begabung mit dem Heiligen Geist von Gott, sondern der Geister, die in der Luft herrschen. Diese Geister bedienen sich ihrer, selbst irregeführt und wieder irreführend. Sie ist ein Medium Satans.«

B 214 Auf der gleichen Linie liegt die Zuschrift eines bekannten Professors der Theologie der Universität Tübingen. Dieser wiedergeborene Christ, ein Duzfreund von mir, schrieb mir: »Kathryn Kuhlman ist eine Spiritistin.«

Ohne Frage würden wir beide nie ohne sorgfältige Prüfung so schroffe Urteile abgeben. Wir müssen so lange von einem Menschen gut denken und reden, solange er nicht das Böse bewiesen hat. – Es darf nicht unerwähnt bleiben, daß es auch überwältigende Erfahrungen des Herrn und des Heiligen Geistes gibt, die demütigen Christen geschenkt werden können. Mir sind solche positiven geistgewirkten Erfahrungen selbst und aus den Biographien vieler Gottesmänner bekannt. Dazu sage ich dankbar ja, aber nicht zu den psychischen Parallelerscheinungen oder gar dämonischen Ersatzleistungen des Erzfeindes.

B 215 Der Dominikanerpater Mac Nutt berichtet in seinem Buch »Beauftragt zu Heilen« über seine Erfahrungen mit dem Trancezustand der Bewußtlosigkeit. Wenn Mac Nutt mit Kranken um innere und äußere Heilung betet, sinken sie rückwärts zu Boden. Manche sind bewußtlos, andere noch bei Bewußtsein, sind aber gelähmt. Wenn der Pater mit einem Kranken betet, der auf einem Stuhl sitzt, ist der Geheilte auf dem Stuhl gelähmt und kann sich nicht erheben. Dieser Zustand, den der Pater »Ruhen im Geist« nennt, dauert einige Sekunden bis zu sechs Stunden. Diese Fähigkeit, andere zum »Ruhen im Geist« zu bringen, besitzt Mac Nutt erst, seitdem er selbst bei dem »Gebet« eines Redners rücklings zu Boden gefallen war.

Hier haben wir wiederum den Vorgang der Übertragung von medialen Kräften. Wer von dieser medialen Kraft erfaßt worden ist, kann sie an andere weitergeben. Durch ständiges Praktizieren mit der medialen Kraft können sich spiritualistische Medien entwickeln, die in Gottesdiensten christliche Botschaften geben, aber auch die Fähigkeit besitzen, andere Teilnehmer in Trance fallen zu lassen. Aus religionsgeschichtlicher Sicht ist das medial bedingte Rückwärtskippen religiös verpackter Spiritismus. Es ist das satanische Gegenstück zum Erfülltwerden mit dem Heiligen Geist. Die medialen Kräfte sind ja das diabolische Gegenstück zu den Geistesgaben Gottes. Dieser Schluß ist deshalb berechtigt, weil sich mediale Kräfte durch Gebet stoppen und überwinden lassen.

Bei einer Vortragsreise in Südafrika hörte ich durch einen gläubigen Bruder folgenden Bericht.

B 216 Kenneth Hagins, der sich selbst als »Prophet« versteht, hat bei einer Veranstaltung in Pretoria in der Öffentlichkeit gesagt, sein Geist hätte den Körper verlassen und sei zum Thron Gottes entrückt worden. Jesus sei aufgestanden und habe ihm gesagt: »Ich nehme hier eine Kohle vom Altar und berühre deine Hände. Du wirst dadurch Menschen heilen können. Ferner kannst du die Heilgabe auf andere übertragen. Außerdem wirst du dann mit diesen Händen Geistesgaben austeilen können.« Nach dieser Geschichte rief dann Hagins in die Menge hinein: »Wer will die heilenden Hände haben? Meldet euch!« Viele standen auf. Dann erhob er seine Rechte und fuhr damit in der Luft über die Menge und erklärte: »Hiermit habt ihr diese Gabe.« Die meisten kippten dann rückwärts nach hinten, aber nicht alle. Die rücklings kippten, konnten dann auch andere zum Kippen bringen und heilen.

Was sich hier bei Hagins abspielte, sind keine biblischen Vorgänge. Hagins schildert seine Entrückung zum Altar Gottes. Das gleicht der spiritistischen Exkursion der Seele. Das angebliche Austeilen der Geistesgaben durch die krafterfüllten Hände Hagins sind mediale Praktiken und dämonische Nachäffungen. Der Apostel Paulus sagt im Blick auf die Geistesgaben in 1.Kor. 12,11: »Dies alles wirkt ein und derselbe Geist, der einem jeden persönlich zuteilt, wie er will.« Der Geist Gottes teilt zu, und nicht der Wille und die Hände von Hagins.
Über das mediale und parapsychologische Problem der heißen Hände habe ich schon in anderen Büchern berichtet.

B 217 Ich erinnere hier nur an einen magischen Besprecher in Schleswig-Holstein, der die heißen, heilenden Hände hatte. Dabei war er Ältester einer lutherischen Gemeinde.

B 218 Ich erinnere auch an den Chief-Datu auf den Philippinen, der in seinen bloßen Händen Eier kochen konnte. Als er gläubig geworden war, hatte er die heißen Hände nicht mehr. Er hatte sie als dämonische Gabe erkannt.

Das ist die entsetzliche Verblendung bei vielen Christen, daß mediale, okkulte Krafterweisungen als Gaben des Heiligen Geistes angesehen werden. Es ist auch eine Erfahrungstatsache, daß die Medialität bei Bekehrungen nicht immer gleichzeitig verschwindet. Es gibt viele Christen, die unbewußt medial sind. Sie nehmen dann manchmal seltsame geistliche Entwicklungen. Das bewußtlose Rückwärtskippen ist ein solches Zeichen von Medialität.

Die Erfahrungen mit der Charismatischen Bewegung lehren uns, mehr denn je um die Gabe der Geisterunterscheidung zu bitten und uns im Glauben und Gehorsam vom Worte Gottes und vom Heiligen Geist in alle Wahrheit leiten zu lassen.

Auch darf das Kapitel über pseudocharismatische Phänomene nie abgeschlossen werden, ohne daß wir nicht an die eigene Brust schlagen und Buße tun. Es ist eine große Not in unseren christlichen Kirchen und Gemeinden, daß oft so wenig echte Geisteskräfte zu finden sind. Die extremen Bewegungen sind oft Folgen einer Mangelkrankheit der christlichen Kirche. Die wirksamste Abwehr der schwarmgeistigen Bewegungen wäre eine Bußbewegung in den Reihen der Christen und die einmütige Bitte, daß der Herr uns eine echte Erweckungsbewegung schenkt. Auch muß die Gemeinde Jesu noch stärker als bisher Ausschau halten auf den kommenden Herrn, der einmal dieser furchtbaren Zerrissenheit und Verwirrung seiner Gemeinde ein Ende bereitet.

Dämonische Zeichen und Wunder

Die Flut seltsamer Heilbewegungen schwillt immer mehr an. Wir leben in dem Abschnitt menschlicher Geschichte, da die unkontrollierbaren Kräfte und dämonischen Mächte trotz der Entmythologisierung immer mehr überhand nehmen. Eine Sensation jagt die andere. Von Syrakus wird berichtet, daß ein Holzbild Tränen weint, die heilkräftig sind.

B 219 Als ich auf Sizilien war, sah ich mir in Syrakus die heulende und heilende Madonna an. Alle drei Monate kommen Tränen aus dem Holzbild. An diesen Tagen werden dann täglich etwa 50 Menschen gesund. Jetzt zählt man schon über 600 Geheilte.

In Amerika wird von einem Sektenführer, Father Divine, erzählt, der sich für Gott und seinen Sohn für Christus ausgibt. Beide Männer sollen die Gabe der Fernheilung und Ferntötung besitzen.

B 220 Ein ausländischer Evangelist, der bei mir zu Gast war, erklärte, seine Mutter wäre von diesem Sektenführer, der mit schwarzer Magie arbeitet, getötet worden.

Vom vorderen Orient kommt die Kunde, daß ein Prinz Abdul, ein Verwandter von Exkönig Faruk, gewaltige Wundertaten vollbringen würde. Er ließe Feuer vom Himmel fallen wie Elia und ahme die neutestamentlichen Wunder Jesu nach. Auch Krankenheilung und Totenerweckung würde er beherrschen wie Christus.

In Südfrankreich gibt sich Georges de Montfavet ebenfalls für den wiederkommenden Christus aus. Einige hundert Wunder, die ihm nachgesagt werden, sollen die Berechtigung seiner Behauptung nachweisen.

Seltsame Zeichen geschahen auch im Gefolge des Predigers R. Paulaseer Lawrie. Dieser predigte in den fünfziger Jahren in verschiedenen Kirchen Amerikas. Er heilte Kranke und Besessene und viele bekehrten sich. Als Lawrie eine Versammlung von William Branham besuchte, prophezeite Branham über ihm: »Mein Sohn, ich sende dich als einen außergewöhnlichen Mann. Viele werden durch dich zu den Füßen Jesu kommen! Gehe nach Indien! Große Zeichen und Wunder werden dir folgen! So spricht der Herr!« Im Juli 1960 ging Lawrie nach Indien. Er heilte Lepra, Krebs, Lähmungen und trieb aus Tausenden Besessenen die Dämonen aus. Hunderttausende wurden vom »Erweckungsfeuer« ergriffen.

Als Lawrie 1969 in Tuscon in der Gemeinde von Branham predigte, brach plötzlich ein Donner los und ein Lichtstrahl traf auf den Platz, auf dem er stand. Fortan wiederholten sich Donner und Blitz, wo immer er auftrat. War er unterwegs, wurde er begleitet durch eine 200 Meter hohe Säule aus wirbelndem Staub. Schwarze Wolken begleiteten Lawrie überall hin, und wo er haltmachte, ließen sie Regen fallen bis er wieder weiterfuhr. Auch in Rom, Griechenland, Tel Aviv und Madras war die Wolke über Lawrie. Die Naturerscheinungen setzten sich fort: eine Wolke in der Ecke seiner Wohnung, Blitze ohne Donner, Donner ohne Wolken, ein großer Lichtball über Lawries Kopf bei einer Versammlung. 1971 gründete er einen Ashram, der sich schnell füllte. Viele kannten Lawrie gar nicht, sie hatten nur Visionen von »Jesus« in der Gestalt Lawries gesehen. Daraufhin sprechen sie ihn als den »Menschensohn« an und er selbst führt den Beinamen »Muthu Krishna« (Perlengott). Der Ashram wurde »Neues Jerusalem« genannt und das Tausendjährige Reich sollte 1977 anbrechen. Als sich keine der vielen Prophezeiungen erfüllte, zerfiel die Sekte.

Hunderttausende sind durch diese falschen Propheten in den Bannkreis finsterer Mächte gekommen und der Strom dieser Verführer reißt nicht ab. Die Menschheit taumelt heute von einer aufpeitschenden Neuigkeit zur anderen. Eine buntschillernde Reihe von Wundertätern, Heilern, Rettern und Helfern tanzt vor unseren Augen. Wer soll da noch klar sehen?

3. Die Unterscheidung der Geister

Wir haben nun einen kleinen Rundgang durch verschiedene Heilbewegungen der Gegenwart gemacht, angefangen von den Heilungen durch die schwarze Kunst und endend mit den Heilmethoden am Rande des christlichen Raumes. Was ist nun vom Wort Gottes her zu diesen Bewegungen zu sagen? Diese Heilbewegungen sind in mehrfacher Weise ein biblisches Symptom.

Wir leben in einer Zeit, in der das Geheimnis der Bosheit sich regt (2. Thess. 2,7). Jesus sagt es ja voraus, daß falsche Christi auftreten, die dämonische Zeichen und Wunder tun (Mk. 13,22) und damit viele verführen. Die Wirkung dieser Verführung wird erschreckend daran deutlich, daß viele aus unseren christlichen Kreisen weder die okkulten Heilmethoden noch die falschen Propheten durchschauen. Sie fallen auf jeden religiös getarnten Vorgang herein.

Zweitens sind diese Heilbewegungen ein Zeichen dafür, daß

die christliche Gemeinde auf einem Gebiet versagt hat. Die Not der Welt ist, daß eine Blickverschiebung von der Seelsorge zur materiellen Leibsorge erfolgt ist. Die Not der christlichen Kirche ist, daß man es nicht wagt, die Verheißungen der Heiligen Schrift real und ernst zu nehmen. Die Seelsorge wurde in ungesunder Weise vereinseitigt. Das Wort Gottes bietet wirksame Hilfe dem, der es wagt, sich im Glauben auf den Boden der Verheißungen zu stellen.

Ein entscheidendes Wort in der Behandlung der Heilungsfrage hat Jakobus mitzureden. Die Heilung steht in dem gesunden Zusammenhang zur Beichte und Vergebung der Schuld. Im neutestamentlichen Raum ist Heilung und Vergebung nicht zu trennen. Die Rangordnung ist so, daß die Vergebung, die Heilung des inneren Menschen, der äußeren Heilung übergeordnet ist. Das zeigt uns am besten die Geschichte des Gichtbrüchigen (Luk. 5,20). Abwege entstehen da, wo beide Heilungsvorgänge getrennt oder falsch zugeordnet werden. Bei der magischen Heilung geht es nur um die äußere Heilung. Hier gilt das Leitwort: »Wenn es nur hilft, egal wie!« Im Raum der Heiligen Schrift geht es in erster Linie um die innere Heilung, der die äußere Heilung nachfolgen kann, aber nicht muß. Manchmal läßt der Herr seinem Jünger das Leid als Schule des Glaubens, der Geduld und als Reifeprozeß für die Ewigkeit.

Zur Klärung soll eine Heilung berichtet werden, die sich im Rahmen der biblischen Ordnung vollzog.

B 221 Eine junge Frau litt an einer Halsentzündung, verbunden mit einer eigroßen Geschwulst. Die Behandlung des praktischen Arztes und des Nervenarztes führte nicht zur Heilung. Dann kam sie zur seelsorgerlichen Aussprache und beichtete schwere Verfehlungen während der Abwesenheit ihres Mannes. Sie wurde im Glauben der Vergebung gewiß und fand Frieden mit Gott. Nach einigen Wochen kam der Mann aus der Kriegsgefangenschaft zurück. Ohne irgendeine Aufforderung kam sie mit ihrem Mann noch einmal zur Aussprache und wiederholte aus eigenem Antrieb die Beichte. – Ein derartiger Rat war ihr nicht gegeben worden. – Der Mann verzieh ihr. Nach drei Tagen war dann die Halsentzündung und die Geschwulst weg. Der inneren Heilung war die äußere Heilung gefolgt.

Dieser natürliche, biblische Heilungsvorgang gehörte bei Jesus und den Jüngern zu den Grundelementen des Reiches Gottes, das mit Jesus angebrochen ist. Darum dürfen alle, die mit Christus eine geistliche Auferstehung erlebt haben und mit ihm in der Lebensgemeinschaft stehen, nach dem Wort Jak. 5,14 f. und Mk. 16,17 f. handeln: »Die Zeichen, die da folgen denen, die da glauben, sind die: in meinem Namen werden sie auf Kranke die Hände legen, so wird es besser mit ihnen werden.« Der abertausendfache Mißbrauch der okkulten Heilungen darf uns die neutestamentliche Ordnung der Seelsorge und die biblische Handauflegung im Glauben nicht verdunkeln oder rauben. Wo die Sünde dunkler okkulter Vorgänge mächtig geworden ist, da ist die Gnade durch Christus noch viel mächtiger geworden.

Zum Schluß sollen die zwei grundsätzlichen Formen der Heilungen noch einmal gegenübergestellt werden. Die Bibel weiß, daß es dämonische Hilfe gibt. Denken wir nur an die ägyptischen Zauberer, an die kanaanitischen Beschwörer oder an Simon Magus. Magische oder spiritistische Hilfe bringt im organischen Bereich Erleichterung. Allerdings findet hier ein Kurzschluß statt: Dem Leib soll Hilfe gebracht werden, auf die seelischen Zusammenhänge und die nachfolgenden Störungen wird nicht geachtet. Diese Methode ist offensichtlich Abfall von der Urordnung der Heiligen Schrift. Wichtiger als alle leiblichen Beziehungen ist das persönliche Verhältnis des Menschen zu Gott. In der Magie und im Spiritismus geht es um die Frage: Was hilft? Im Neuen Testament handelt es sich um die Feststellung: Wer hilft? Der okkulte Praktiker sagt: Es hilft! Der Christ bekennt: Er hilft! Hinter dem »Was« und »Es« des Okkultismus steht das Zwielicht und der fahle Dämmerschein unkontrollierbarer Mächte und Kräfte. Hier versteckt sich jemand! Hinter dem »Wer« und »Er« des christlichen Glaubens steht der lebendige Herr. »Der Herr wird ihn aufrichten«, bezeugt dankbar und glaubensfroh Jakobus. Dieser Herr wirkt gestern, heute und in alle Ewigkeit. Soll diesem Herrn, Jesus Christus, nicht aus Dankbarkeit unser ganzes Leben gehören ?

VI.

BEISPIELE ECHTER HEILUNGEN UND BEFREIUNGEN

1. Die Bollwerke des Teufels

Es war im Jahr 1938. Im hessischen Odenwald hielt ich eine Evangelisation, in deren Verlauf mir eine besondere seelsorgerliche Aussprache unvergeßlich blieb. Ein junger Mann in den zwanziger Jahren erschien und berichtete mir von seinen seelischen Nöten. Sein Gemütsleiden war so typisch, daß ich ihm auf den Kopf zusagte, daß er sich schon in okkulte Dinge eingelassen habe, oder daß in der Familie solche Dinge getrieben wurden. Er gab das ohne Umschweife zu. Was er mir dann erzählte, war so furchtbar, daß es sich mir tief einprägte. Wenn ich hier ein wenig davon berichte, verletze ich kein Beichtgeheimnis, weil der junge Mann darum bat, überall an Hand seines Erlebens vor diesem unheimlichen Gebiet zu warnen.

Gehen wir dabei von dem jungen Mann selbst aus. Er litt von Kindheit an unter Schwermut, Selbstmordgedanken, seelischen Depressionen mancherlei Art. Nachts wurde er oft durch merkwürdige Klopfzeichen erschreckt, deren Ursache nicht zu erklären war. Oder er wurde durch ein Schwirren und Huschen seltsamer Erscheinungen geängstigt. Der Psychiater würde vielleicht diese krankhaften Erscheinungen auf ein zerrüttetes Seelenleben oder ein geschwächtes Nervensystem zurückführen, ohne damit die Ursache dieser seelischen Störungen bloßgelegt zu haben. Durch das Erzählen der Familiengeschichte wurden alle Zusammenhänge klar.

Die Urgroßmutter des jungen Mannes war eine Besprecherin. Sie heilte Tiere und Menschen auf ihre seltsame Art. Außer diesen dämonischen Heilmethoden gehörte sie einem spiritistischen Zirkel an, der sich den Verkehr mit abgeschiedenen Geistern zur Aufgabe machte. Mit dieser Frau begann in der Familie eine furchtbare Tragödie.

Der Sohn und die Tochter dieser Frau setzten die Tradition der Mutter fort. Beide hatten mit Hilfe des 6./7. Buch Mose Menschen und Tiere besprochen und Totenverkehr gepflegt. Sie übten auch die Pendelei mit Gesangbuch und Schlüssel und legten die Karten zur Wahrsagerei. Sie nahmen beide ein Ende mit Schrecken. Die Frau sah nachts Spukgestalten in ihrem Zimmer. Sie hatte oft das Gefühl, als ob böse Geister ihren Mund und ihre Nase zuhalten würden. Jahrelang ging das so, bis die Frau ins Irrenhaus kam. Da sie nicht geistesgestört war, wurde sie nach einem halben Jahr wieder entlassen. Der Bruder dieser Frau starb unter fürchterlichen Qualen. Vor seinem Tod bat er seine Angehörigen, sie möchten doch alle Zauberbücher verbrennen oder aus dem Haus schaffen. Er verlangte nach der Bibel, konnte aber nichts mehr fassen. Unter schrecklichen Schmerzen und Verbreitung eines fürchterlichen Geruches ging er in die Ewigkeit.

In der Enkelreihe sah es nicht besser aus. Eine Enkelin bekam öfters Tobsuchtanfälle und zerschlug ihre Möbel. Manchmal legte sie sich auf die Straße hin und schrie mit übermenschlicher Gewalt. Sie trieb es so lange, bis man sie in die Irrenanstalt einlieferte. Eine zweite Enkelin hörte nachts die schon erwähnten Klopfzeichen. Sie litt seelisch derart, daß sie sich eines Tages mit ihren beiden Kindern im Alter von fünf und acht Jahren einen 40 Meter hohen Felsen hinabstürzte. Ein

Enkel wurde bei spiritistischen Sitzungen als Medium benützt. Er litt unter Verfolgungswahn und endete wie andere Glieder der Sippe im Irrenhaus.

In der Urenkelreihe befand sich ein Mädchen, das die Tradition des Besprechens und der Kartenlegerei weiterführte. Sie starb früh. Ihre Geschwister behaupten, sie würde als unruhiger Geist mit Polter- und Klopfzeichen im Hause umhergehen. Der Bruder dieses Mädchens ist der junge Mann, von dem diese Familiengeschichte stammt. Er bekannte mir, er habe so unsagbar unter allen diesen Erscheinungen gelitten, daß er jeden dringend warnt, sich mit okkulten Dingen einzulassen. Er schreibt diese furchtbare seelische Zerrüttung seiner Familie in vier Generationen nur der Zauberei zu, mit der sich alle diese Vorfahren beschäftigt hatten. Hier wird wieder das Gericht des ersten Gebotes sichtbar: »...der da heimsucht der Väter Missetat an den Kindern bis in das dritte und vierte Glied derer, die mich hassen.«

Es ist nicht nur ein Einzelfall, den ich hier berichte. In dem volksmissionarischen Dienst der letzten zwölf Jahre sind mir viele solcher Familiengeschichten in den Aussprachen bekannt geworden. Es ist bedrückend, daß in der Psychiatrie und Seelsorge die dämonische Macht der Zauberei zu wenig erkannt und eingeschätzt wird. Es ist eine Auswirkung des Rationalismus, daß solche Dinge bagatellisiert oder als Humbug dargestellt werden. Wenn wir solchen hartgebundenen Menschen seelsorgerlich helfen wollen, dann müssen wir die satanischen Einflüsse im Leben der Menschen ernst nehmen. Der Mensch steht im Feuer des Kampfes zwischen Christus und Satan. Wo Satan nur als Popanz oder als Spottfigur für Narretei und Mummenschanz hingestellt wird, geht man an einer entsetzlich lebensnahen Wirklichkeit vorbei, und Satan kann ungehindert Menschen umstricken und in die Tiefe reißen. Das gefährlichste Gebiet satanischer Verführung ist die Zauberei; denn da wird bewußt satanische Hilfe in Anspruch genommen, wenn diese Hilfe auch oft mit frommen Zeremonien getarnt wird.

Gott sei Dank sind die dämonischen Gewalten auf dieser Erde nicht das letzte, was dem Menschen zu sagen ist. Jesus Christus ist gekommen, die Bollwerke der Finsternis zu zerstören (1.Joh.3,8). Wir haben einen mächtigen Feind, aber einen allmächtigen Freund, pflegte der verstorbene Nestor der deutschen Evangelisten, Ernst Modersohn, zu sagen. Die Rechte des Herrn behält den Sieg auch bei Menschen, die durch die Beschäftigung mit okkulten Dingen in direkte dämonische Abhängigkeit geraten sind. Das zeigt auch das Leben des jungen Mannes, von dem ich hier berichte. Christus machte ihn fröhlich und frei. Die Ketten und Bande zerbarsten unter der allmächtigen Hand des großen Siegers von Golgatha. Jesus Christus ist und bleibt Sieger in alle Ewigkeit!

2. Dazu ist erschienen der Sohn Gottes, dass er die Werke des Teufels zerstöre

Das seltsamste und schwierigste Gebiet der Seelsorge ist die Behandlung der okkulten Fälle. Man versteht darunter die Beratung der seelisch Kranken, die sich mit magischen Praktiken, mit Zauberei und ähnlichem eingelassen haben. Schon in den ersten 15 Jahren meiner evangelistischen Arbeit hatte ich 570 okkulte Fälle gesammelt. In dem Buch »Seelsorge und Okkultismus« wurden davon 120 Fälle kritisch wissenschaftlich untersucht. Zur Orientierung sei hier ein Fall wiedergegeben.

Eine körperlich kräftige und geistig gesunde Frau erlebte zunehmend seltsame Anfechtungen in der Nacht. Sie hatte das Gefühl, als ob sie geprügelt würde, obwohl sie niemand im Zimmer beobachten konnte. Morgens hatte sie grüne und blaue Striemen am Körper. Das wiederholte sich einmal oder zweimal in der Woche. Sie wußte sich diese rätselhaften Vorgänge nicht zu erklären. Sie schämte sich zuerst, davon zu reden, weil sie nicht ins Gerede der Leute kommen wollte. Schließlich trieb sie die Not zur Aussprache. Sie bat den Ortspfarrer um seelsorgerlichen Rat. Dieser wußte mit diesen Vorfällen nichts anzufangen. Die Frau erweckte absolut nicht den Eindruck einer nervenkranken oder geistesgestörten Person. Im übrigen Leben war sie völlig normal. Auch der Prediger der Gemeinschaft war dieses seltsamen Gebietes unkundig. Beide Männer konnten der Frau nicht helfen.

Eines Tages besuchte sie ein Freund von mir, der aus seiner Arbeit das okkulte Gebiet kennt. Er stellte der Frau verschiedene Fragen. Da keine Gemüts- oder Geisteskrankheit vorlag, kam das magische Gebiet in Frage. Nach gründlicher Aussprache kam folgendes zum Vorschein. Die Frau wurde als Mädchen von einem jungen Mann umworben, der sie unbedingt heiraten wollte. Da der feurige Bewerber sonst in seinem Leben den Eindruck eines Finsterlings machte, lehnte das Mädchen ab. Daraufhin drohte der Mann: »Ich plage dich.« In der ersten Zeit dachte das Mädchen nicht mehr an die Drohung. Sie fürchtete sich auch nicht und legte diesem Geschwätz überhaupt keine Bedeutung bei. Erst, als die nächtlichen Anfechtungen einsetzten und die Striemen vor allen Augen sichtbar waren, erinnerte sie sich jenes Vorfalls. Sie konnte aber auch jetzt noch nicht fassen, daß es so etwas geben würde.

Bevor wir den weiteren Verlauf dieser Geschichte behandeln, will ich kurz sagen, wie ich selbst solche Fälle anpacke. Wenn solche Angefochtenen zu mir kommen, untersuche ich erst, ob irgend eine medizinisch-psychiatrische Ursache zu diesen Anfechtungen vorliegen könnte. Läßt sich das feststellen, dann verweise ich den Kranken an einen gläubigen Psychiater. Oft lassen sich auch rätselhafte Vorgänge aus den Erkenntnissen der neueren Tiefenpsychologie verstehen. Es ist bei der Beurteilung solcher Dinge äußerste Vorsicht und Zurückhaltung geboten. Fehldiagnosen wirken sich verhängnisvoll aus. Sind alle wissenschaftlichen Randgebiete zu Rate gezogen worden, dann dürfen die Erkenntnisse der Parapsychologie bzw. des Okkultismus verwertet werden, wenn sich solche Zusammenhänge nachweisen lassen. Und hier gibt es viel mehr, als unsere Mediziner, Psychologen und Theologen von der Universität her wissen. Okkulte Praktiken sind in einer gewaltigen Häufigkeit im Volk zu finden.

Wenden wir uns wieder unserem Fall zu. Mein Freund setzte sich in der Fürbitte stark für die geplagte Frau ein. Er zeigte ihr, daß sie sich ganz Christus ausliefern müßte, wenn sie frei werden wollte. Nur bei Christus gibt es ganze Befreiungen auf diesem Gebiet. Nach dieser Beratung und dem einsetzenden seelsorgerlichen Kampf geschah etwas Seltsames. Jener Mann, der gedroht hatte, sie zu plagen, hängte sich auf. Die Frau war von dem Tag an frei. Die Anfechtungen kehrten nie wieder.

Dieser Vorfall gehört zu den umstrittenen Fernbeeinflussungen. Wenn auch unsere modernen Rationalisten das alles für Humbug und Schwindel halten, so ist damit dieses Gebiet nicht in seiner furchtbaren Wirklichkeit erfaßt. Schopenhauer sagte: »Es gibt auch einen Skeptizismus der Ignoranz.« Hierher gehört auch Shakespeares Wort, daß es noch Dinge gibt zwischen Himmel und Erde, die sich unsere Schulweisheit nicht träumen läßt. Das Gebiet der Fernbeeinflussung (Mentalsuggestion) ist schon von einer Reihe von Ärzten exakt untersucht worden. Ich verweise nur auf Dr. med. Dusart, Dr. med. Janet und Dr. med. Gilbert, die ihre Versuchspersonen auf 10 km Entfernung beeinflussen konnten. In der Seelsorge findet sich dieses Phänomen vor allem im Zusammenhang mit dem gefährlichen Zauberbuch 6./7. Buch Mose. Mir sind genügend Fälle von Fernbeeinflussungen bekannt, die so starke

Zeugniskraft haben, daß sie nicht einfach als Volksaberglauben abgetan werden können.

Selbst wenn in unserem Fall diese Belästigungen in der Nacht ein Symptom der Hysterie oder einer anderen Thymopathie gewesen wären, so ist die plötzliche und anhaltende Heilung auf jeden Fall ein außergewöhnliches Ereignis. Jeder Arzt weiß ja, wie schwer solche Krankheiten zu heilen sind. Nach Lage der Dinge war es aber keine derartige Erkrankung, sondern eine magische Beeinflussung. Für den Christen liegt es offen zutage, daß der Mensch von dämonischen und teuflischen Mächten eingeschlossen und umgeben ist. Christus hätte ja nicht kommen brauchen, wenn die Teufelsidee nur der Wahn einer unerleuchteten Zeit gewesen wäre. Nein, die Finsternismacht ist eine Realität, aber eine von Christus überwundene Realität. Der Sohn Gottes ist gekommen, die Werke des Teufels zu zerstören. Sein ist der Sieg über alle unheimlichen Gewalten. Darum ist für jeden, der durch okkulte Dinge behaftet ist, Hoffnung da, freizuwerden. Wir haben einen mächtigen Feind, aber einen allmächtigen Freund, Jesus Christus.

3. Unheilbar geisteskrank

Ein gläubiger Bruder berichtete mir die Geschichte seiner Vorfahren und seiner eigenen Familie. Die Urgroßeltern trieben magische Dinge. Als Auswirkung dieser okkulten Betätigung zeigten sich in der großelterlichen Reihe mediale Fähigkeiten. Bei der Großmutter traten ferner seelische Störungen auf. Sie litt unter Schwermut und war eine jähzornige, selbstsüchtige Natur. Die seelischen Störungen verschlimmerten sich bis zum Ausbruch von Tobsuchtsanfällen. Sie mußte gebunden werden und wurde dann in diesem Zustand in eine Nervenheilanstalt eingeliefert. In der dritten Generation, also bei den Eltern meines Berichterstatters, zeigten sich wiederum seelische Störungen wie Depressionen, Zwangsvorstellungen und neurotisch bedingte Funktionsstörungen der inneren Organe. Als der Vater zum Glauben an Christus kam, wurde er von allen Zwangserscheinungen und seelischen Komplikationen frei. In der vierten Reihe dieser Familiengeschichte steht nun mein Berichterstatter, der in seiner Jugend mit der Schwermut zu kämpfen hatte, durch Christus aber völlig frei wurde. In der fünften Reihe steht der Sohn dieses Mannes, von dem hier ausführlich berichtet werden soll.

Dieser junge Mann war in seiner Kindheit nach dem Urteil des Vaters ein liebes Kind mit einem weichen Gemüt. Als er 18 Jahre alt war, kam wie bei seinen Vorfahren eine Gemütserkrankung und später eine Geisteskrankheit zum Ausbruch. Es stellten sich zuerst Depressionen ein, die mit einer starken Lebensangst gekoppelt waren. Die Periode der Schwermut wurde dann abgelöst durch verschiedene Zwangszustände. Er konnte stundenlang auf den Knien liegen und beten. Dann wurde er wieder tobsüchtig und schlug seine Eltern. Nach dieser tobsüchtigen Phase rannte er in die Natur hinaus, machte tagelange Waldläufe, bis er vor Erschöpfung zusammenbrach. Waldarbeiter brachten den Unglücklichen gewöhnlich nach Hause. Im Geschäft wurde er natürlich bei diesem Zustand sofort entlassen. Als weitere Stufe stellten sich dann schizophrene Symptome (Zeichen einer Geisteskrankheit) ein. Er hörte im Haus Klopfzeichen, sah Lichterscheinungen und hörte Stimmen mit der Aufforderung, er sollte nicht seinen Eltern gehorchen, sondern nur der inneren Stimme folgen. Bei diesem Zustand sahen sich die Eltern genötigt, den Sohn von einem Psychiater untersuchen zu lassen. Dieser Facharzt gab folgende Diagnose: Unheilbar, hochgradig schizophren. Einweisung in eine Irrenanstalt.

Der Vater weigerte sich gegen diese Einweisung. Er bildete

mit einigen gläubigen Brüdern einen kleinen Gebetskreis zur Fürbitte für den Schwerkranken. Dann brachte er seinen Sohn in ein christliches Erholungsheim, das von einem bekannten Gottesmann geleitet wurde. Der Geisteskranke setzte in diesem Heim seine Irrläufe (Fugues) fort. Er mußte dauernd von einer Person überwacht werden. Der Leiter des Heimes setzte sich jeden Tag mit dem Geisteskranken zusammen, las ihm einige kräftige Bibelworte vor und betete mit ihm. Diese seelsorgerliche Behandlung hatte zunächst wiederum einen negativen Erfolg. Der Geisteskranke wurde von religiösen Wahnvorstellungen geplagt. Er kniete auf öffentlichen Plätzen an einer Bank nieder und betete stundenlang. Dieses Schauspiel wiederholte sich oft. Der Leiter des Heimes bildete daraufhin auch einen Gebetskreis, der sich für den Kranken einsetzte. Nach einigen Wochen trat eine spürbare Besserung des Befindens ein. Am Ende der sechsten Woche wurde der Geist des jungen Mannes bei der seelsorgerlichen Aussprache völlig klar. Die abwegigen Impulshandlungen und Zwangsantriebe hörten völlig auf. Nach einer weiteren Beobachtungszeit von 14 Tagen konnte der Leiter des Heimes seinen Pflegebefohlenen geheilt heimschicken. Der junge Mann konnte seinen Beruf wieder aufnehmen. Er ist heute Chefkonstrukteur eines großen Werkes und bewährt sich als lebendiger Christ. Seit 18 Jahren haben sich keine Zeichen der ehemaligen Geisteskrankheit gezeigt. Die vom Arzt erkannte unheilbare, hochgradige Schizophrenie wurde durch Christus geheilt.

In dieser ganzen Familiengeschichte laufen zwei Linien. Bei den Vorfahren zeigte sich eine okkulte Betätigung und Beschäftigung mit der Magie. Bei den Nachkommen traten dann durch vier Generationen Gemütserkrankungen und Geisteskrankheiten auf. In drei Generationen, bei Großvater, Vater und Sohn verschwanden die seelischen Störungen durch ihre Umkehr zu Christus. Es zeigt sich in diesem Bericht, daß die Kraft

Jesu Christi auch dann noch Wunder tut, wenn die ärztliche Kunst am Ende ist. Bei Gott gibt es keine hoffnungslosen Fälle. Durch den Glauben entfalten sich schöpferische und erneuernde Kräfte im Leben des Jünger Jesu. Ein Arzt, der viel mit Kindern Gottes zu tun hatte, sagte einmal: »Bei den Christen muß man mit der Diagnose sehr vorsichtig sein. Liegen sie heute sterbend auf dem Krankenbett, so können sie einem morgen fidel und gesund an der Türe entgegenkommen. Ihr Glaube ist so unberechenbar, daß sie oft das ganze medizinische Konzept über den Haufen werfen. Da soll sich noch einer auskennen!«

4. Gedenke nicht der Sünden meiner Jugend

Ein junger Schweizer, der seit einigen Jahren treu Christus nachfolgt, gab mir den Bericht, wie er Jesus gefunden hatte. Er schrieb:

Als 15jähriger Bursche wurde ich magisch besprochen, weil ich an der rechten Hand mit Warzen behaftet war. Es war in unserer Gegend alte Sitte, sich bei Erkrankungen jeglicher Art nicht an den Arzt, sondern an den Besprecher zu wenden. Tatsächlich half das »Brauchen« sofort. Ich wurde die häßlichen Dinger los, aber ich kam dabei unter den Einfluß des Bösen, unter den Bann der Zauberei. Es stellten sich Folgen ein, mit denen ich jahrelang vergeblich kämpfte. Ich begann Schundromane zu lesen. Gute Bücher waren mir zu langweilig. Schlechte Filme mit einer schwülen, sexuellen Atmosphäre zogen mich in ihren Bannkreis. Alle Warnungen fruchteten nicht. Ich wurde auf diesem Gebiet regelrecht süchtig. Ich lief stets in einer sexuell gereizten Stimmung umher. Gegen alles Göttliche lehnte ich mich auf. Mein Geist war von allem Unguten vergiftet. Die Sinnlichkeit war erwacht und machte mir viel zu schaffen. Die Not wurde so groß, daß ich von bestimmten Dingen nicht mehr loskam. Immer wieder fiel ich. Durch die häufigen Niederlagen war ich verärgert, gereizt, mutlos. Meinen Eltern und Vorgesetzten bereitete ich in dieser verzweifelten Stimmung durch meine Widerspenstigkeit viel Ärger und Sorgen. Bei der inneren Zerrissenheit war meine Konzentration bei der Arbeit höchst mangelhaft. Darum stellten sich auch Mißerfolge ein.

Jahrelang war ich ein Gefangener meiner Leidenschaften und litt unter all diesen Gebundenheiten. Da erwachte in mir die Sehnsucht nach einem reinen Leben. Eines Tages wurde ich in eine Männerstunde eingeladen. Ein Pfarrer sprach über diese Dinge, die mir solche Not bereiteten. Er wies einen Weg zur Befreiung und forderte zu einer Entscheidung für Christus auf. Ich war an diesem Abend bis ins Innerste getroffen, wagte es aber nicht, mich seelsorgerlich auszusprechen. Ein falsches Schamgefühl hinderte mich an der Unterredung. Ich suchte andere Wege. Schließlich glaubte ich, durch eine Heirat von allen Bindungen loszukommen. Ich verheiratete mich mit einer Frau, die drei Kinder in die Ehe brachte. Statt Lösungen gab es nur neue Verstrickungen. Immer tiefer geriet ich ins Elend. Alles war mir verleidet und verekelt. Wie sollte das noch enden? Gott wußte einen Weg.

Meine Frau erkrankte. Dann wurde ich ebenfalls aufs Krankenbett gelegt. Eine eigentümliche Nervenkrankheit, die von den Ärzten nicht richtig erkannt wurde, brachte mich fast in die Verzweiflung. Eine furchtbare Angst packte mich, es könnte überhaupt nicht mehr gut werden. Es war die Zeit, da ich inbrünstig zu beten anfing. Immer wieder rief ich den Herrn um Vergebung und Befreiung an. Schließlich wurde mir klar, nie allein mit diesen Nöten fertig zu werden. Meine ganze Ohnmacht trat mir vor Augen. Zu diesem Zeitpunkt erhielt ich von einem Freund ein Schriftchen, das mir den Weg zur Umkehr wies. Gerade im richtigen Augenblick meines Lebens, am Tiefpunkt meiner seelischen Not, war mir diese Wegweisung geschenkt worden. Ich spürte, Gott ist doch ein besserer Psychologe als unsere Ärzte und Pfarrer. Er weiß die Zeit, er weiß die Art der Hilfe, er kann den richtigen Menschen in den Weg schicken. Diesem Freund vertraute ich mich seelsorgerlich an und beichtete alles Dunkle, das in meinem Leben lag. Das war der Wendepunkt meines Lebens.

Eine große Freude war in mein Leben getreten, Freude über die Vergebung aller Schuld, Freude über die geschenkte Befreiung. Es war durch die Gnade Gottes auch meine Erfahrung geworden: »Wen der Sohn Gottes freimacht, der ist recht frei.« Das Gebet des Psalmdichters: »Gedenke nicht der Sünden meiner Jugend«, war bei mir erhört worden. Vergebung und Erlösung war mir zuteil geworden. In meiner Konfirmandenzeit hatte ich einmal den Spruch gelernt: »An Jesum haben wir die Erlösung durch sein Blut, die Vergebung der Sünden nach dem Reichtum seiner Gnade.« (Eph.1,7) Dieser Spruch war Besitz meines Gedächtnisses, aber nicht eigene Erfahrung gewesen. Nun aber war mir diese Gewißheit durch den Heiligen Geist zugeeignet worden, so fest, daß alle Welt dagegen reden und sie mir doch nicht rauben könnte. Nach all den Jahren furchtbaren inneren Jammers hätte ich nie gedacht, daß ich noch einmal ein froher Mensch werden könnte. Nun weiß ich aber durch die Barmherzigkeit Gottes etwas von der Zusage unseres Herrn: »Ich bin gekommen, daß sie das Leben und volle Genüge haben sollen.« E. B.

5. Jesus befreit

Evangelist Büchler berichtete mir aus seinem Leben:

Vor Jahren gehörte ich zu jener Sorte von Menschen, die bei

jeder Störung der Gesundheit von Familienangehörigen die Hilfe bei Heilpraktikern, Magnetopathen, Magnetiseuren, und Naturärzten suchte. Diese Männer beherrschten angeblich alle Naturheilverfahren und übten ihre unkontrollierbare Heilkunst mit altbewährten Rezepten, Heilkräutern und Salben aus. Nebenbei entwickelten solche Volksmediziner angeblich metaphysische, biologische oder fernbeeinflussende Heilverfahren. Je hochtrabender die Bezeichnung war, desto besser konnten sie ihre dunkle Kunst in klingende Münze umsetzen. Vermögend wurden sie ja alle dabei. Im Grunde genommen handelte es sich bei fast allem um die Ausübung magischer Künste in irgendeiner Abwandlung. Besonders wurde das Brauchen, das Besprechen geübt. Was allen gemeinsam war und heute noch ist, ist die christliche Verbrämung ihrer gefährlichen Methoden. Sie spielen alle die Rolle des Biedermanns und wollen als christliche Persönlichkeit gelten. Mitunter haben sie auch diesen Ruf. Wer allerdings in diese Kunst eingeweiht ist, wie das bei mir der Fall ist, der weiß, daß fast alle ihre Steckdosen unten haben. Sie beziehen ihre Kräfte und Gaben nicht von Gott, auch nicht aus einem neutralen Bereich der Natur, wie sie die Dummen und Naiven glauben machen wollen, sondern aus dem Machtbereich des Dämonischen. Lange genug hatte ich Zeit gehabt, diese Tatsache zu erforschen und kennenzulernen.

Bereits mein Vater hatte diese magische Heilkunst 30 Jahre lang ausgeübt. Bei Mensch und Tier wandte er seine Besprechungskräfte mit dem besten Erfolg an. Von überallher kamen Hilfesuchende und ließen sich von ihm behandeln. Oft genügte auch nur ein Brief oder ein Telefongespräch eines Kranken an meinen Vater. Durch eine tatsächliche Fernwirkung oder Fernbeeinflussung setzte dann bei dem Bittsteller eine Heilung ein. Diese Form der Telefonheilung wird heute noch zu Hunderten geübt. Es handelt sich dabei nicht nur um einfache, suggestive oder hypnotische Fernwirkungen, sondern um einen Einsatz magischer und dämonischer Kräfte. Die furchtbaren Folgen dieser Besprecherpraxis meines Vaters wurden in der ganzen Familie und Nachkommenschaft erschreckend deutlich. Trotzdem ließ ich mich nach seinem Tode nicht halten, auch diese magische Heilkunst zu erlernen. Der Reiz des Unbekannten und die Aussicht auf Kraftwirkungen, die nicht jedem Menschen zugänglich sind, lockten mich. Ich wollte auch die Kunst beherrschen, über Mensch und Tier Macht zu haben. Normalerweise ist es nicht leicht, diese Kunst wie einen Beruf zu erlernen. Da ich aber von meinem Vater in dieser Richtung schon medial veranlagt und belastet war, glückte mir das Einarbeiten in diese unheilvolle Kunst. Meine ersten Heilversuche in der eigenen Familie hatten Erfolg. Ich setzte, dadurch ermuntert, diese Heilverfahren in der Verwandtschaft und im Bekanntenkreis fort. Es erfüllte mich mit einem gewissen Stolz, daß das Besprechen tatsächlich funktionierte.

Wie mein Vater und alle Angehörigen entging auch ich nicht den furchtbaren Folgen. Ganz unerwartet warf mich ein Nervenzusammenbruch zu Boden. Ich war so schwach und entkräftet, daß ich meine Arbeit aufgeben mußte. Wochenlang lag ich daheim untätig und dann noch im Krankenhaus. Das war die Zeit, da Gott mit mir redete. In der Stille überdachte ich meinen bisherigen Weg. Eine große Hilfe wurde mir ferner, daß ein Kurgast, der in unserer Gegend seine Ferien verbrachte, sich mit mir in Gespräche einließ. Es erwies sich, daß dieser Fremde von der magischen Besprecherpraxis viel verstand. So hatten wir genug Unterhaltungsstoff. Dieser Herr warnte mich vor meiner magischen Heilmethode und ihren Folgen. Er stellte einige Fragen nach meinen Verhältnissen. Ich mußte bekennen, daß bei uns alles vorlag, was sich als typische Auswirkung des Besprechens immer wieder zeigt. Weder bei meinen Eltern noch in meiner eigenen Familie war Friede im Haus.

Finsteres Wesen, Streit, jähzornige Ausbrüche waren an der Tagesordnung. Ich gab allerdings trotz dieser Feststellung noch nicht klein bei. Als Verteidigung wandte ich ein, daß ich doch mit dem magischen Besprechen den Mitmenschen helfen wollte und das alles im Glauben an Gott durchführen würde. Der Fremde erklärte mir dann folgendes: »Durch den Gebrauch des heiligen Namens Gottes lästern Sie Gott; denn Sie würdigen ihn durch diesen Mißbrauch zu Ihrem Knecht herunter. Weil Sie das machen, hilft Ihnen der Teufel und betrügt Sie; denn er freut sich, wenn der Name Gottes mißbraucht wird. Sie laden ferner die Sünden Ihrer Patienten auf sich. Sie und ihre Kinder werden durch dieses Besprechen sehr unglücklich werden.«

Zunächst wies ich eine solche Beweisführung ab. Ich glaubte das nicht. Eigentümlicherweise wurde ich diese Warnung aber nicht mehr los. Wie ich hinterher erfuhr, betete dieser Fremde für mich. Ein mächtiger Kampf setzte in meinem Innern ein. Es ging wochenlang. Meine Frau wurde in dieses Ringen zwischen Licht und Finsternis mit hineingezogen. Schließlich war ich bereit, die Magie aufzugeben. Doch das war leichter gesagt als getan. Ich wollte loslassen, aber die Mächte, die hinter der Magie stehen, wollten mich nicht loslassen. Da spürte ich, daß nicht ich über diese Mächte verfügte, sondern die Mächte über mich. In dem Augenblick, da ich meine Gefangenschaft erkannte, wurde meine Abwehr noch heftiger und bestimmter. Es ging einfach auf Leben und Tod. Meine Frau wurde mir darin zu einer wertvollen Bundesgenossin. Wir suchten gemeinsam Hilfe bei Gott, fingen an die Bibel zu lesen und beteten auch mit den Kindern. Und doch wären wir nie allein durchgekommen. Die Barmherzigkeit Gottes wurde uns so groß, daß wir uns getragen fühlten. Eine entscheidende Erfahrung wurde mir auch eine schwere Operation. Durch alle Kämpfe wurde mein Herz sehr angegriffen. Im Krankenhaus mußte der Chirurg 24 Tage warten, bis er die

Operation wagen konnte. Dann gelang der Eingriff. Ich wurde wunderbar hindurchgetragen und meiner Familie neu geschenkt. Dieses Erlebnis erfüllte uns mit großer Freude und Dankbarkeit.

Wieder war eine Position in dem Befreiungskampf errungen. Allerdings völlig frei war ich noch lange nicht. Beim Bibellesen kam ich eines Tages an den Bericht Apg. 19,19: »Viele, die vorwitzige Kunst getrieben hatten, brachten die Bücher zusammen und verbrannten sie öffentlich.« Ein neues Licht ging mir auf. Meine okkulte Literatur und Bücher mußten aus dem Haus. Ich suchte alles zusammen und steckte sie unter Gebet ins Feuer. Alle sorgsam gehüteten Schätze, wie schnellwirkende Besprechungsformeln und Eliterezepte kamen an ihren rechtmäßigen Ort. Diese Hausgötzen und magischen Kraftzentren wurden entthront und ausgeräumt. Wieder war dadurch ein Stück Lösung und Erleichterung durch Gottes Hilfe erworben.

Der Kampf war aber immer noch nicht zu Ende. Die Magie zieht stets einen langen Drachenschwanz von Bindungen hinter sich her. Die Folgen der Zauberei zeigen sich bei allen Schwarzkünstlern. Mir erging es um kein Haar anders. Mein Leben war durchsetzt von vielen verborgenen und offenbaren Leidenschaften wie Jähzorn, Fluchen, Selbstsucht, Kartenspiel, Alkohol, Rauchen und andere Dinge, die man nicht öffentlich sagen kann. Je mehr Christus die Oberhand über mein Leben bekam, desto mehr entfaltete sich ein Ekel vor all diesen Gebundenheiten. Meine Frau machte gleichzeitig eine ähnliche Entwicklung durch. Sie war jahrelang geplagt von Schwermut, die bei aktiven Besprecherfamilien oder bei den Nachkommen ja stets auftritt. Durch Christus und die große Freude, die mit ihm in unser Leben getreten war, verschwand diese Schwermut ohne ärztliche Behandlung. Damit soll natürlich nicht gesagt werden, daß alle Schwermut auf diesem Wege entstehen würde. Es gibt solche Seelenzustände, die sich durch eine Krankheit entwickeln können. Meine Frau und ich erlebten es, daß Christus auch von den schlimmsten Bindungen frei macht. Es ist uns zur großen Erfahrung geworden, was in Luk. 19,10 berichtet wird: »Des Menschen Sohn ist gekommen, zu suchen und zu erretten, was verloren ist.«

Die Befreiung wirkte sich in meinem Leben aus. Ich dachte, wenn der Herr Jesus einem so elenden Sünder wie mir an Leib und Seele geholfen hat, dann kann und will er auch anderen Gebundenen dieser Art zur Freiheit verhelfen. Es wurde mir deshalb zu einem inneren Auftrag, den Menschen, die sich aktiv oder passiv mit der Magie und allen anderen Künsten der Zauberei abgegeben haben, Wegweiser zu sein. Ich richtete einen Evangeliumsdienst gegen die Not des Aberglaubens ein. Die viele Seelsorge, die mir dadurch geworden ist, zeigt, wie weit der moderne Mensch trotz aller Aufklärung in solchen Dingen drinsteckt. Trotz der unheimlichen Bindungen auf diesem Gebiet gibt es keine hoffnungslosen Fälle. Es bleibt dabei: »Wo die Sünde mächtig geworden ist, da ist die Gnade noch viel mächtiger geworden« (Röm.5,20). Der Endsieg gehört unserem Herrn Jesus Christus.

H. Büchler, Frankreich

6. Errettet von der Obrigkeit der Finsternis

Bei einer Evangelisation wurde mir die Geschichte eines Trinkers lebendig. Mit ausdrücklicher Genehmigung darf ich sie hier wiedergeben. Von Jugend an war er ein wüster Raufbold und ausgesprochener Säufer. 15 Liter Most an einem Tag war seine gewöhnliche Ration. Nur wenige Tage des Jahres war er nüchtern. Hatte er nicht genug zu trinken, lief er wie ein gereiztes Tier umher. Der kleinste Anlaß genügte zu einem jähzornigen Ausbruch, bei dem er alles kurz und klein schlagen konnte. Außer dieser Sucht war er auch haltlos gegenüber den Mädchen. Da war keine vor seinen Zudringlichkeiten sicher. Manche ließen sich mit ihm auch willig ein, weil er trotz seiner Alkoholbindung körperlich ein gesunder, kraftstrotzender Mann war. Eine Bindung zieht die andere nach sich. Von Gottes Wort wollte er nichts wissen. Für ihn war der Gottesglaube genauso Humbug wie eine Teufelsvorstellung. Alle biblischen Wahrheiten übergoß er mit beißendem Spott. Fluchen und Lästern waren ihm im Kameradenkreis zur zweiten Natur geworden. Eines Tages wurde ihm das zum Verhängnis.

Im Wirtshaus erzählte ein Mann von der schwarzen Magie und der Möglichkeit, sich mit der Unterwelt zu verbinden. Es wurde allerlei Schauriges und Unheimliches auf diesem Gebiet berichtet. Einige junge Männer lachten und wiesen das als dummen Aberglauben ab. Am ärgsten trieb es unser Trinker, der prahlte, er wollte sich bereit erklären, mit dem Teufel anzubinden und mit ihm fertig zu werden. Mit großem Hallo stimmten ihm die Zechgenossen zu. Es wurde eine Wette gegen 20 Mark abgeschlossen, daß der Saufjochen sich an einem Freitag nachts um 12 Uhr an einem Kreuzweg außerhalb des Dorfes dem Teufel stellen sollte. Als weitere Bedingung wurde ihm gestellt, daß er mit einer Kreide einen engen Kreis um sich ziehen und dann dreimal Luzifer anrufen müßte. Die Anrufungsformel für Luzifer wurde ihm im Wirtshaus von einem Kumpan mitgeteilt. Jochen ging auf die Bedingungen ein. Die Kameraden begleiteten ihn ein Stück weit und ließen ihn dann allein. Jochen handelte genau nach Anweisung, zog den Kreis und sagte dreimal die Anrufungsformel. Gespannt wartete er auf irgendeine Reaktion. Nichts trat ein. Triumphierend kehrte er zu seinen Kameraden zurück und kassierte die gewonnenen 20 Mark.

Die Freude war jedoch zu früh. Als er sich am nächsten

Abend zu Bett begab, sah er plötzlich dem Bett gegenüber an der Wand eine scheußliche Fratze, die langsam auf ihn zukam. Er lag wie gelähmt und konnte kein Glied rühren. Die Fratze näherte sich ihm bis auf etwa 20 Zentimeter. Eine unheimliche, schreckliche Angst erfüllte ihn. Schließlich wich die Fratze wieder zurück. Jetzt erst konnte er schreien. Sein Schwager und seine Schwester, die im gleichen Haus einen Stock höher wohnten, eilten auf sein mörderisches Geschrei herbei. Sie kamen bis zur Zimmertür und konnten nicht eintreten. Gebannt blieben sie vor der Schwelle stehen. Diese Szene mit der Erscheinung wiederholte sich oft, aber nur, wenn er nüchtern war. Die Hausgenossen bestätigten ihm jedesmal, sie könnten das Zimmer nicht betreten, eine unerklärliche Macht würde sie abhalten. Dem Jochen wurden diese Spukphänomene schließlich zuviel. Er ging zum Arzt, um zu erfahren, ob diese Erscheinungen die Folgen des Alkohols wären. Er wollte wissen, ob sich bei ihm das Stadium des Delirium tremens (Trinkerwahnsinn) oder die Alkoholhalluzinose (Trinkervision) einstellte. Der Arzt untersuchte ihn gründlich und stellte beides in Abrede. Er bestätigte ihm seine robuste Gesundheit und sein starkes Herz. Als der Trinker ihm dann ausführlich seine Erlebnisse mit der Teufelsfratze erzählt hatte, wurde der Arzt nachdenklich. Er wies diese Erscheinungen nicht einfach als Humbug oder nervöse Überreizung ab, sondern nahm sie als Christ ernst. Er erklärte ihm: »Wenn Sie sich solche Dinge geleistet haben, dann ist es allerdings Zeit, daß Sie zu Christus kommen, sonst werden Sie tatsächlich noch vom Teufel geholt.« Da Arzt und Trinker sich von der Militärzeit her kannten, erklärte er ihm: »Für Sie heißt es nun, rechtsum kehrt, wenn Sie nicht zugrunde gehen wollen.« Was der Saufjochen sich von keinem Pfarrer hätte sagen lassen, nahm er vom Arzt an. Er fing an, ernstlich Christus zu suchen. Die Erscheinungen der Teufelsfratze lösten bei ihm einen solchen Schock aus, daß er

…cht keine Ruhe mehr bekam. Er lag auf den Knien … zu Gott um Befreiung vom Alkohol, von der Un… …m Jähzorn, um Befreiung aus den Klauen des Satans. Wa… …chen im Sündigen radikal gewesen, so war er es auch bei der Übergabe seines Lebens an Christus. Er erlebte Tage tiefster Buße und innerer Verzweiflung. Es wurde aber eine getroste Verzweiflung. Christus nahm sich seiner an. Eine völlige Befreiung wurde ihm geschenkt. Von diesem Augenblick an blieben die Erscheinungen der Teufelsfratze völlig aus. Für Jochen war das eine Bestätigung, daß es sich bei den Erscheinungen nicht um den beginnenden Trinkerwahnsinn handelte, sondern um die Folgen der nächtlichen Luziferanrufung. Durch die Machttat Jesu Christi ist das Leben des ehemaligen Trinkers völlig neu geworden. Alkohol gab es in seinem Leben seither nicht mehr. Es sind schon zehn Jahre darüber vergangen. Für seine Umgebung ist er ein lebendiges Zeugnis der Befreiung durch Christus. In der Kirchengemeinde und im Blaukreuzverein arbeitet er aktiv mit. Bei der letzten Neuwahl der Ältesten wurde er in den Kirchengemeinderat gewählt. Die Sünde hatte ihn an den Rand der Hölle geführt. Die Gewalt Jesu Christi entriß ihn aber dem Machtbereich Satans.

Seither steht in dem Herzen Jochens das Danklied der Urgemeinde: »Danksaget dem Vater, der uns tüchtig gemacht hat zu dem Erbteil der Heiligen im Licht. Er hat uns errettet von der Obrigkeit der Finsternis und hat uns versetzt in das Reich des Sohnes seiner Liebe« (Kol.1,12-13).

7. Jesus ist Sieger

Einer meiner Schweizer Freunde berichtete mir sein bisher schwerstes seelsorgerliches Erlebnis. Es handelt sich um die Beratung und Betreuung seiner Schwägerin. Um einen klaren

Überblick zu ermöglichen, soll diese Seelsorge etwas systematisch dargestellt werden.

Zustand der seelisch Kranken. Sie litt seit vielen Jahren unter Schwermut, Zweifel und Glaubensnöten. Beim Zusammentreffen mit biblischen Dingen – sei es das Wort Gottes, die Kirche, christliche Bilder – empfand sie stets einen heftigen Widerwillen. Bei dem Versuch eines religiösen Zuspruches war sie sofort verärgert und zornig. Der Psychologe würde sagen, sie hätte auf Grund einer religiösen Überfütterung in der Kindheit oder eines antichristlichen Erziehungsdressates einen antireligiösen Komplex. Überfütterung lag nicht vor; denn die Mutter wollte von biblischen Dingen noch weniger wissen als die Tochter. Bei der Tochter zeigte sich das bei den Dämonen so oft beobachtete Phänomen, daß sie einerseits einen heftigen Widerwillen gegen göttliche Dinge besitzen, andererseits wieder einen Zug und Verlangen haben, zu Christus zu kommen. Gespalteter Trieb, Spaltungsbewußtsein würde also der Psychiater sagen. Weiter ist zu bemerken, daß die Patientin als Kind oft Spukphänomene in ihrem Zimmer erlebte. Wenn sie vor Angst aufschrie, dann wurde sie von diesen Spukgestalten geschlagen.

Okkulte Vorgeschichte der Kranken. Auf Befragen gab die Frau zu, daß sie mehrfach bei der Wahrsagerin gewesen war. Auch die Mutter betrieb die Kartenlegerei. Im Verlauf der Seelsorge kam dann noch ein entscheidender Sachverhalt zum Vorschein, der jetzt schon vorweggenommen werden soll. Ihre Mutter hatte das Kind schon im Mutterleib dem Teufel versprochen und verschrieben. Zu Beginn der Seelsorge war das aber noch nicht bekannt.

Bisherige Behandlung. Eine Zeitlang hatten sich Glieder einer Pfingstgemeinde der Kranken angenommen. Man betete mit ihr unter Handauflegung. Hinterher war es aber noch schlimmer mit ihr. Nach dieser bösen Erfahrung ging sie von den Frommen weg, wie sie sich ausdrückte. Anschließend folgte dann eine Behandlung durch verschiedene Nervenärzte. Vorübergehend wurde sie auch in eine Nervenheilanstalt eingewiesen. Von Bedeutung ist die wiederholte Diagnose der Fachärzte. Man sagte ihr immer wieder: »Sie sind geistig normal, aber seelisch krank.«

Die beginnende *Seelsorge* durch meinen Freund hatte als Ziel, der Frau einen Weg aus ihrer seelischen Not zu zeigen. Er fragte die Kranke zunächst: »Hast du Zaubereisünden auf dich geladen?« Die Frage wurde mit einem Geständnis beantwortet. Der Versuch, ihr den biblischen Weg aus den okkulten Verfehlungen aufzuzeigen, endete damit, daß die Kranke zu zittern anfing und schrecklich fluchte und lästerte. Andererseits machte die Kranke den Eindruck, daß sie sich nach Hilfe und Befreiung sehnte. Da sich bei jedem Gebet das typische Zucken einstellte, bekam der Seelsorger den Eindruck, es könnte sich um eine dämonische Beeinflussung oder gar um eine Besessenheit handeln. Diese Meinung wurde durch die Beobachtung gestärkt, daß die Kranke jedesmal ruhig wurde, wenn er im Namen Jesu den Mächten geboten hatte. Eines Tages konnte sie sogar nach einem solchen Gebieten an die Erlösung durch Christus und die Vergebung ihrer Sünden glauben.

Nach diesem verheißungsvollen Anfang wurde die seelsorgerliche Betreuung zu einem dramatischen Kampf.

Die erste Kampfesphase war ein Angriff mit dem Messer. Nachdem die Kranke am Vortage an Christus glauben gelernt hatte, wurde sie am zweiten Tage wieder rückfällig und ging mit dem Messer auf ihren Schwager los. Als er im Namen Jesu den Finsternismächten geboten hatte, trat wieder die bekannte Kampfstille ein. Die Angreiferin beruhigte sich und entschuldigte sich sogar für ihr Verhalten. An diesem Tag hörte die Kranke einen Evangelisationsvortrag ihres Seelsorgers und nahm am Schluß am Abendmahl teil. Als sie am Altar das

Brot empfangen sollte, fing sie an zu zittern. Der Seelsorger beobachtete diesen Vorfall und gebot innerlich den Mächten. Sie konnte daraufhin ruhig das Brot nehmen. Beim Empfang des Kelches entstand der gleiche Zwischenfall. Wieder gebot der achtsame Seelsorger unbemerkt in aller Stille mit dem gleichen Erfolg. Die Kranke wurde dadurch gestärkt und ging fröhlich heim.

Die zweite Kampfesphase führte zu einem seelischen Kurzschluß. Nach achttägigem Aufenthalt in der Wohnung ihres Schwagers, der ihr Seelsorger geworden war, mußte die Kranke wieder zu ihrer Familie zurückkehren. Die Rückkehr zu den Ihren bedeutete für die Patientin jedesmal eine Verschlechterung ihres Zustandes. In diese Zeit fiel der Vortrag von Billy Graham in Zürich. Mein Freund sandte seiner Pflegebefohlenen eine Einladung und versprach, sie im Auto abzuholen. Die Patientin kam mit zum Stadion. Während des Vortrages zitterte sie am ganzen Leib. Ihr Schwager betete mit ihr. Darauf wurde sie wieder ruhig. Einige Tage später war der Rückfall wieder da. Die Kranke hatte einen Selbstmordversuch unternommen und war ins Krankenhaus eingeliefert worden. Die Ärzte meinten, die Kranke würde in einem falschen Milieu leben. Der Seelsorger war anderer Meinung, nachdem er inzwischen die furchtbare okkulte Verseuchung der Familiengeschichte dieser Frau studiert hatte. Es gab ja keine dunkle magische Kunst, die in dieser Familie nicht getrieben worden war. Er fand in allen diesen Belastungen eine große Ähnlichkeit zu der Krankengeschichte der Gottliebin Dittus, um die Pfarrer Blumhardt 18 Monate gerungen hatte. Im Krankenhaus konnte die Patientin trotz stärkster Schlafmittel nicht einschlafen. Nach ihrer Entlassung wurde sie einem Psychiater überwiesen. Dieser verordnete ihre Verbringung in eine Nervenheilanstalt. Ist damit einem solchen Menschenkind geholfen? Sie wurde mit Insulinschocks und Schlafkuren behandelt, ohne die geringste Besserung damit zu erzielen. Aus meiner langjährigen Erfahrung mit solchen Patienten muß gesagt werden, daß diese Kranken nicht in die Hände des Psychiaters, sondern des sachkundigen Seelsorgers gehören. Geisteskrankheiten und viele Gruppen der Gemütskrankheiten gehören zum Aufgabenbereich des Psychiaters. Dämonisch Belastete gehören nicht in die Hand des Arztes, sondern in die des Seelsorgers. Es besteht allerdings ein außerordentlicher Mangel an sachkundigen Seelsorgern, die in der Lage sind, solche Belastete zu übernehmen.

Die dritte Kampfesphase brachte wieder den üblichen Verlauf der Dinge: Aufregungen und Beruhigung. In der Gemeinde des Seelsorgers war eine Evangelisationswoche. Die Schwägerin wurde für diese acht Tage eingeladen. Der zuständige Arzt der Heilanstalt entließ sie zu diesem Zweck. Die Patientin hörte einen einzigen Vortrag und rannte voller Zorn hinaus und rief: »Ich muß auf die Schienen. Ich mache Schluß.« Ihr Schwager fing sie ab und nahm sie in sein Studierzimmer. Die Kranke war immer noch wütend und schrie: »Diese Nacht passiert etwas. Entweder gehe ich zugrunde oder der Evangelist, der den Vortrag hielt.« Ihr Schwager erwiderte: »Es geht niemand zugrunde. Jesus ist Sieger.« Es wurde mit ihr gebetet. Sie faltete schließlich die Hände und betete selbst. Sie ging ruhig aus dem Zimmer und erlebte eine gute Nacht.

Die vierte Kampfesphase brachte zur Beurteilung des Falles ein neues Moment. Am nächsten Tag, einem Sonntag, besuchte die Patientin ohne Aufforderung von sich aus alle drei Vorträge. Am Abend bat sie den fremden Evangelisten um eine Unterredung. Der Fremde hörte ihre Beichte an und hatte wie Bruder V., der eigentliche Seelsorger der Kranken, den Eindruck, daß hier dämonische Mächte am Werk wären. Er fragte die Beichtende: »Haben Sie Zauberei, Magie, Spiritismus, Wahrsagerei oder Ähnliches getrieben?« Die Frage wurde bejaht. Darauf gebot der Evangelist im Namen Jesu diesen Mächten zu weichen. Inzwischen hatte Bruder V. weitere okkulte Dinge von der Mutter der Patientin erfahren. Er betete daher anschließend nach diesem seelsorgerlichen Gespräch, das der fremde Evangelist mit der Patientin gehabt hatte: »Herr Jesus, mache meine Schwägerin auch frei von den Sünden und Belastungen der Mutter.« In diesem Augenblick bekam die Kranke einen jähzornigen Anfall. Sie griff den Seelsorger tätlich an. Plötzlich sprach eine fremde Stimme aus ihr mit folgenden Worten: »Das ist meine Tochter. Sie muß sterben.« Bruder V. durchschaute sofort die Situation. Er erwiderte der fremden Stimme: »Nein, sie muß nicht sterben. Du mußt sie als Mutter freigeben.« Darauf antwortete die fremde Stimme: »Meine Tochter gehört dem Teufel. Ich habe sie als Kind mit Blut dem Teufel verschrieben.« Bruder V. gebot dann dieser Stimme: »Du Geist der Mutter hast hier nichts mehr zu suchen. Jesu Blut reicht aus für die Tochter. Sie ist erlöst durch Christus.« Dann entgegnete die fremde Stimme: »Wenn ich meine Tochter freigebe, dann werde ich verwirrt. Mein Geist umnachtet sich, wenn ich nachgebe.« In der Zeit, als sich dieser Kampf abspielte, lebte die Mutter der Patientin noch. Bruder V. antwortete: »Und wenn sich dein Geist verwirrt. Du mußt endgültig gehen und deine Tochter freigeben.« Nach diesem seltsamen Zwiegespräch war die Patientin total erschöpft. Sie konnte aber ruhig beten. In diesem Kampfabschnitt hatte sich also nach dem biblischen Bericht in Markus 5 eine fremde Wesenheit aus der Kranken zu erkennen gegeben. Solche Erlebnisse finden sich in der Bibel, in der Kirchengeschichte, in der Missionsgeschichte und in der Gegenwart. Ich habe eine Reihe derartiger Fälle aufgezeichnet.

Die fünfte Kampfesphase brachte eine weitere Enthüllung und noch mehr Klarheit in die vorliegende Krankengeschichte. Der fremde Evangelist forderte am nächsten Tag seine

Zuhörer zu einer Entscheidung für Christus auf. Die Kranke beschloß in ihrem Herzen: »Ich will auch zu denen gehören, die Christus nachfolgen.« Einige Tage war sie voller Freude. Nach dem dritten Tag gab es wieder einen Rückfall. Beim Frühstück konnte sie plötzlich nicht mehr essen. Sie fing an zu zittern. Ihr Gesicht verzog sich zu einer schrecklichen Grimasse. In ihrer Angst rief sie nach ihrem Schwager. Der Gerufene eilte herbei und betete mit ihr. Dieses Mal wurde sie aber beim Beten nicht ruhig. Sie erklärte, es müßte noch eine andere fremde Macht in ihr sein. Sie würde oft eine merkwürdige Gestalt sehen, ohne zu wissen, wer es wäre. Bruder V. gebot darauf dem unreinen Geist auszufahren. Da fing eine Stimme aus der Kranken zu reden an, aber eine andere Stimme als bisher. Diese zweite Stimme erklärte: »Ich fahre nicht aus. Ich bin schon lange in ihr drin.« Bruder V. fragte: »Wer bist du denn?« Die Stimme: »Ich bin eine alte Zigeunerin.« In diesem Augenblick ergriff die Kranke das Brotmesser auf dem Tisch und ging auf ihren Schwager los. Bruder V. griff sie am Arm und betete. Die Kranke wurde ruhig, legte das Messer weg und fing an zu weinen. Alles geschah bei vollem Bewußtsein.

Die sechste Kampfesphase brachte den Höhepunkt dieser dramatischen Seelsorge. Am nächsten Tag fing die zweite Stimme wieder aus der Kranken zu sprechen an. Es spottete aus ihr: »Ihr habt alle Angst. Du hast auch Angst. Du zitterst ja.« Bruder V. antwortete: »Nein, ich habe keine Angst.« Da lachte es wiederum häßlich aus der Patientin: »Ihr könnt nichts machen. Wir sind Legionen und wehren uns hartnäckig. Die Ärzte der Nervenheilanstalt haben auch nicht gemerkt, wer hinter der Krankheit steht.« Hier griff die Frau des Seelsorgers zum ersten Mal in das Gespräch ein und rief: »Dann fahrt in die Säue, wenn ihr Legionen seid!« »Nein, wir wollen in den Menschen bleiben. Wir fahren in euch.« Bruder

V. antwortete: »Das gibt es nicht. Wir gehören Christus an.« »Wir fahren dann in deine Frau.« »Das könnt ihr nicht. Die gehört auch Christus.« »Dann fahren wir in deine Kinder. Einen Sohn haben wir schon krank gemacht.« Der Sohn Theo war tatsächlich krank gewesen. »Wir hätten ihn noch kränker gemacht, wenn es uns erlaubt gewesen wäre.« Bruder V. erwiderte: »Das dürft ihr nicht. Alle meine Kinder gehören Jesus.« »Dann fahren wir in die Gemeinde und zerstören sie. Wir kennen die Seelen, die nicht wachsam sind.« »Das dürft ihr auch nicht. Christus wacht über die Gemeinde.« In diesem Augenblick wollte die Kranke wegeilen. Bruder V. hielt sie auf. Dann wollte sie wieder nach dem Messer greifen. Da gebot Bruder V. den Legionen auszufahren. Aus der Patientin jammerten plötzlich beim Gebieten viele Stimmen: »Jetzt hört endlich auf mit eurem Beten.« Bruder V.: »Nein wir hören nicht auf, bis ihr alle fort seid.« Die Stimmen fragten: »Was habt ihr von einer einzigen Seele?« Bruder V.: »Dem Heiland ist eine einzige Seele mehr wert als die ganze Welt.« Die Stimmen: »Wir gehen nicht aus der Frau, sonst geht sie heim und ist ein Zeugnis für ihre Umgebung und entreißt uns Seelen. Jetzt hört endlich auf mit Beten. Es betet ja noch jemand in diesem Haus.« Bruder V. wußte nicht, daß sich seine Kinder auch zum Gebet in ein Zimmer zurückgezogen hatten. Er antwortete daher den Stimmen: »Ja, der Heiland betet auch für euch.« Die Stimmen darauf erregt: »Nein, nein, für uns betet er nicht.« In diesem Augenblick warf die Patientin haßerfüllte Blicke auf ein Christusbild. Bruder V. erwiderte: »Ja, für euch Geister betet er nicht, aber für dich, du armes Menschenkind! Du darfst durch Christus frei werden.« Die Stimmen: »Wir halten es mit euerem Beten nicht mehr aus.« Es war ein dreistündiger Kampf zwischen Bruder V., unterstützt durch seine Frau und die in einem Zimmer betende zehnköpfige Kinderschar und diesen Mächten der Finsternis.

Nach diesem langen Ringen gebot der Seelsorger noch einmal den unreinen Geistern auszufahren. Plötzlich wurde die Patientin ruhig. Sie weinte und fing an zu beten.

Nach ihrer Befreiung hatte die Kranke noch einen Tag lang furchtbare körperliche Schmerzen. Am letzten Tag der Evangelisation legte sie Zeugnis ab für Christus. Die Schmerzen verschwanden. Am Sonntag ging sie fröhlich zum Abendmahl. Während sie früher immer das Gefühl hatte, von den Mächten der Finsternis beim Abendmahl erwürgt zu werden, konnte sie jetzt ohne Behinderung und Störung am Heiligen Mahl teilnehmen. Christus hatte in diesem Ringen über das arme gebundene Menschenkind den Sieg behalten.

Otto Vogt, Schweiz

8. Macht über alle Gewalt des Feindes

Vom chinesischen Missionsfeld erhielt ich die folgenden Berichte, an denen deutlich wird, daß die Dämonie in Asien die gleiche Charakteristik aufweist wie in Europa und den anderen Erdteilen.

Ich arbeite als Missionarin in der Stadt Lishui in der Provinz Chekiang. Bei meinem Dienst hatte ich manchmal mit einer besonderen Art der Besessenheit zu tun, die in ganz China, auch in Japan und auf den indischen Missionsfeldern vorkommt. Es gibt auch Missionare, die das gleiche aus Afrika und von Vorderasien berichten. Evangelisten sagen, sie würde auch in Europa vorkommen (»Seelsorge und Okkultismus« S. 173). Es handelt sich bei dieser Besessenheit um höchst merkwürdige sexuelle Erlebnisse, die nicht psychologisch erklärbar sind. Einige Berichte dieser Art sollen den Sachverhalt deutlich machen.

Wir hatten eine liebe, treue Christenfamilie am kleinen Wassertor in Lishui (sprich Lischwe). Die Mutter erzählte mir, wie sie zum Glauben an Christus gekommen war. Sie wohnte früher in dem Städtchen Tsingtien, halbwegs zwischen Lishui und der Hafenstadt Wentschow. Der Hausvater wurde nachts von einem Dämon gequält. Es war die in unserer Gegend noch ziemlich häufig vorkommende Besessenheit, die unter dem Namen »Fan yiao« bekannt ist. Die Opfer dieser Dämonie werden in geschlechtlicher Weise belästigt und zwar so lange, bis der Gequälte zugrunde geht. Die Chinesen kennen diese Besessenheit, aber sie schämen sich, es offen zu sagen. Der Mann war schon sehr elend. Er konnte nicht mehr arbeiten. Der Frau bereitete das große Sorgen, weil sie den Ausgang einer solchen Belastung kannte. Sie war in großer Not. Da träumte ihr eines Nachts sehr lebendig. Eine lichte Gestalt kam auf sie zu und gab ihr den Auftrag: »Gehe morgen ganz früh auf die Straße und frage nach zwei Männern namens Ren und Li. Diese können deinem Mann helfen.« Die Frau ging bei Tagesgrauen hinaus auf die Straße und fragte alle vorübergehenden Männer: »Heißt du Ren oder Li?« Die Angeredeten konnten sich dieses sonderbare Gebahren nicht erklären und hielten sie für geistesgestört. Endlich antwortete ihr einer: »Ren und Li? Das sind doch die beiden Männer aus Wentschow, die gestern abend hier gepredigt haben. Sie sind soeben aufgebrochen, um nach Wentschow zurückzukehren. Wenn du schnell läufst, kannst du sie noch erreichen.« Die Frau eilte hinter den beiden Evangeliumsboten her, so schnell ihre kleinen verkrüppelten Füße sie tragen konnten. Ihr Ruf wurde von den beiden gehört. Sie hielten und kehrten auf ihre Bitte hin um. Die beiden Boten verkündeten dem ganzen Hause die frohe Botschaft vom Sieg Jesu Christi über alle Macht des Teufels. Im Glauben nahm die ganze Familie diese Botschaft an. Sofort blieb der Hausvater in der kommenden Nacht von seiner Belästigung frei. Er folgte von nun an mit seiner ganzen Familie Christus nach und blieb auch frei. Um mehr die Gelegenheit der Wortverkündigung zu haben, siedelten sie nach Lishui um. Der Vater erholte sich zusehends und arbeitete bis in sein hohes Alter. Er ist nach Jahrzehnten im Frieden heimgegangen.

Dieser alte bewährte Jünger Jesu hatte die befreiende und erlösende Macht Christi erleben dürfen. Die Gewalt der Finsternismächte endet am Sieg des Kreuzes. Der Siegesruf Jesu: »Es ist vollbracht« dringt in die untersten Örter der Dämonen. Hartgebundene Menschen werden frei, wenn sie zu diesem Sieger von Golgatha kommen.

9. Wen der Sohn Gottes frei macht, der ist recht frei

Eines Tages kam auf unsere Missionsstation in Lishui ein Bote mit der Bitte, es möchten doch einige Christenfrauen in das Haus des Salzhändlers am Wassertor kommen. Der Salzhändler war mit seiner Frau Glied unserer Gemeinde. Ich machte mich mit einigen bewährten Christinnen, der Bibelfrau, der Frau des Evangelisten, der Frau des Missionslehrers und der Frau des Apothekers auf den Weg. Wir fanden im Haus des Händlers eine ganz abgezehrte Frauengestalt vor. Sie wurde uns als seine Schwägerin vorgestellt, die sich sechs Wegstunden mit einem Tragstuhl hatte herbringen lassen, um bei dem Christengott Hilfe zu suchen.

Zunächst erhielten wir den üblichen Krankenbericht. Die Verwandte war vom Fan yiao heimgesucht, diesem Dämon, der soviel Unheil unter den Heiden anrichtet. Bei vielen Götzen wäre schon Hilfe gesucht worden. Alles wäre aber vergeblich gewesen. Nun sollte der Christengott seine Kraft an ihr beweisen. Die Frau des Salzhändlers bekam es bei diesem Bericht mit der Angst zu tun, denn Fan yiao ist eine entsetzliche Plage. Niemand ist unter den Heiden davor sicher. Auch den Christen ist es unheimlich dabei. Sie konnte aber ihre Schwester nicht abweisen und den Aufenthalt im Haus versagen.

Meine Begleiterinnen und ich stimmten nach abgeschlossenem Bericht zuerst das Lied an: »Der große Arzt ist jetzt uns nah: Jesus, Jesus.« Unsere Christen lieben dieses Lied, weil darin oft der Name Jesus vorkommt. Sie sagen: »Wenn der Teufel den Namen Jesus hört, dann flieht er.« Dann wurde der besessenen Frau die Botschaft von Jesus gesagt. Vorerst verstand sie nicht viel davon. Sie erfaßte nur das eine, daß Jesus ihr helfen könnte. Daran klammerte sie sich mit aller Macht. Wir beteten mit ihr. Ich freute mich dabei über den kindlichen, festen Glauben meiner chinesischen Begleiterinnen. Auch die geplagte Heidenfrau wurde gelehrt, den Herrn Jesus um Hilfe anzurufen und ihm zu vertrauen. Am nächsten Tag kamen wir wieder. Mit großer Freude hörten wir, daß die Nacht ohne jede Störung verlaufen war. Wir verabredeten nun unter den Christenfrauen, daß jeden Tag zwei andere die Heidin aufsuchen und mit ihr beten sollten. Wir erlebten dabei, daß diese geplagte Frau Nacht für Nacht ruhig und ohne Zwischenfall schlafen durfte.

Eines Tages war die Heidin beim Besuch unserer Christenfrauen ganz verzweifelt. Sie schrie: »Er hat mich wieder gefunden! Er hat mich wieder gefunden.« Sie war in der vergangenen Nacht wieder gequält worden. Sie erklärte, der Dämon wäre in der Gestalt einer schwarzen Katze zu ihr gekommen und hätte sie belästigt. Unsere Bibelfrau fragte sofort: »Hast du dich wieder mit den Götzen eingelassen?« Die Heidin wollte zuerst mit der Wahrheit nicht herausrücken. Endlich war sie zu einem Geständnis bereit. Ihr Mann hatte sie besucht und war über die Heilung hocherfreut. Beim Gehen sagte er zu seiner Frau: »Du weißt, daß wir dem Götzen ein fettes Schwein versprochen haben, wenn er dich gesund macht. Nun will ich gehen und dieses Gelübde erfüllen. Man weiß ja nicht sicher, wer dir geholfen hat.« Die Frau willigte ein. Mit diesem Vorhaben ging der Mann weg. In derselben Nacht war die Frau dann wieder dem Feind verfallen. Unsere Christenfrauen rieten ihr, sofort einen Boten abzusenden und ihrem Mann sagen zu lassen, er sollte unter keinen Umständen dem Götzen irgend etwas opfern. Die Ehre gehörte allein dem Herrn Jesus, der seine Frau angerührt und geheilt hätte. Dieser Rat wurde sofort befolgt.

Nach dieser schlimmen Erfahrung bat die furchtbar erschrockene Frau, zu uns auf die Missionsstation kommen zu dürfen. Wir hatten jedoch keinen Raum mehr zur Verfügung. Da erklärte die Bibelfrau: »Ich nehme sie auf. Sie kann mit mir in meinem Zimmer wohnen und mit mir im Bett schlafen.« In den großen Betten der Chinesen schlafen oft vier Personen zusammen. Die Heidin zog also zur Bibelfrau um. Drei Wochen blieb sie da und hörte täglich das Wort Gottes bei den Andachten. Da sie dauernd frei blieb, wollte sie im November heimkehren. Bei ihrer Abreise erklärte sie: »Wenn ich frei bleibe, dann komme ich zum Weihnachtsfest und feiere mit euch.« Wir warteten beim Beginn der Festtage auf ihre Rückkehr. Als sie am ersten Weihnachtstag nicht kam, erklärte sich unsere treue Bibelfrau bereit, sich auf den weiten Weg zu machen, um nach der geheilten Heidin zu sehen. Es kam aber nicht so weit. Am zweiten Weihnachtstag reiste unsere Heidin strahlend an und brachte ein großes Dankopfer mit. Sie war in all den vergangenen Wochen frei geblieben. Am ersten Weihnachtstag konnte sie wegen einer großen Überschwemmung nicht reisen. Unsere Sorge war also unbegründet gewesen. Die befreite Frau pries dankbar die Hilfe des Herrn. Ihr Glaube an Christus war durch dieses Erlebnis gefestigt worden. Sie war in einer noch ganz heidnischen Gegend die einzige Christin. Jahrelang konnten wir bei unseren Besuchen feststellen, daß sie dem Herrn Jesus die Treue hielt. Später verloren wir sie aus den Augen, weil wir infolge Räuberunruhen und des russisch-japanischen Krieges nicht mehr in jene Gegend reisen konnten.

10. In meinem Namen werden sie Teufel austreiben

Auf einer unserer Außenstationen hatten wir einen treuen chinesischen Evangelisten, der im Gebet große Vollmacht besaß. Im Umkreis jener Missionsstation gab es verhältnismäßig viele Besessenheitsfälle. Es ist erstaunlich, mit welcher Kenntnis und Treffsicherheit die Chinesen Geisteskrankheiten und Besessenheitsfälle zu unterscheiden wissen. Sie sind darin vielen europäischen Psychiatern überlegen, für die es höchstens schwere Hysteriefälle, aber keine Besessenheit gibt. Hatte nun unser Evangelist den Eindruck, daß eine Besessenheit vorliegen würde, dann rief er seinen Gebetskreis zusammen. Sie beteten und fasteten manchmal einige Tage lang, bis der Herr dem Gebundenen Hilfe und Befreiung schenkte. Für eine besessene Frau, die neben der Evangeliumshalle wohnte, hatten diese treuen Beter einmal 52 Abende gebetet und gefastet, bis ein ganzer Sieg geschenkt und die Frau frei wurde. Ein besonderes Beispiel, das den schweren Kampf um Menschenseelen zeigt, soll berichtet werden.

In der Nähe der Missionsstation wohnte eine Familie, in der durch Generationen hindurch immer ein Glied von Fan yiao besessen war. War der betreffende Besessene zugrunde gerichtet, ging Fan yiao auf ein anderes Familienglied über. Die Familie kam durch diese Not nie aus der Angst heraus. Als ich auf jenem Missionsgebiet weilte, war gerade der Vater unter elenden Qualen ums Leben gekommen. Nun hatte sich der Dämon einer alten Tante bemächtigt. Es war vorauszusehen, daß es mit der alten Frau nicht mehr lange dauern würde. In der Familie war nur noch die Mutter und die einzige Tochter übrig geblieben. Mit Angst sahen sie dem Tag entgegen, da Fan yiao von ihnen Besitz ergreifen würde. Als meine Mitarbeiter und ich selbst dort in der Gegend das Evangelium verkündeten, kamen beide Frauen unter das Wort. Mit Freude nahmen sie die Botschaft an und lernten Jesus vertrauen. Zu einer ganzen Übergabe ihres Lebens an Christus war es allerdings noch nicht gekommen. In dieser Zeit starb die alte Tante. Die Tochter war bei der Beerdigung, die durch den Götzenpriester gehalten wurde. Bei diesen Trauerzeremonien wurde das Mädchen vom Unglück ereilt. Fan yiao hatte von ihr Besitz ergriffen. Die geängstigte Mutter brachte sie sofort in die Jesushalle und bat die Christen um Hilfe. Der Gebetskreis kam für das Mädchen zusammen. Am ersten Abend wurde die Geplagte frei. Nach einiger Zeit heiratete das Mädchen einen jungen Heiden. Sie mußten diesen Schritt tun, da sie nach chinesischer Sitte schon jahrelang versprochen war. Nach der Hochzeit verboten die heidnischen Schwiegereltern der jungen Frau den Besuch der christlichen Versammlungen. Sie nahmen ihr die Bibel und das Gesangbuch weg und verbrannten beides. Von diesem Zeitpunkt an hatte Fan yiao wieder Macht über sie. Fremde Stimmen sprachen aus ihr, und sie war unfähig, irgendeine Arbeit zu verrichten. Dieser Zustand flößte den Schwiegereltern Angst ein. Sie baten den Evangelisten zu kommen und mit der Schwiegertochter zu beten. Der Evangelist machte sich mit seinem Beterkreis auf den Weg. Die heidnische Familie versprach, die junge Frau ihres Glaubens leben zu lassen. Sie wollten auch Bibel und Gesangbuch wieder anschaffen. Der Gebetskreis zog sich zum Gebet in die Stille zurück. Und siehe da, die junge Frau war am gleichen Abend frei. Schwermut, Angst und Verzweiflung ließen sie los. Sie konnte sofort aufstehen und wieder arbeiten. Über die schnelle Hilfe war sie überglücklich.

Der Sonntag kam heran. Die junge Christin wollte sich auf den Weg zum Gottesdienst machen. Da reute die heidnischen Schwiegereltern ihr Versprechen. Sie verbrannten erneut die Bibel und das Gesangbuch und ließen die Frau nicht unter die Wortverkündigung. Am gleichen Tag hatte wieder Fan yiao das Regiment. Die junge Frau wurde nachts wieder schrecklich gequält, so daß sie tagsüber zu keiner Arbeit fähig war. Die Heiden erkannten nun, daß mit diesem Jesus der Christen nicht zu spaßen war. Sie hatten nun im dauernden Wechsel erlebt, daß sofort die Dämonen ihr Spiel trieben, wenn man sich von Jesus lossagte. In ihrer Angst ließen nun die Schwiegereltern sie in einem Tragstuhl in die Jesushalle tragen. Wieder kam der bewährte Gebetskreis für die geplagte junge Frau zusammen. Drei Abende schon verweilten sie im Gebet und Fasten. Dieses Mal wollte Fan yiao nicht weichen. Da spürte der Evangelist, daß nun die Zeit zum Handeln gekommen wäre. Er trat auf die besessene Frau zu und gebot im Namen Jesu den unreinen Geistern auszufahren. Er gebrauchte dabei auf chinesisch die stärksten Ausdrücke: »Eure Zeit ist um. Ihr habt nun im Namen Jesu zu weichen.« Da rief plötzlich eine Männerstimme aus der jungen Frau: »Wer kann denn diese Beterei noch aushalten? Das ist ja unerträglich!« Von diesem Augenblick an war die Frau frei. Sie durfte nun auch mit dem Einverständnis ihrer Schwiegereltern ihres Glaubens leben. Sie wurde nie mehr behelligt. Fan yiao kam nicht wieder.

In diesen drei berichteten Erlebnissen vom chinesischen Missionsfeld wird mancherlei deutlich. Es gibt nicht nur Krankheiten des Geistes, der Seele und des Gemütes, sondern es gibt auch dämonische Beeinflussungen und Besessenheiten. Die Besessenheitszustände haben in China die gleiche Charakteristik wie in Europa. Sie stimmen auch in ihren Merkmalen mit dem Kennzeichen der Besessenheit im Neuen Testament überein. Die Besessenheit ist ein Zustand, der über alle Zeiten und über alle völkische Grenzen hinweg stets das gleiche Gepräge hat. Weil es sich bei der Besessenheit um eine biblische Tatsache handelt, wird der Schulpsychiater, der kein gläubiger Christ ist, das nicht verstehen können. Wer nur dreidimensional denken kann, wird die Sphäre des Göttlichen und des Dämonischen nie begreifen. Über dem Erscheinungsbild der Besessenheit steht als leuchtende Wirklichkeit der Sieg Jesu über alle dunklen Gewalten. Und wer sich diesem Jesus verschrieben hat, nimmt teil an seiner Vollmacht. Jesus selbst sagt: »In meinem Namen werden sie Teufel austreiben« (Mk.16,17).

11. Der Sieg Christi

Eine Missionarin arbeitete unter einem magisch verseuchten Stamm auf Neuguinea. Viele Zauberer hielten ihre Stammesgenossen unter Bann. Die christliche Mission machte nur geringe Fortschritte. Die Missionarin spürte oft in ihrem Gebiet eine unheimliche Macht auf sich zukommen. Sie bat alle ihre Missionsfreunde in der Heimat um treue Fürbitte, damit der finstere Bann in ihrem Arbeitsgebiet endlich einmal durchbrochen würde. Die Schwester empfand nicht nur einen unerhörten Geisterkampf in ihrem Arbeitsfeld, sondern sie erlebte auch merkwürdige Bedrohungen durch wilde Tiere. Jedesmal, wenn sie ein bestimmtes Dorf besuchen wollte, in dem ein bekannter Zauberer sein Unwesen trieb, kamen ihr auf dem Weg dorthin Schlangen entgegen, die sie zum Umkehren zwangen. Sie sah diese Tiererlebnisse als Zufall an, bis sie eines Tages eines Besseren belehrt wurde. Bei einer Missionsreise kam sie auf dem Rückweg in dieses erwähnte Dorf. Ahnungslos trat sie in eine ihr unbekannte Hütte, um den Bewohnern die Christusbotschaft zu bringen. Während sie mit der Frau sprach, spürte sie eine unheimliche Macht auf sich einstürmen. Sie hatte den Eindruck, als sollte sie von hintenher umgebracht werden. Sie drehte sich um und beobachtete, daß ein Mann, der in der Ecke saß, sie mit starrem Blick ansah. Sie erschrak, fühlte sich wie gebannt von diesem Blick und wußte in dem Augenblick, daß die finstere Macht von diesem Mann ausging. Sie versuchte, innerlich zu beten. Es wollte ihr aber bei dieser Bedrohung nicht recht gelingen. Schließlich fand sie keinen anderen Ausweg mehr, als einfach im Namen Jesu zu gebieten. Nun geschah etwas außerordentlich Seltsames. Der starre Mann sackte zusammen und lag wimmernd und stöhnend auf dem Boden. Er kroch zu der Missionarin hin. Als sie sich aus der Hütte entfernte, kroch er ihr immer noch wimmernd und stöhnend nach. Dieses Erlebnis erinnert an die Geschichte von dem Philistergötzen Dagon (1. Samuel 5, 3), der morgens vor der Bundeslade des Herrn lag. Hinterher erfuhr die Missionarin, daß sie, ohne es zu wissen, in das Haus des Oberzauberers geraten war. Die Eingeborenen wußten auch von der Fähigkeit dieses Mannes, daß er wilde Tiere sich gefügig machen konnte.

12. Die Kraft des Blutes Jesu

In einem kleinen Dorf wollte ich eine Evangelisationswoche durchführen. Wohl vorbereitet, wie ich meinte, stand ich vor etlichen Leuten, die sich im Schulhaus zusammengefunden hatten. Das Reden wurde mir aber immer schwerer, und es war mir, als ob mir jemand den Mund zuhielte. Schweißgebadet begab ich mich auf den Heimweg. Eines war mir klar: hier hatte ich einen Widerstand angetroffen, von dem ich als junger Verkündiger des Wortes Gottes noch keine Ahnung gehabt hatte. Konnte ich da meine vorbereiteten Vorträge überhaupt noch verwenden? Brauchten diese Leute nicht etwas ganz anderes? Mit solchen Gedanken beschäftigt, stieg ich einige Zeit später in meiner Dachkammer ins Bett und löschte das Licht aus. Da, was war denn das? Wie ein großer dunkler Schatten stand es vor mir, und nun vernahm ich auch noch eine Stimme, die mir ganz deutlich sagte: »Wenn du dich unterstehst, weiter zu evangelisieren, werde ich dich umbringen; denn diese Seelen gehören mir!« Was sollte ich dazu sagen? Für mich gab es nur eine Antwort: »Wenn der Herr mir einen Auftrag gibt, darf ihn mir niemand verwehren.« Doch schon wieder vernahm ich diese unheimliche Stimme, die mir jetzt sagte: »Gut, dann bringe ich dich eben um!« In diesem Moment überfielen mich Krämpfe in den Armen und Beinen, die sich immer weiter ausdehnten über den ganzen Körper und sich schließlich auf das Herz konzentrierten. Ich war zu keiner Bewegung mehr fähig und wurde ganz kalt. So lag ich zwei Stunden lang, bis sich die Krämpfe wieder zu lösen begannen. Ich zweifelte nicht mehr am Willen des Feindes, mich umzubringen. Gleichzeitig wußte ich aber auch, daß ihm dies nie gelingen konnte, wenn der Herr es nicht zuließ.

Es wurde eine schwere Zeit für mich, die nun folgte. Bald wußte ich, woher die starken Widerstände in jenem Dorf kamen. In vielen Häusern hatten die Leute mit Wahrsagerei und Zauberei zu tun. Manche unter ihnen wurden von den Mächten der Finsternis gequält, in deren Bann sie geraten waren. Ich wollte mich für die weiteren Evangelisationsvorträge neu vorbereiten, doch war ich nicht dazu imstande. Ich wollte beten, aber ich konnte nur noch auf den Knien liegen und seufzen. Längere Zeit hindurch überfielen mich Nacht für Nacht die gleichen Krämpfe wie am ersten Abend, jeweils um die gleiche Zeit, nur ohne Erscheinung. Ich war in großer Not und wußte mir kaum mehr zu helfen. Hätte ich nicht die feste Gewißheit gehabt, vom Herrn berufen zu sein, so hätte ich diesen Dienst aufgegeben. Brüder, denen ich mich in meiner Not anvertraute, nahmen die Sache nicht ernst, bis ich endlich zu einem lieben, älteren Gottesmann geführt wurde, der in diesen Dingen Erfahrung besaß. Mit ihm konnte ich reden. Ich konnte ihm meine Not anvertrauen, daß ich als vom Herrn berufener Prediger es doch nicht wage, Leuten die Hände aufzulegen, die mich darum bitten, um endlich von ihrem Bann befreit zu werden. War ich denn nur zum Predigen berufen? Mußte ich als Seelsorger hilflos ihren größten Nöten gegenüberstehen?

Es war der Herr, der mich zu diesem alten Gottesmann geführt hatte. Er tat mir einen überaus wertvollen und entscheidenden Dienst. Was ich dort empfangen durfte, hätte ich eigentlich in meiner Ausbildung erfahren sollen. Doch hätte ich es damals vielleicht gar nicht so recht verstanden. Jetzt aber, da ich selber mitten in dem Kampf stand, da wurden mir die Hinweise des alten Bruders zur ganz großen Hilfe. War es mir neu, was er mir sagte von der Kraft des Blutes Jesu Christi? Nein, ich kannte diese Kraft, und doch erschien mir alles so neu und so groß. Nicht nur die Krämpfe hörten auf, als ich mich ganz bewußt unter die Deckung des Blutes meines Heilandes stellte, sondern ich durfte diese Kraft auch an etlichen erleben, denen ich in der Seelsorge nun helfen konnte. Kraft und Sieg wurden uns geschenkt im Blut Jesu.

Otto Häni, Evangelist, Schweiz

13. Entmächtigt

Dieses Erlebnis geht auf einen Frühlingstag des Jahres 1959 zurück. Ein Zahnarzt läutete uns an und erkundigte sich nach der Art und Weise unserer Arbeit. Er wollte wissen, was das

Ziel und der Zweck unserer Telefonseelsorge wäre, und wie wir dabei vorgingen. Gern gaben wir ihm die gewünschte Auskunft, worauf er erklärte, einmal persönlich in unserem Büro vorzusprechen. Wir vereinbarten den Zeitpunkt. Der Zahnarzt erschien pünktlich und zeigte ein auffallend unruhiges Benehmen. Keinen Augenblick konnte er ruhig auf dem Stuhl sitzen, und es fiel uns auf, wie eigenartig er uns fixierte. Ja, wir spürten, daß eine unheimliche Atmosphäre durch ihn entstand, und daß er uns irgendwie in seinen Bann ziehen wollte. Gewöhnlich führen wir derartige Gespräche zu zweit. Da wir beide dasselbe merkwürdige Empfinden hatten, zogen wir uns für einen Augenblick in die Stille zurück, um zu beten. Danach entwickelte sich ein lebhaftes Gespräch. Als uns der Zahnarzt nach einer knappen halben Stunde verließ, spürten wir tatsächlich seine unheimlichen Einwirkungen an uns. In innigem Gebet baten wir um Reinwaschung durch das Blut Jesu Christi, damit wir dieser bösen Macht nicht verfielen.

Am anderen Morgen rief uns der Unheimliche wieder ans Telefon und fragte, ob wir gestern abend nichts gespürt hätten. »Was sollten wir denn gespürt haben?« fragten wir zurück, worauf er das Gespräch wortlos abbrach. Am zweiten Morgen wiederholte sich das gleiche. Wieder hängte er auf, und erneut beschäftigte uns das sonderbare Vorgehen dieses Mannes.

Es vergingen einige Tage. Dann bat er uns, für ihn zu beten. Daraufhin rief er uns wieder an, um mitzuteilen, daß er vom Teufel den bestimmten Auftrag hätte, unsere Arbeit bei der Telefonseelsorge zu bekämpfen. In sichtlicher Not berichtete er uns, er hätte sich während seines Studienaufenthaltes in Marseille und Paris mit dem eigenen Blut dem Teufel verschrieben. Nun könnte er nicht mehr zurück, so gern er unseren Ratschlägen folgen würde. Nach einigen Tagen erhielten wir wiederum einen Anruf von ihm. In größter Not und Verzweiflung bekannte er, daß er uns ans Leben gehen und dabei seine vertraute Methode anwenden wollte. Aber diese versagte. Was er uns antun wollte, wäre mehrfach auf ihn selbst zurückgefallen. Es ginge eine viel stärkere Kraft und Macht von uns aus, als er sie besäße. Er erklärte weiter, daß er es nicht mehr länger aushalten würde. Das Wort Gottes könnte er nicht annehmen, weil er dem Satan gehören würde, dem er sich verschrieben hätte, und der ihn nun in den Tod treibe.

Am anderen Tag erhielten wir eine Karte. Auf der oberen rechten Seite war ein Kreuz eingezeichnet, und dann lasen wir die Worte des Unheimlichen: »Wenn Sie diese Karte erhalten, bin ich tot.« Bald darauf rief uns die hiesige Kantonspolizei an. Sie teilte uns mit, daß sich der Zahnarzt erschossen hätte. Er läge tot in seinem Zimmer, neben ihm die lateinisch geschriebene Rezeptur, der sogenannte Salomonspiegel. Wenn wir dafür Interesse hätten, könnten sie uns diesen zustellen.

Der unglückselige Mann hatte während vieler Jahre die Menschen geplagt. Er war kein feinfühlender Zahnarzt. Trotzdem hatte er eine sehr gute Praxis. Aber durch seinen Bund mit dem Teufel mußte er am Gottesglauben zugrunde gehen. Zeigt dieses Erlebnis nicht mit aller Deutlichkeit, daß Gottes Macht, die Macht Jesu Christi, unvergleichlich größer und stärker ist als diejenige des Teufels? Und zeigt es nicht auch, daß das Gebet der Gläubigen nicht vergeblich ist? Jesus hat Hölle und Teufel besiegt, er ist der Stärkere. Er hat die Finsternis entmächtigt.

Werner Ambühl, Evangelist, Schweiz

14. Jesu Name über alles

Es war kurz nach dem Zweiten Weltkrieg. Der russischen Hand war ich glücklich entronnen. Da stellten sich bei mir Depressionen ein. Ein Wunder war das nicht, denn ich war bei meiner

Größe von 1,94 m stark unterernährt. Hunger und Erschöpfung hatten an mir ihr zerstörendes Werk getan. Die Gemütsverstimmung nahm immer mehr zu. Nervenärztliche Hilfe war unerläßlich. Ein Arzt gab mir laufend Opiumtropfen, um mich zu beruhigen. Ein anderer Arzt dagegen setzte alle Medikamente ab. Er nahm mich in sein Sanatorium und versuchte es mit einem Heilgespräch. Beide Behandlungsarten hatten nur einen geringen Erfolg. Das Opium hatte mich noch elender gemacht, und die Gespräche hielten nur für die Dauer des Aufenthaltes beim Arzt an. Ich versuchte, meine Tätigkeit als evangelischer Pfarrer wieder aufzunehmen. Mit der zunehmenden Arbeit verstärkte sich auch das Leiden. Es kamen sehr dunkle Tage. Meine Frau rief wieder den Arzt zu Hilfe.

An einem Tag der größten Anfechtung griff der Herr selbst ein. Ein Prediger kam zu Besuch, dem ich aber sofort aus dem Weg ging. Ich wollte in meinem Zustand niemand sprechen. Der Evangelist redete nun mit meiner Frau. Er sagte ihr, daß er den Eindruck hätte, er müßte mit mir nach Jak. 5,14 unter Handauflegung beten. Zuerst war ich entschieden dagegen. Die biblische Handauflegung war mir in der Praxis völlig unbekannt, obwohl ich ja Pfarrer bin. Auf der Universität hatte ich kaum etwas von solchen christlichen Sitten gehört, und mit den Pietisten war ich bisher nicht in Berührung gekommen. Darum war der Wunsch des Predigers eine starke Zumutung für mich. Doch meine Frau siegte. Sie sprach mit mir von der Bibel her über die Handauflegung. Ich fügte mich. Der Bruder betete mit mir unter Handauflegung. Nichts geschah. Am anderen Tag kam er noch einmal. Als er von der Fruchtlosigkeit seines Bemühens hörte, fragte er nach Belastungen in meinem Leben. Etwas wollte in mir hochkommen. Was sollte ich als Pfarrer schon für Belastungen haben?

Der Bruder berichtete mir von den vielen Besprechern meiner Heimat und den mancherlei Zaubereisünden. Er wies mich auch darauf hin, daß die Sünden der Vorfahren auf diesem Gebiet mich noch belasten könnten. Nun ging mir allmählich ein Licht auf. Mein Vater war in seiner Jugend krank gewesen. Die ärztliche Hilfe war umsonst. Deshalb hatte ihn seine Mutter zu einem Besprecher gebracht. Die magische Behandlung war erfolgreich. Der Evangelist verwies mich auf das erste Gebot, in dem es heißt: »Der da heimsucht der Väter Missetat an den Kindern bis in das dritte und vierte Glied derer, die mich hassen.« Dann fragte er mich, ob ich die magische Heilung meines Vaters als Heilung ansehen würde. Ich gab dies zu, und wir gingen beide auf die Knie. Auch das war mir bisher fremd, trotz meines Pfarrertitels. Ich tat Buße über der Sünde meiner Vorfahren und über meine eigene Sünde. Es war eine Buße zum Leben. Im Glauben durfte ich die Vergebung meiner Schuld erleben und übergab mein Leben dem Herrn Jesus.

Der Prediger legte mir dann wie am Vortage die Hände auf und betete mit mir. Plötzlich wichen die Depressionen. Es wurde licht in mir. Ein unbeschreiblicher Friede erfüllte mein Herz, und ein Lebensgefühl zog in mir ein, das ich nie gekannt hatte. Ich meinte fast zu schweben, so leicht fühlte ich mich. Diese überströmende Freude hielt Wochen und Monate an. Zum ersten Mal verstand ich Luthers Übersetzung von Phil. 3,20: »Unser Wandel ist im Himmel.« Mir war, als würden meine Füße nicht mehr den Erdboden berühren. Alles, mein Leben, mein bisher so grauer Alltag, war von der Liebe Jesu verklärt. Die ganze Bibel und auch mein Amt hatten nun ein völlig anderes Gesicht.

Als ich mich nach einiger Zeit dem Arzt wieder vorstellte, lautete sein Befund nach der Untersuchung: erstaunliche Besserung bis ins Körperlich-Nervliche hinein. Das überhöhte Lebensgefühl, welches lange anhielt, klang dann allmählich ab. Aber die Depressionen kamen nie wieder. Dieses Wunder geschah an mir, nachdem ich schon einige Jahre im Pfarramt gewesen war. Ein schlichter Prediger durfte mir der Bote Jesu sein. Was sich durch die Gnade Gottes an mir ereignet hatte, wirkte sich nun in der Gemeinde aus. Meine Gemeindeglieder horchten bei der neuen Verkündigung auf. Es war mir zum größten Anliegen geworden, nunmehr allen Hörern den Namen Jesu nahe zu bringen und zu verherrlichen. Das Wort kam nicht leer zurück. Menschen bekehrten sich. Auch in der Umgebung, wohin ich zu Diensten gerufen wurde, gab es kleine Erweckungen. Vorher war es nie möglich gewesen, Wochengottesdienste und Gebetsstunden abzuhalten. Nun wurde es ohne besondere Mühe Wirklichkeit. Der das Feuer angefacht hatte, schürte es weiter. Der Name Jesu wurde das große Panier meines Dienstes. Dieser Name bedeutete mir Kraft, eine Kraft zur Errettung vieler. Es ist mir zur brennenden Aufgabe geworden, allen, die meine Botschaft hören, zu sagen, was in dem Namen Jesu beschlossen liegt. »Es ist in keinem andern das Heil; denn es ist auch kein anderer Name unter dem Himmel den Menschen gegeben, in welchem wir sollen gerettet werden – als der Name Jesus« (Apg. 4,12).

Pfr. Berthold Schoof

15. Königin der Finsternis

Vor Jahren erhielt ich eine Einladung, bei einer Missionarskonferenz auf Haiti einige Vorträge zu halten. Ohne es zu wollen, wurde ich auf dieser Insel Zielscheibe der finsteren Mächte. Haiti wurde ja durch den Wuduismus sehr bekannt. Der Macumba-Spiritismus, der afrikanische Zombismus, der tibetanische Lamaismus und der Wuduismus gehören zu den stärksten Formen der Satanskulte.

Die informatorische Einführung in den Wuduismus erhielt ich durch Missionar Toirac, der 14 Jahre auf Haiti gearbeitet hat.

Die Regierung, obschon dem Namen nach katholisch ausgerichtet, ist durch den Wuduismus beherrscht. Die Polizeioffiziere und die Offiziere des Militärs müssen Wuduisten sein, sonst ist eine Beförderung ausgeschlossen.

Alljährlich veranstalten die Wuduisten magische Festivals und wählen dabei im Wechsel einen König der Finsternis und im Jahr darauf eine Königin der Finsternis. Zu den schauerlichen Riten dieser Regenten von Satans Gnaden gehören die Kinderopfer, die jede zweite Woche zelebriert werden. Diese Kleinkinder werden um Mitternacht gestohlen und dann kultisch getötet und Satan geweiht.

Meine erste Frage an Missionar Toirac war: »Werden diese Kinderopfer nicht von der Polizei und den Gerichten aufgedeckt und die Verantwortlichen bestraft?« Toirac meinte, das sei europäische Denkweise. Polizei und Richter sind Wuduisten und billigen das. Selbst der Präsident des Landes sei Wuduist, obwohl er dem Namen nach zur katholischen Kirche gehört.

Meine nächste Frage an den Missionar war: »Können die Kinder von gläubigen Christen so gestohlen und geopfert werden?« Der Missionar wies darauf hin, daß es wenig klarstehende Christen auf Haiti gäbe. Er habe einmal ein Interview mit einer Königin der Finsternis gehabt und diese Frage gestellt.

Diese Hexenkönigin hatte ihm geantwortet: »Die Kinder von Namenchristen kann ich holen, aber nicht die Kinder von echten Christen.« Toirac gab sich damit noch nicht zufrieden. Er sagte diesem Satansweib: »Ich kann Namenchristen von echten Christen nicht unterscheiden. Wie machen Sie das?« Die Queen antwortete: »Wenn ich um Mitternacht durch ein Dorf gehe, dann sehe ich die echten Christen mit einem Lichtfleck an der Stirn oder mit einer aufgeschlagenen Bibel vor der Brust. Über solche Familien habe ich keine Macht.«

Das ist der entscheidende Punkt in dieser teuflischen Geschichte. Die Kinder wiedergeborener Eltern sind geschützt durch den Glauben der betenden Eltern.

Das ist eine Auslegung zu dem schwer verständlichen Wort des Apostels Paulus in 1. Korinther 7,14: »Der ungläubige Mann ist geheiligt durch die Frau, und die ungläubige Frau ist geheiligt durch den Mann. Sonst wären eure Kinder unrein; nun aber sind sie geheiligt.«

Gläubige Eltern bilden eine Schutzmauer um ihre Kinder. In einer Zeit der großen Verwahrlosung unserer Jugend ist diese Tatsache ein Licht in der Finsternis.

16. Des Menschen Sohn hat Vollmacht

Die koreanische Kirche hat in diesem Jahrhundert eine Erweckung erlebt, auf die alle Christen der Welt mit Staunen und Bewunderung blicken. Der geistliche Aufbruch setzte 1906 ein und hat nun fast unser ganzes Jahrhundert überdauert.

1969 habe ich Korea besucht und im Zusammenhang mit der Erweckung in verschiedenen Kirchen etwa zehn Vorträge gehalten. Nach meiner Ankunft in Seoul wurde ich eingeladen, am nächsten Morgen um 5 Uhr bei der Gebetsversammlung eine kurze Botschaft zu geben. Mir verschlug es beinahe den Atem, als ich 3000 Menschen vorfand. Ich erfuhr, daß diese Erweckungsgemeinde sich täglich um diese Zeit zum Gebet versammelt.

Einmal im Monat ist dann eine besondere Gebetsstunde für Kranke. Ich erlebte eine solche Stunde mit. Was sich dann ereignete, erinnerte mich an die Vorgänge in der Urgemeinde.

Ein Gelähmter wurde in die Gebetsstunde gebracht. Einige Koreaner hatten abwechslungsweise diesen Krüppel 80 km weit auf dem Rücken hergetragen. Nun lag er vor den Betern. Das verkrüppelte Bein und der verkrüppelte Arm waren kürzer als die gesunden Glieder. Es wurde über ihm gebetet. Es kam Blut und Bewegung in die verkümmerten Glieder. Der Gelähmte reckte und streckte sich. Er sprang auf die Beine und probierte die geheilten Glieder aus. Die Verkürzungen verschwanden. Die kranken und gelähmten Glieder streckten sich auf die normale Länge der gesunden Glieder. Darüber entstand bei den Betern kein Geschrei, sondern ein wunderbarer Lobpreis Gottes. Ich hätte keinem Berichterstatter das geglaubt, wenn ich es nicht selbst gesehen hätte.

Ein anderer Kranker lag auf der Tragbahre. Er hatte eine Lungentuberkulose im letzten Stadium. Er war nur noch ein Skelett. Ein Bild des Jammers. Sie beteten über ihm und riefen den Namen des Herrn an. Der Kranke erholte sich zusehends beim Gebet. Er konnte seinen Brustkorb kräftig ausdehnen und weiten. Man sah, wie er seine Lungen anstrengte und kräftig atmete. Er wurde durch die Hand des Herrn völlig geheilt.

Auch bei diesem Vorgang der Heilung wurden mir einige Bibelworte lebendig. Wie oft hatte ich schon über Markus 2,10 predigen hören: »Des Menschen Sohn hat die Vollmacht.« Manchmal hatte mich auch das Wort aus 2. Chronik 20,6 gestärkt: »In deiner Hand ist Kraft und Macht.« Noch nie habe ich aber solche Machtbeweise seiner Hand gesehen wie hier unter diesen Betern.

Ein Junge trat in den Kreis der Gemeinde und bat um Fürbitte. Seine Hand war vertrocknet. Er konnte die Finger nicht bewegen. Er bekannte seine Schuld und lieferte sein Leben Jesus aus. Dann wurde über ihm gebetet. In diesem Augenblick wurde seine verkrüppelte Hand durchblutet. Man merkte dem Jungen die Freude an, seine Hand gebrauchen zu können. Er griff nach Gegenständen seiner Umgebung und spielte mit seinen nun gesunden Fingern. Eine unbeschreibliche Freude lag auf seinem Gesicht.

Welch ein Herr, der im 20. Jahrhundert solche Dinge tut! Und welch ein Gericht über die laue Christenheit des Westens, daß wir soweit gekommen sind, daß wir nicht mehr glauben können.

17. Christus oder Satan

Ein besonderes Beispiel der Siegesmacht Jesu soll die Zeugnisse dieses Buches abschließen. Auf der Insel Timor war ich mit dem Evangelisten Petrus Oktavianus zusammen. Er ist das besondere Werkzeug Gottes für Indonesien und gehörte über 15 Jahre dem Lehrkörper der Bibelschule Batu auf Java an. Dieses Bibelinstitut unter der Leitung der beiden Deutschen D. und V. Scheunemann hatte entscheidenden Einfluß auf die gesamte indonesische Erweckungsbewegung. Von diesem Institut wird hier eine unheimliche Geschichte berichtet.

Das Bibelinstitut hatte einen Fahrer angestellt, der starke magische Kräfte besaß. Er hatte in Mekka, in Saudi-Arabien, die Magie gelernt. In Indien hatte er sich einmal vier Wochen eingraben lassen. Und dieser Mann mit teuflischen Kräften fuhr die Wagen der Bibelschule. Die Schüler und Lehrer wurden allmählich auf diesen Mann aufmerksam. Sie beobachteten, daß er allein mit gedanklicher Konzentration auf Entfernung Hunde, Katzen und andere Tiere töten konnte.

Die Schulleitung konnte diesen Zustand nicht mehr länger ertragen. Sie zogen ihn zur Verantwortung. In Gegenwart von vier Lehrern wurde er verhört. Sie fragten ihn: »Stimmt das, daß du Tiere durch Magie töten kannst?« Er antwortete: »Ja.« Dann fügte er hinzu: »Nicht nur Tiere, ich kann auch Menschen durch Magie töten.« Dabei blickte er scharf Oktavian an und sagte: »Blicke mir in die Augen. In fünf Sekunden bist du tot.« Oktavian fühlte sich in diesem Augenblick in seinem Glauben gefordert. Er schaute den Magier durchdringend an und sagte: »Blicke mir in die Augen. Im Namen Jesu sage ich dir, wenn du nicht von der Magie abläßt und dich nicht zum Herrn Jesus bekehrst, dann bist du in 15 Minuten tot.« Beide Männer blickten sich scharf an. Die fünf Sekunden vergingen. Nichts geschah. Der Magier hatte keine Kraft über Oktavian. Dagegen fiel der Magier in 15 Minuten bewußtlos vom Stuhl. Es wäre wahrscheinlich so gekommen, wie ihm Oktavian geweisagt hatte. Sowohl Oktavian als auch den anderen Lehrern wurde nunmehr bewußt, daß es nicht gut wäre, wenn vor ihren Augen dieser Mann sterben würde. Seinen Denkzettel hatte er durch den Sieg Jesu ohnehin erhalten. So rief ihm Oktavian zu: »Im Namen Jesu stehe auf.« Der Magier kam wieder zu sich, machte aber einen geschlagenen und gebrochenen Eindruck. Er gab eine Menge Fetische und Schutzzauber heraus und zog sich Nadeln aus den Armen, die ihn schützen sollten. Er versprach, sein Leben Jesus auszuliefern. Er tat es aber nicht. Hinterher erfuhr die Schulleitung, daß er noch mehr magische Gegenstände besaß. Sie mußten diesen Mann entlassen. Er ist der gefürchtetste Zauberer in Ostjava. Und dieser Zauberer hatte sich vier Monate an der Bibelschule halten können. Wir sehen daran, wie listig der Satan seine Leute in die Reichgotteswerke einschmuggelt, um Verwirrung zu stiften.

Aber über allen listigen Anschlägen des Feindes steht der Triumph des Siegers von Golgatha, und wir können mit dem Psalmisten ausrufen:

Die Rechte des Herrn ist erhöht,
die Rechte des Herrn behält den Sieg!
Psalm 118, 16

Bücherverzeichnis

Veröffentlichungen von Dr. Kurt E. Koch

I. Für die Seelsorge		
Seelsorge und		
Okkultismus	688 Seiten	DM 39,80
Okkultes ABC	832 Seiten	DM 39,80
Christus oder Satan	288 Seiten	DM 9,80
Weichenstellung	256 Seiten	DM 9,80
Besessenheit und Exorzismus	300 Seiten	DM 7,00
Heilung und Befreiung	140 Seiten	DM 5,00
Die Geistesgaben	192 Seiten	DM 6,00
Wie findet man Jesus	142 Seiten	DM 7,00
II. Mission und Erweckung		
In der Gefolgschaft Jesu	16 Seiten	
	102 farb. Abb.	DM 16,80
Gott unter den Zulus	304 Seiten	
	17 farb. Abb.	DM 16,80
Gott unter den Zulus	304 Seiten	DM 9,80
Kwa Sizabantu	96 Seiten	DM 5,00
Erweckung unter den		
Zulus v. Erlo Stegen	112 Seiten	DM 6,00
In Kwa Zulu erlebt		
Hrsg. Otto-Bauer-Verlag	144 Seiten	DM 7,00
Ströme lebendigen Wassers		
von Bärbel Koch	80 Seiten,	
	48 farb. Abb.	DM 12,50
Wo ist ein Gott wie du bist		
von Bärbel Koch	92 Seiten	DM 7,80

Im Himalaja	80 Seiten, 65 farb. Abb.	DM 9,80
Der Weg zu Jesus	250 Seiten	DM 7,00

III. Zeitkritische Veröffentlichungen

Tag X	120 Seiten	DM 7,80
Israel	148 Seiten	DM 6,00
Leben auf Abruf	109 Seiten	DM 4,00
Musik unter der Lupe	112 Seiten	DM 6,00
Die dämonische Unterwanderung der Kirche	80 Seiten	DM 5,00

IV. Taschenbücher

Angst und Einsamkeit	125 Seiten	DM 4,00
Im Paradies	140 Seiten	DM 6,00
Herrlichkeit des Herrn	112 Seiten	DM 4,00
Von der Arktis zur Antarktis	106 Seiten	DM 3,00
In alle Welt	96 Seiten	DM 3,00
Kraft Gottes	96 Seiten	DM 5,00
Volle Genüge	96 Seiten	DM 3,00
Seine Hilfe	96 Seiten	DM 3,00
Du nahtest dich zu mir	96 Seiten	DM 3,00
Dynamit Gottes	64 Seiten	DM 5,00
Kontakt mit dem Höchsten	64 Seiten	DM 4,00
Jesus lebt	80 Seiten	DM 5,00
Jesus heilt	80 Seiten	DM 5,00
Jesus siegt	80 Seiten	DM 5,00

V. Biographie

»Mit Jesus in alle Welt« von Dr. Helmut Pfandl.
Querschnitt durch die Lebensarbeit von Kurt E. Koch,
288 Textseiten, 415 farb. Abbildungen, DM 39,80.

Bezugsquellen

Hänssler-Verlag
Postfach 1220
D-73762 Neuhausen
Fax 07158-177-119

Brunnen-Verlag
Wallstraße 6
CH-4002 Basel

Schriftenmission Dr. Koch
Osterlängstr. 47
D-73527 Schwäbisch Gmünd (Lindach)

SEELSORGE UND OKKULTISMUS

27. Auflage (100000-104000 Exemplaren)

Teil I ist der wissenschaftliche Teil. Er ist eine Auseinandersetzung der seelsorgerlichen Fragestellungen mit den psychologischen, parapsychologischen und medizinischen Grenzgebieten.

Teil II ist der praktische Teil. Er bearbeitet das Problem der Medialität aus der Sicht der Seelsorge in drei Hauptteilen:

A. Die parapsychologische Unterwanderung der Seelsorge

B. Die Sanktionierung der Magie

C. Heilmagnetismus und Homöopathie

Alle Kapitel sind christozentrisch ausgerichtet. Das Buch ist in viele Sprachen übersetzt und ist ein Textbuch an Universitäten aller Kontinente.

Der Preis von DM 39,80 ist bei 688 Seiten und festem Einband niedrig gehalten.

OKKULTES ABC

ist ein Ergänzungsband zum Werk »Seelsorge und Okkultismus«. Es werden mit 500 Beispielen rund 150 okkulte Bewegungen erläutert. Es ist ein Nachschlagewerk, das in dem okkulten Chaos unserer Zeit klare Wegweisung gibt:

Inhalt:

A. Formen des Okkulten

B. Auswirkungen

C. Befreiung

D. Im Triumphzug des Siegers

DM 39,80, 832 Seiten, 4. Auflage.